Hatch

Achtsam Eltern sein

# Achtsam Eltern sein

## Für ein gelassenes und glückliches Familienleben

**Amber Hatch**

Aus dem Englischen übersetzt
von Nina Kavelar

**Bibliografische Information
der Deutschen Nationalbibliothek**

Die Deutsche Nationalbibliothek verzeichnet diese
Publikation in der Deutschen Nationalbibliografie;
detaillierte bibliografische Daten sind im Internet
über http://dnb.d-nb.de abrufbar.

Die englische Ausgabe erschien 2017
unter dem Titel »Mindfulness for Parents«
bei Watkins Media Limited.

**Mindfulness for Parents**
All rights reserved
Copyright © Watkins Media Limited 2017
Text copyright © Amber Hatch 2017


1. Auflage 2018

© 2018 TRIAS Verlag in Georg Thieme Verlag KG

Rüdigerstr. 14
70469 Stuttgart
Deutschland

www.trias-verlag.de


Printed in Germany


Programmplanung: Celestina Filbrandt
Projektmanagement: Anja Bippus
Redaktion: Bettina Dietrich
Übersetzung: Nina Kavelar
Umschlaggestaltung: CYCLUS Visuelle
Kommunikation, Stuttgart
Umschlagfoto: plainpicture
Satz: Ziegler und Müller, Kirchentellinsfurt
Druck und Bindung:
Westermann Druck Zwickau GmbH, Zwickau

ISBN 978-3-432-10668-7          1 2 3 4 5 6

Auch erhältlich als E-Book:
eISBN (epub) 978-3-432-10669-4

---

**Liebe Leserin, lieber Leser,**
hat Ihnen dieses Buch weitergeholfen? Für An-
regungen, Kritik, aber auch für Lob sind wir offen.
So können wir in Zukunft noch besser auf Ihre
Wünsche eingehen. Schreiben Sie uns, denn Ihre
Meinung zählt!

Ihr TRIAS Verlag

E-Mail Leserservice: kundenservice@trias-verlag.de

Adresse:
Lektorat TRIAS Verlag, Postfach 30 05 04,
7 0445 Stuttgart
Fax: 0711-8 931-748

**Besuchen Sie uns auf facebook!**
www.facebook.com/trias.tut.mir.gut

**Lassen Sie sich inspirieren!**
www.printerest.com/triasverlag

---

*Für Morrigan, Dougal und das kleine Wesen,
das zusammen mit diesem Buch entstanden ist.*

# Die Autorin

»Menschen in ihrer Kommunikation zu unterstützen, ist meine Leidenschaft«, sagt **Amber Hatch** über sich selbst. Seit vielen Jahren ist sie praktizierende Buddhistin, das gab ihr den Anstoß, sich um achtsame Erziehung zu kümmern. Sie ist Autorin der erfolgreichen Titel *Colouring for Contemplation* und *Nappy Free Baby*, gibt Meditationskurse und berät Eltern. Amber Hatch lebt mit ihrem Mann und den drei gemeinsamen Kindern in Oxford. Mehr erfahren Sie unter: http://amberhatch.com

# Inhalt

1 Einleitung   9

2 Was ist achtsame Erziehung?   15

3 Achtsamkeit praktizieren – Moment für Moment   23

4 Achtsamkeit in den ersten Wochen   31

5 Positive Geisteshaltungen entwickeln   47

6 Achtsame Erziehung – jeden Tag   66

7 Einfachheit bewahren   77

8 Achtsames Sprechen und Zuhören   97

9 Achtsamkeit bei schwierigem Verhalten   120

10 Umgang mit schmerzhaften Gefühlen   142

11 Achtsame Erziehung durch ethische Lebensweise   153

12 Achtsamkeit für Kinder   175

13 Formelle Meditation   188

14 Zeit für formelle Meditation   198

15 Gemeinschaft ist wichtig   211

16 Teilnahme an einem Retreat   224

17 Abschließende Worte   238

18 Service   241

   Weiterführende Literatur   241
   Nützliche Websites   243
   Dank   245

# 1 Einleitung

*Bei meiner ersten Schwangerschaft war ich 24 Jahre alt und sehr idealistisch. Ich wollte eine perfekte Schwangerschaft und eine bereichernde Geburt erleben und eine tolle Mutter sein. Ich dachte, so schwer ist das doch nicht.*

Ich war gern schwanger. Ich hatte Glück und alles ging gut: keine morgendliche Übelkeit und keine Rückenschmerzen. Ich fuhr bis zur 39. Schwangerschaftswoche mit dem Fahrrad. Ich informierte mich über die aktive Geburt, machte Yoga für Schwangere und empörte mich über die – wie ich es sah – Medikalisierung des Geburtsprozesses. In meinen Büchern stand, die Geburt tue nicht weh, wenn man es richtig machte. Ich sagte meinen Freunden und meiner Familie, dass *ich* die Kontrolle über meine Geburt haben wolle. Ich borgte mir eine Geburtswanne und plante eine Hausgeburt.

Als die Wehen dann einsetzten, experimentierte ich ein paar Stunden lang mit meinem TENS-Gerät herum. Aber die Schmerzen wurden schlimmer und der Muttermund war kaum geweitet. So hatte ich mir das nicht vorgestellt. Ich versteckte mich vor der Hebamme im Nebenzimmer. Schließlich kroch ich die Treppen zum Badezimmer hinauf. Die Schmerzen waren so stark, dass ich Schweißausbrüche bekam und mir übel wurde. Ich kauerte auf dem Treppenabsatz und konnte die Tür nicht öffnen. Die Schmerzen waren unerträglich. Noch schlimmer war nur mein Gefühl, versagt zu haben: Ich dachte, *wie dumm und naiv ich war, zu glauben, ich schaffe das allein. Ich ertrage die Schmerzen nicht und werde darum bitten müssen, ins Krankenhaus gebracht zu werden.*

Und dann, während ich gekrümmt dasaß und meine Ideale um mich herum einstürzten, kam die Einsicht. Mitten in meiner Verzweiflung erkannte ich, was ich falsch machte: Ich wehrte mich gegen die Wehen. Ich kämpfte dagegen an – mit meinen Techniken für die »aktive

Geburt« und meinen Yogastellungen. Bei einer guten Geburt geht es aber nicht um Kontrolle. Es geht darum, sich sicher zu fühlen und loslassen zu können. Bei der nächsten Wehe versuchte ich also nicht, mich abzulenken, sondern ich atmete langsam und gezielt und fühlte ganz bewusst die Bewegungen in meinem Bauch. Es war noch immer nicht einfach und machte mir auch Angst: Ich wusste nicht, was dieses Gefühl mit mir macht. Aber es tat nicht mehr unerträglich weh. Die Übelkeit verging. Ich stieg die Treppen hinab und setzte mich wieder zur Hebamme an den Küchentisch. Bei jeder neuen Wehe saß ich ganz still da und versuchte, sie willkommen zu heißen.

Natürlich wurden die Wehen stärker und schon bald befand ich mich auf allen vieren in der Übergangsphase. Die Geburtswanne war aufgrund einer technischen Störung noch nicht bereit. Irgendwann fing ich an, zu singen. Beim Schwangerschaftsyoga hatten wir »Om« gesungen, was ich eher peinlich fand. Aber jetzt fühlten sich die vertrauten »Oms« gut an. Und solange ich sang und mich auf den Ton konzentrierte, hielt ich die Schmerzen aus.

Immer, wenn der Ton verstummte, drängten sich die Gedanken auf. Ich versank in Selbstmitleid und dachte: *Warum nur passiert mir das … ich halte das nicht aus.* Dann brandete der Schmerz sofort wieder auf. Aber immer wenn es mir gelang, diese innere Stimme zum Schweigen zu bringen und mich nur dem Gefühl hinzugeben, ließ der Schmerz nach. Die Wehen kamen in Wellen, bis sie zu einer langen Wehe verschmolzen. Ich fühlte mich so klein, dass mein Ichbewusstsein – die innere Stimme – komplett zu verschwinden schien, und ich staunte über die Kraft des Geburtsprozesses. Ich war nur noch ein Werkzeug für die Mechanismen des Universums, die in mir wie Zahnräder ratterten.

Schließlich konnte die Geburtswanne gefüllt werden und meine Tochter kam im Wasser zur Welt. Sie wog 4451 Gramm.

## Die Reise beginnt

Warum habe ich Ihnen von dieser Geburt erzählt? Weil sie den Beginn meines Elternseins markierte. Sie war aber noch ein anderer Wendepunkt, auch wenn ich das damals noch nicht so beschreiben konnte: Sie war der Moment, in dem ich zum ersten Mal die enorme Kraft der Achtsamkeit spürte. Ich hatte nicht viel Ahnung von Meditation, aber ich wusste, dass mich das Loslassen der Gedanken zu etwas ganz Besonderem geführt hatte. Was auch immer es war, es war mächtig genug, den schlimmen Geburtsschmerz zu vertreiben, solange ich mich darauf konzentrierte.

Das Geburtserlebnis war also tatsächlich bereichernd, wenn auch nicht so, wie ich es mir vorgestellt hatte. Ich dachte, ich würde diesen Erfolg durch gründliche Planung, Zuversicht und Entschlossenheit erzielen. Rückblickend war es jedoch *die Hingabe* an einen Prozess, der mir die gewünschte Geburt ermöglichte. Nicht *ich* hatte mein Kind zur Welt gebracht – jedenfalls nicht das Ich, das Bücher las und Geburtspläne erstellte. Es war etwas, das viel größer war als »ich« – und meine Aufgabe in diesem Prozess war nur, ihm nicht im Weg zu stehen. Das Erlebnis war also nicht nur bereichernd, sondern machte mich auch demütig. Ich bin sehr dankbar für diese Lektion am Beginn meiner Reise in die Elternschaft. In den folgenden Monaten und Jahren lernte ich, dass Kontrolle und hehre Ideale nicht unbedingt gute Eltern machen, genauso wenig wie sie eine angenehme Geburt garantieren. Man kann das Geburtserlebnis begrüßen, unabhängig davon, ob es zu Hause oder im Krankenhaus, auf natürliche Weise oder medikalisiert abläuft. Erst durch die Fähigkeit, alles anzunehmen, was gegenwärtig geschieht, können wir uns den Aufgaben des Elternseins stellen.

Für mich waren also Achtsamkeit und Elternsein von Anfang an eng miteinander verknüpft. Und auch wenn ich diese Einsicht nie wieder so intensiv wahrgenommen habe wie während meiner ersten Wehen, habe ich immer wieder erfahren, dass alles viel glatter läuft, wenn ich mich nicht gegen die Realität wehre, sondern sie annehme. Achtsamkeit – besonders, wenn wir sie bewusst praktizieren – ist eine Methode, die Realität anzunehmen.

Ich glaube, dass wir alle von dieser simplen, aber äußerst wirksamen Fähigkeit profitieren können. Ich hoffe, dass meine und die Erfahrungen anderer Eltern dazu beitragen, die Achtsamkeit in alle Bereiche des Familienlebens zu integrieren – zu unserem eigenen Vorteil, zum Vorteil unserer Kinder und zum Vorteil für die ganze Welt. Die Achtsamkeit, besonders in Form der achtsamen Erziehung, ist für mich ein wertvolles Geschenk, das ich mit möglichst vielen Menschen teilen möchte.

## An wen richtet sich dieses Buch?

Dieses Buch richtet sich an Menschen, die Achtsamkeit in der Kindererziehung praktizieren möchten. Wie der Titel schon sagt, ist das Buch vorwiegend für Eltern (oder werdende Eltern) gedacht, aber alle, die mit Kindern zu tun haben (zum Beispiel Großeltern oder Erzieher), können davon profitieren.

Obwohl ich mein Geburtserlebnis geschildert habe, befasst sich dieses Buch nicht näher mit Achtsamkeit für Schwangerschaft und Geburt. Ich halte Achtsamkeit für ein wertvolles Hilfsmittel während der Wehen und sie passt zu jeder Art von Geburt. Das Thema bietet jedoch Stoff für ein eigenes Buch und es gibt auch schon einige sehr gute Bücher, die sich mit Achtsamkeit zur Geburtsvorbereitung beschäftigen (Literaturempfehlungen finden Sie am Ende des Buchs).

Achtsamkeit kann das Leitprinzip der gesamten Erziehung sein, unabhängig davon, wie alt Ihre Kinder sind. Die Beispiele in diesem Buch beziehen sich vor allem auf die ersten Jahre nach der Geburt, da Eltern besonders in dieser intensiven Phase der Kinderbetreuung oft nach neuen Wegen suchen, mit den Herausforderungen umzugehen.

Dieses Buch ist ein Leitfaden für alle Eltern:

- für neue Eltern, für die auch Achtsamkeit neu ist
- für erfahrene Eltern, für die Achtsamkeit neu ist
- für Eltern, die Erfahrung mit Achtsamkeit haben, aber die nicht genau wissen, wie sie das Konzept in ihr neues Familienleben integrieren sollen

## Wie Sie dieses Buch nutzen

Das zweite Kapitel (S. 15) ist eine Einführung in die Achtsamkeit und die achtsame Erziehung. Es betrachtet die beiden Konzepte im Kontext des Buddhismus und der modernen Welt. Kapitel 3 (S. 23) erklärt, wie wir die Achtsamkeit in unseren Alltag integrieren. Die Kapitel 4–10 (S. 31) beschreiben die Chancen und Schwierigkeiten für achtsame Eltern. Kapitel 11 (S. 153) beschäftigt sich mit der Frage, wie ethisches Verhalten die Achtsamkeit fördert. In Kapitel 12 (S. 175) geht es um Achtsamkeit für Kinder, während die letzten Kapitel 13–16 (S. 188) einen Blick auf Meditation werfen: tiefere Meditation durch formelle Meditation, das Finden von Lehrern und den Besuch von Retreats – alles mit Bezug zum Praktizieren in der Familie.

Für Leser, die gerade erst Eltern wurden und mit dem Konzept der Achtsamkeit noch nicht vertraut sind, empfiehlt sich die Lektüre des gesamten Buchs. Leser, die etwas ältere Babys und/oder Kinder haben, können Kapitel 4 (S. 31) vernachlässigen. Es behandelt vor allem die Zeit nach der Geburt. Wer bereits regelmäßig meditiert, kann die Meditation in Kapitel 12 (S. 175) überspringen, schätzt vielleicht aber den praktischen Rat in Kapitel 14 (S. 198), wo es darum geht, neben den Ansprüchen des Familienlebens regelmäßig zu meditieren.

Die Kapitel bauen aufeinander auf, aber wenn einzelne Kapitel Sie momentan besonders ansprechen, sollten Sie direkt einen Blick darauf werfen. Vielleicht ist der Umgang mit schwierigem Verhalten oder der Besuch von Retreats gerade ein relevantes Thema für Sie, also lesen Sie zuerst das, was Sie möchten.

Im Buch spreche ich manchmal von »Ihrem Kind« oder »Ihren Kindern«, aber die Beispiele, die ich gebe, gelten für jede Anzahl von Kindern und natürlich für Jungen und Mädchen gleichermaßen.

## Erfahrungen von Eltern

Über das Buch verteilt finden sich Anekdoten, Tipps und Erkenntnisse von anderen Eltern, die sich mit den Vorteilen und Herausforderungen von Achtsamkeit in der Familie beschäftigen. Einige dieser Eltern meditieren schon, solange ich sie kenne; andere habe ich erst durch die Meditation kennengelernt. Einige von ihnen sind erfahrene Meditationslehrer, während andere gerade erst in die Achtsamkeit einsteigen. Viele Eltern habe ich durch die Samatha-Meditation kennengelernt, besonders im Rahmen des jährlichen Familien-Retreats im Samatha-Zentrum von Wales. Eine wertvolle Lernerfahrung war auch meine Mitarbeit bei der Gründung einer Familien-Meditationsgruppe in Oxford, in der Eltern zusammen mit ihren Kindern meditieren. Ich bin den Eltern, die ihre Erfahrungen mit diesem Projekt mit mir teilten, sehr dankbar. Ohne die Hilfe all dieser Eltern hätte ich dieses Buch nicht schreiben können. Manche von ihnen haben mit mir stundenlang über verschiedene Aspekte des Elternseins und des Meditierens diskutiert. Ich bin sehr dankbar, dass sie mir ihre Geschichten erzählt haben, und ich hoffe, dass diese auch Sie inspirieren werden.

# 2 Was ist achtsame Erziehung?

*Die Kindererziehung ist keine leichte Aufgabe und es steht viel auf dem Spiel: Wie wir in den ersten Jahren mit unseren Kindern umgehen, ist entscheidend für ihre Entwicklung und unsere spätere Beziehung zu ihnen.*

Um den Anforderungen des Familienlebens gewachsen zu sein, müssen Eltern oft neue Methoden erlernen und ihre Fähigkeiten verbessern. Das gilt besonders für die ersten Jahre. Babys und Kleinkinder sind sehr hilfsbedürftig und verlangen viel Aufmerksamkeit und Einsatz. Das macht diese Phase sehr anstrengend.

## Wie hilft Achtsamkeit uns Eltern?

Achtsamkeit hilft uns unter anderem dabei,

- in Krisen die Ruhe zu bewahren,
- die Verbindung zu unseren Kindern und anderen Menschen zu stärken,
- Geduld zu haben,
- uns in eine Tätigkeit zu vertiefen,
- möglichst objektiv zu bleiben.

Diese Fähigkeiten können das Leben jedes Menschen verbessern – aber Eltern verstehen ganz besonders, wie vorteilhaft sie sind. Wer Kinder um sich hat, lebt mit stärkerer Intensität. Alles wirkt lauter und extremer. Kinder erwecken jeden Tag das volle Spektrum menschlicher Gefühle. Selbstverständlich haben nicht nur Eltern von Zeit zu Zeit Probleme. Aber gerade neue Eltern sind oft überrascht (und manchmal überfordert), wenn sie merken, wie oft sie heikle Situationen meistern müssen. Eltern werden angekotzt, angeschrien, ins Auge gepikst und nachts mehrmals aufgeweckt. Sie beschwichtigen Kinder, die versuchen, sich gegenseitig zu beißen. Sie hören 27-mal am Tag: »Ich will ein Bonbon!« Sie werden im Supermarkt gedemütigt. Sie hören innerhalb einer Minute »Ich hasse dich!« und »Ich habe dich lieb«. Sie fangen ein Kind auf, das von einer Mauer herunterfällt. Sie müssen manchmal alles mit einer Hand erledigen. Sie lesen oft dieselbe Geschichte sechsmal hintereinander vor. Sie retten ein Kind, das sich verschluckt hat, und trösten eines, das weint. Sie beruhigen ein Kind, das Angst im Dunkeln hat. Sie müssen inmitten von ständigem Lärm und ständiger Unordnung funktionieren. All das und noch mehr – oft innerhalb eines einzigen Tages. Achtsamkeit hilft Eltern, mit all dem umzugehen.

*Ich fühlte mich schlecht, weil ich mich über meine Kinder sehr ärgerte … und ich musste irgendwie mehr Raum zwischen meinem Ärger und meiner wütenden Reaktion schaffen – und besonnener mit meinen Kindern umgehen. Ich erkannte, dass mir die Achtsamkeit dabei helfen konnte.*

*Guin, MBCP-Meditationslehrerin*
*und Mutter von drei Kindern*

Die Achtsamkeit verschafft uns ein wenig Abstand – die zuvor erwähnte Objektivität. Damit meine ich aber nicht, dass wir uns von unseren Kindern lösen sollen. Ganz im Gegenteil. Achtsamkeit hilft uns, innerlich ruhig zu bleiben und unseren Kindern mit dieser Ruhe zu begegnen, ohne uns von ihrem Drama anstecken zu lassen. Sie verschafft uns auch Distanz zu unserem eigenen Drama.

Die Idee dahinter ist nicht neu. Eltern auf der ganzen Welt wissen intuitiv, dass wir bei Problemen einen klaren Kopf bewahren müssen. Neu ist nur das Konzept, dass wir unsere Fähigkeit, einen klaren Kopf zu bewahren, *aktiv* verbessern können. Wenn wir versuchen, geistesgegenwärtiger zu sein, sind wir es auch. Mehr zum Ausbau der Achtsamkeit finden Sie im Abschnitt »Achtsamkeit entwickeln« (S. 19).

Und wenn wir diese Praktik mit der Kindererziehung verbinden, schaffen wir ein wertvolles Werkzeug.

*Für mich als Vater bedeutet Achtsamkeit, dass ich eine Aufgabe annehme, die nicht klar definiert ist, sondern bei der ich spontan auf den Moment reagiere.*

*Gwil, Meditationslehrer und Vater*
*eines Sohnes (6) und einer Tochter (3)*

Alle Eltern nutzen und spüren Achtsamkeit – selbst wenn sie den Begriff gar nicht kennen. Dieses Buch wird Ihnen dabei helfen, dieses Gefühl zu erkennen, wenn es sich zeigt. Und Sie werden sehen, wie mächtig es ist. Sie werden auch lernen, Ihre Achtsamkeit zu entwickeln, um sie häufiger und länger einsetzen zu können, selbst während das Nudelwasser überkocht und das Baby schreit.

## Was genau ist Achtsamkeit?

Umgangssprachlich bedeutet »achtsam sein«, dass man sich aufmerksam und rücksichtsvoll verhält – zum Beispiel, wenn man achtsam miteinander umgeht. Die Achtsamkeit in diesem Buch enthält noch weitere Nuancen. Das Wort ist eine Übersetzung des Pali-Worts *sati*. Pali ist die Sprache des Buddhismus und Sati ist ein spezifisches Konzept in der buddhistischen Psychologie. Mehr zum buddhistischen Hintergrund der Achtsamkeit finden Sie im Abschnitt »Der buddhistische Ursprung« (S. 20). Wie so oft gibt es auch hier keine genaue Übersetzung, die das gesamte Bedeutungsspektrum wiedergibt. Der Gelehrte T. W. Rhys Davids etablierte jedoch vor rund 100 Jahren den Begriff »Achtsamkeit« als Übersetzung für *sati* und seitdem wird er von Forschern wie auch von Praktizierenden des Buddhismus verwendet.[1] »Sati« selbst ist schwer zu definieren, beschreibt aber einen umfassenderen Zustand als unser Wort »achtsam«.

Sati, oder wie ich es hier nenne, Achtsamkeit beschreibt ein Bewusstsein für das, was im gegenwärtigen Moment geschieht. Dazu kann auch die bewusste Wahrnehmung unseres Körpers, unserer Gedanken und unserer Umgebung gehören. Es ist keine starre Konzentration, sondern etwas Leichteres: eine umfassende Beobachtung des momentanen Geschehens. Achtsamkeit beinhaltet auch das Erinnern, aber keine bestimmten Erinnerungen: Wir »erinnern« uns an unsere Fähigkeit zur Bewusstwerdung.

## Was geschieht, wenn wir achtsam sind?

Wenn wir uns achtsam verhalten, nehmen wir das Leben so wahr, wie es wirklich ist. Wenn wir achtsamer werden, nehmen wir unser Ich als weniger getrennt von allem wahr und fühlen uns stärker mit der Welt verbunden. Dieses Gefühl, vollkommen im Moment präsent zu sein, lässt alles intensiver und authentischer erscheinen. Wenn wir achtsam sind, sehen wir, wohin unsere Gedanken fließen, statt von ihnen mitgerissen zu werden. Wir sind uns auch unserer Gefühle stärker bewusst, egal ob wir Freude, Traurigkeit, Zufriedenheit oder Wut verspüren. Und wenn wir achtsam sind, können wir auch besser beurteilen, ob wir diese Gefühle ausleben sollen.

*Das Meditieren gibt mir Halt und ich fühle mich meinem Alltag besser gewachsen. Manchmal erlange ich eine Einsicht und verstehe, was ich in einer bestimmten Situation tun muss.*

*Jan, Mutter von Josia (8) und Hannah (5)*

## Achtsamkeit entwickeln

Achtsamkeit ist nicht nur ein angenehmer Zustand, der uns plötzlich überkommt. Wir können sie *bewusst* entwickeln. Obwohl Achtsamkeit unabhängig von unseren Gedanken und unserem Verhalten existieren kann, entsteht sie am besten, wenn wir unsere Aufmerksamkeit auf den gegenwärtigen Moment richten. Am einfachsten geht das, indem wir uns auf unseren Atem konzentrieren. Wir atmen ständig, aber jeder Atemzug ist einzigartig. Darum eignet sich der Atem perfekt, um uns das aktuelle Geschehen bewusster zu machen. Im Gegensatz zu anderen Eigenschaften wie Geduld oder Großzügigkeit (die nicht immer so leicht zu erzeugen sind) ist die Achtsamkeit speziell: Sobald wir merken, dass unsere Gedanken abschweifen, sind wir wieder achtsam. Zwangsläufig vergessen wir aber auch wieder, was wir gerade machen, und unsere Gedanken wandern wieder in eine andere Richtung – oft in die Vergangenheit oder Zukunft oder zu einem anderen erdachten Szenario. Indem wir unsere Aufmerksamkeit wieder auf unseren Atem lenken, werden wir wieder achtsam und widerstehen den Ablenkungsversuchen unseres Geistes. Wenn wir unsere Aufmerksamkeit immer wieder auf den gegenwärtigen Moment richten, praktizieren wir Achtsamkeit. Dieser Prozess wird rasch zur Gewohnheit und die Achtsamkeit entsteht immer leichter und häufiger.

Trotz bester Absichten vergisst man aber oft, achtsam zu sein. Darum lohnt es sich, bestimmte Zeiten zum Üben festzulegen. Eine der besten Übungen ist es, sich jeden Tag für ein paar Minuten in Ruhe hinzusetzen und sich einfach auf das Atmen zu konzentrieren. Diese Art von sitzender Übung ist bereits eine Meditation. Eigentlich kann man jederzeit, solange man möchte und unter allen möglichen Umständen meditieren. Aber die formelle Meditation, bei der man still und ohne Ablenkungen dasitzt, hilft uns dabei, die Konzentration und Hingabe für die Übung zu bewahren. In Kapitel 13 (S. 188) werde ich näher auf die Meditation im Sitzen eingehen.

## Der buddhistische Ursprung

In den letzten Jahren hat die Achtsamkeit an Popularität gewonnen und wird oft als völlig neues Konzept für geistiges Wohlbefinden dargestellt. Dabei ist Achtsamkeit alles andere als neu. Als Teil der buddhistischen Psychologie wird sie seit über 2500 Jahren gelehrt und praktiziert. Buddhistische Texte schildern umfangreich, wie man Achtsamkeit (und andere positive geistige Eigenschaften) entwickeln kann, um seelisches Leid zu mindern und Frohsinn und Zufriedenheit zu fördern.

Moderne Wegbereiter, vor allem Jon Kabat-Zinn in den USA und Mark Williams in Großbritannien, waren auf der Suche nach alternativen Möglichkeiten zur Behandlung von Stress und Depressionen, als sie die Achtsamkeit entdeckten.[2] Sie sahen, wie Betroffene durch das Praktizieren von Achtsamkeit neue mentale Fähigkeiten entwickelten, mit deren Hilfe sie negative Denkmuster durchbrechen konnten. Außerdem fanden sie heraus, dass Achtsamkeit auch bei psychisch gesunden Menschen zu mehr Zufriedenheit führen konnte.[3] Sie entwickelten ein System zum Praktizieren von Achtsamkeit, das auf den für sie wirkungsvollsten Elementen der buddhistischen Lehre basierte. Dabei verzichteten sie auf viele der begleitenden Praktiken und Regeln und auf die kulturellen und religiösen Aspekte.

Vor allem enthalten die bekannten MBSR- und MBCT-Programme, die von Kabat-Zinn und Williams entwickelt wurden, keine Anleitung zum ethischen Verhalten. Im Buddhismus ist das ethische Verhalten ein wesentlicher Schritt, um das persönliche Leiden zu mindern, und gilt als Ergänzung und Unterstützung der Achtsamkeit. Kabat-Zinn, Williams und andere haben die Achtsamkeit für den Westen zugänglicher gemacht, was vielleicht erst durch diese Säkularisierung möglich wurde.

Ich glaube aber, dass man sich dadurch möglichen Quellen der Weisheit verschließt. Es ist der Achtsamkeit nicht zuträglich, sich nur auf eine Seite zu fixieren – ob auf die buddhistische oder die säkulare. Darum werde ich später in diesem Buch wieder auf die buddhistischen Ideen zurückkommen und ergründen, wie wir das Praktizieren der Achtsamkeit durch die Entwicklung einer begleitenden positiven Einstellung und durch verschiedene Lebensweisen beeinflussen können. Das heißt aber nicht, dass Sie Buddhist sein müssen, um von achtsamer Erziehung zu profitieren – ich betrachte keine Philosophie als Doktrin und verlange von Ihnen nicht, einen neuen Glauben anzunehmen. Alle Eltern profitieren von der verbesserten Eigenwahrnehmung, die durch die Achtsamkeit entwickelt wird, unabhängig davon, woran sie glauben.

## Erziehung als Meditationspraxis

Auf den ersten Blick erscheint das Familienleben vielleicht ungeeignet, um Achtsamkeit zu praktizieren. Es kann laut und chaotisch zugehen, was so gar nicht zur Vorstellung von einer tiefenentspannten Person im Lotossitz passt. Vielleicht glauben Sie, in diesem Buch zu erfahren, wie Sie das Beste aus einer schlechten Situation machen – und wie Sie die Meditation daran anpassen, um zumindest einen geringen Nutzen daraus zu ziehen.

*Der Alltag mit einem Baby kann oft schwierig sein und manchmal denke ich, es ist ständig so. Aber die Achtsamkeit lässt mich die Realität wahrnehmen und ich erkenne auch die vielen positiven Aspekte meines Babys und meiner Mutterschaft, die ich sonst vielleicht übersehen würde.*

*Emily, Mutter von Owen (2)*

Jon Kabat-Zinn vergleicht das Elternsein mit einem Seefahrer, der den Wind nutzt. Selbst wenn der Wind in alle möglichen Richtungen und mit verschiedenen Geschwindigkeiten weht, nutzt ihn der erfahrene Segler, um zu einem Punkt an Land zu gelangen. Mir gefällt diese Vorstellung. Der Wind selbst verfolgt keine bestimmte Absicht. Es kümmert ihn nicht, ob Sie Ihr Ziel erreichen. So wie sich Ihre Kinder ihrer persönlichen Entwicklung nicht bewusst sind und Ihnen alle möglichen Hindernisse in den Weg stellen, sodass Sie oft das Gleichgewicht verlieren. Die Achtsamkeit hilft uns dabei, die langfristigen Ziele der Erziehung und auch unsere eigenen Ziele nicht aus den Augen zu verlieren: Wohin der Wind auch weht, wir können ihn dennoch nutzen, um auf unserem Kurs zu bleiben.

Jedes Mal, wenn uns unsere Kinder ärgern oder stören, reagieren wir darauf. Wenn wir diese Reaktion mit Offenheit betrachten, darin innehalten und sie bewusst untersuchen, statt sie einfach auszuagieren, beginnen wir, uns selbst besser zu verstehen. Je öfter es uns in einer Krise gelingt, die Fassung zu bewahren, desto besser ist das für uns *und* für unsere Kinder: Es ist nämlich die Gesamtheit all dieser kleinen Vorfälle, die unsere Beziehung zu unseren Kindern und deren Persönlichkeitsentwicklung prägt. Und wenn wir manchmal doch die Fassung verlieren, können wir es beim nächsten Mal aufs Neue versuchen – Kinder sind sehr robust.

Außerdem sind Kinder für alles empfänglich. Sie möchten, dass wir gute Eltern sind, und belohnen unsere Versuche, achtsam zu sein, direkt mit ihrer Liebe, ihrer Freude und ihrem Vertrauen.

## Zusammenfassung

- Achtsamkeit hilft uns Eltern, indem sie uns ruhiger und objektiver werden lässt.
- Achtsamkeit ist ein Zustand, in dem unsere Aufmerksamkeit auf den gegenwärtigen Moment gerichtet ist und wir uns selbst bewusst wahrnehmen.
- Wenn wir Achtsamkeit praktizieren, entwickeln wir sie, sodass sie mit der Zeit öfter und leichter entstehen kann.
- Achtsamkeit lässt uns alles intensiver wahrnehmen und verbindet uns stärker mit den Menschen und der Welt um uns herum.
- Die Achtsamkeit hat ihren Ursprung im Buddhismus, aber man muss kein Buddhist sein, um von ihr zu profitieren.
- Der Weg der achtsamen Erziehung birgt enormes Potenzial für persönliches Wachstum.

# 3 Achtsamkeit praktizieren – Moment für Moment

*Viele denken, dass man zum Meditieren viel Freizeit benötigt. Dabei braucht man gar keine Freizeit dafür. Sie können die Achtsamkeit näm-lich jederzeit im Laufe des Tages praktizieren, während Sie Ihrem Alltag nachgehen. Mit etwas Übung können Sie die ganze Zeit achtsam sein.*

## Die Zeit besser nutzen

Vielleicht gewinnen Sie durch die Achtsamkeit sogar Zeit, da Sie durch Ihre verbesserte Wahrnehmung und Konzentration Ihre Zeit besser nutzen. Ich war früher immer sehr schlampig und schusselig. Jeden Tag verschwendete ich Zeit mit der Suche nach vermissten Dingen: nach meinem Handy, meinen Schlüsseln, einem Schraubenzieher. Die Achtsamkeit hat mir zwar noch keine Ordnung beigebracht, aber ich merke, dass ich viel seltener nach etwas suche. Das liegt daran, dass ich bewusster darauf achte, wo und wie ich etwas ablege.

Dieser praktische Vorteil der Achtsamkeit ist nicht die einzige Zeit-ersparnis. Achtsamkeit kann uns auch zu besserem Schlaf und mehr Energie verhelfen, besorgtes Grübeln reduzieren und noch viel mehr. Das Praktizieren von Achtsamkeit verbessert auch die Konzentrations-fähigkeit.

## Achtsam erziehen

Ihren Kindern wird es gefallen, wenn Sie achtsamer sind. Das acht-same Erleben jedes Moments ist genau das, was sie mögen. Ihre Kin-der werden Ihre verbesserte Wahrnehmung spüren und sich dem-entsprechend verhalten. In jedem Moment, in dem Sie mit ihnen zusammen präsent sind, werden Sie eine sofortige Verbesserung bemerken. Die meiste Zeit wird es Ihren Kindern aber nicht bewusst sein, dass Sie sich besondere Mühe geben, achtsam zu sein.

Von Kindern können wir viel lernen, da sie immer im Moment leben. Wenn sie spielen, gehen sie ganz darin auf und lassen sich auf die Aktivität ein – ganz ohne die kritische innere Stimme, die wir Erwachsene so schwer zum Schweigen bringen. Beim gemeinsamen Spielen mit unseren Kindern können wir uns viel von ihnen abschauen. Und weil sie ständig nach unserer Aufmerksamkeit verlangen, rufen sie uns immer wieder in den gegenwärtigen Moment zurück.

*Wenn ich mir gerade über etwas den Kopf zerbreche und mein Sohn mit mir spielen will, erinnert er mich daran, achtsam zu sein. Wenn er Fragen zu ganz banalen Dingen stellt, lenke ich mein Interesse wieder bewusst auf die kleinen Dinge im Leben.*

*Kate, Mutter von Zach (2½)*

In den Kapiteln 4–10 werden wir uns genauer damit beschäftigen, wie man die Achtsamkeit in verschiedenen Bereichen der Erziehung nutzen kann. Zunächst soll es aber darum gehen, wie man die Achtsamkeit im Alltag aufrechterhalten kann.

## Wie praktiziert man Achtsamkeit im Alltag?

Die Antwort ist ganz einfach: Wir richten unsere Aufmerksamkeit, wann immer es möglich ist, auf das, was wir gerade tun. Das Tolle an der Achtsamkeit ist, dass jeder Moment, in dem uns unsere Geistesabwesenheit auffällt, bereits wieder ein Moment der Achtsamkeit ist. Aber besonders als Anfänger ist man sehr schnell wieder abgelenkt. Wir müssen unsere Aufmerksamkeit also immer wieder auf den gegenwärtigen Moment und die gegenwärtige Aufgabe richten. Vielen hilft es, sich auf den Atem zu konzentrieren. Er ist immer da und jeder Atemzug ist einzigartig. Der Atem ist leicht zu verstehen, während der »gegenwärtige Moment« ein etwas abstrakteres Konzept ist.

## Eins nach dem anderen

Viele Meditationslehrer werden Ihnen sagen, dass Sie immer nur eine Sache auf einmal erledigen sollen, um achtsam zu bleiben. Es ist viel einfacher, sich nur auf eine Tätigkeit konzentrieren zu müssen. Wenn wir also essen, achten wir auf die Temperatur der Speise, auf die Konsistenz, den Geschmack und so weiter. Wenn wir das Geschirr spülen, achten wir darauf, wie der Schwamm die Krümel wegwischt, wie der Schaum von den Tellern gleitet und so weiter.

Als Mutter finde ich diesen Rat absurd. Sich um Kinder zu kümmern, bedeutet Multitasking. Wenn ich esse, achte ich auch darauf, ob meine Kinder sich verschlucken oder sich mit Erbsen bewerfen. Wenn ich das Geschirr spüle, schaue ich zwischendurch aus dem Fenster, um zu sehen, wie meine Kinder auf dem Trampolin springen. Wenn wir bei unseren Kindern sind und sie Aufmerksamkeit oder Hilfe fordern, denken wir nebenbei an das, was noch zu tun ist. Wer mehr als ein Kind hat, muss seine Aufmerksamkeit meist aufteilen. Bedeutet das also, dass wir keine Achtsamkeit praktizieren können? Natürlich nicht! Es mag schwieriger sein, was die Achtsamkeit aber noch nützlicher macht.

Es ist überhaupt eine stark vereinfachende Idee, dass *jeder*, nicht nur wer Kinder hat, einfach immer nur eine Sache auf einmal tun kann. Beim Essen isst man schließlich nicht nur, man atmet auch und man sitzt, schmeckt, hört, fühlt, riecht, spannt manche Muskeln an, entspannt andere und so weiter. So vieles geschieht gleichzeitig, auch wenn man gerade kein Erbsenwerfen unterbinden muss. Dennoch ist es hilfreich, wenn wir uns nur auf eine Sache auf einmal konzentrieren, während wir die anderen Geschehnisse um uns herum nur grob wahrnehmen.

**Tipp: To-do-Liste**

Ich finde es sehr hilfreich, eine To-do-Liste mit Aufgaben an der Wand zu haben. Ich verwende eine kleine Schreibtafel und einen Marker. Ich teile die Tafel in verschiedene Lebensbereiche auf und schreibe hinein, was ich in den kommenden ein oder zwei Tagen erledigen möchte. Größere Ziele wie »Kinderzimmer renovieren« sollten Sie aber nicht aufschreiben. Bleiben Sie realistisch. Sobald die Aufgaben notiert sind, denke ich seltener daran und muss sie auch nicht im Kopf behalten. So kann ich mich besser auf meine aktuelle Aufgabe konzentrieren. Ich notiere auch gerne einfache Alltagstätigkeiten wie Meditieren, Geschirr spülen, Pausenbrote machen, weil ich mich beim Abhaken gleich produktiver fühle. Es lohnt sich auch, einige angenehme Tätigkeiten aufzuschreiben, etwa »meinem Sohn eine Geschichte vorlesen« oder »mit meiner Tochter spielen«. Diese »Pflichten« sind genauso wichtig, wenn nicht wichtiger als etwa ein Anruf beim Zahnarzt, kommen aber in der täglichen Hektik oft zu kurz.

Und es gibt tatsächlich Möglichkeiten, das Multitasking zu reduzieren. Am wichtigsten ist vielleicht, den Wert des »Singletasking« zu erkennen. Der buddhistischen Psychologie zufolge kann sich der Geist immer nur auf eine Sache auf einmal konzentrieren. Wenn wir also meinen, an zwei (oder mehrere) Aufgaben *gleichzeitig* zu denken, springen wir in Wirklichkeit blitzschnell gedanklich zwischen ihnen hin und her. Das ist ermüdend. Und es bedeutet auch, dass wir jede Aufgabe weniger effektiv erledigen, als wenn wir ihr unsere volle Aufmerksamkeit schenken. So brauchen wir für alle Aufgaben insgesamt vielleicht sogar länger.

Wenn wir daran denken, nur eine Sache auf einmal zu erledigen, fallen uns vielleicht noch weitere Möglichkeiten ein, unser Leben zu entschleunigen.

*Manchmal gerate ich in einen richtigen Arbeitsrausch, und wenn ich mein Pensum erfüllt habe, suche ich nach neuen Aufgaben, die ich erledigen »muss«.*

*Kirsten, Mutter von Eva (5) und Josh (3)*

Es ist wichtig, zu merken, wenn es nicht mehr so viel zu tun gibt. Seien Sie dann dankbar und widmen Sie sich Ihrer aktuellen Aufgabe, statt sich schon wieder neue Arbeiten zu suchen.

## Denken erlaubt

Als ich zum ersten Mal von Achtsamkeit erfuhr, wusste ich nicht, ob ich überhaupt nachdenken durfte. Man soll schließlich die Aufmerksamkeit möglichst oft auf den gegenwärtigen Moment richten und sich nicht in Erinnerungen oder Zukunftsplänen und anderen Fantasien verlieren.

Aber man darf auch denken! Unser Verstand ist ein geniales, äußerst hilfreiches Werkzeug. Manchmal muss man sich an Vergangenes erinnern oder etwas Zukünftiges planen. Wir brauchen unseren Verstand, um abstrakte Konzepte zu erfassen und kreativ zu sein. Aber der Verstand soll nicht überhandnehmen. Unsere Gedanken lenken uns oft vom Erleben der Gegenwart ab. Es ist zwar angebracht, an das Bezahlen der Stromrechnung zu denken, aber nicht, wenn Sie gerade Ihren Sohn zum Schwimmunterricht bringen. Wenn wir beim Denken achtsam sind, bleiben wir eher bei der Sache. Allerdings verlieren wir uns sehr leicht in unseren Gedanken und vergessen die Achtsamkeit.

*Konzentriert man sich immer wieder auf den gegenwärtigen Moment, wird man es mit der Zeit wie von allein tun. Es wird zur Gewohnheit und geschieht mühelos.*

*Deborah, Meditationslehrerin und Mutter von Jesse (20) und Rowan (17)*

 **Tipp: Achtsamkeit mit Tätigkeiten verknüpfen**

Eine gute Übung ist es, Achtsamkeit mit einer Tätigkeit zu verknüpfen. Am besten versucht man zwar, immer achtsam zu sein, aber es kann sich auch lohnen, einer bestimmten Handlung besondere Aufmerksamkeit zu schenken. Dazu eignet sich im Grunde jede Betätigung – Wäsche aufhängen, die Treppe hochgehen oder den Kindern etwas vorlesen. Vielleicht möchten Sie daraus ein regelmäßiges Achtsamkeitstraining machen und jedes Mal üben, wenn Sie die Tätigkeit ausführen.

Diese Art der Praxis ist ein Mittelweg zwischen formeller Sitzmeditation und der Achtsamkeit von Moment zu Moment. Sie bietet Ihnen viele Vorteile der Meditation (wenn auch keine ganz so tiefe Entspannung und Konzentration) und Sie können sie gut in Ihre täglichen Aufgaben einbauen.

*Es war ein Donnerstag voller Stress und Hektik. Also entschied ich mich, den Tag langsamer anzugehen: Ich ging die Treppe hoch, statt hochzulaufen, und ich machte die Hausarbeit achtsam. Ich machte die Donnerstage zu langsamen Donnerstagen. Ich versuche auch, an anderen Tagen langsamer und achtsamer zu sein, aber mein Schwerpunkt ist der Donnerstag. Wenn mir die langsamen Donnerstage immer gelingen, kommt der nächste Tag dran und dann der nächste, bis die ganze Woche achtsamer gelebt wird.*

*Kate, Mutter von Zach (2½)*

## »Achtsamkeitsglocken«

Eine meiner liebsten Lektionen stammt vom Achtsamkeitslehrer Thích Nhất Hạnh. In seinem Buch *Ich pflanze ein Lächeln* beschreibt er, wie in Asien oft Glocken geläutet werden, um an die Achtsamkeit zu erinnern.[4] Der Klang der Glocke lenkt unsere Aufmerksamkeit wieder auf die Gegenwart. In der westlichen Welt hört man Glocken eher selten. Thích Nhất Hạnh schlägt daher vor, andere Signale als »Achtsamkeitsglocken« zu verwenden, etwa eine rote Ampel. Immer, wenn wir sie sehen, kann sie uns daran erinnern, achtsam zu sein. Wir können alles Mögliche als Signal verwenden. Am besten ist aber etwas, das regelmäßig auftaucht.

*Wenn Ihr Kind Ihre »Achtsamkeitsglocke« ist,*
*werden Sie merken, wie die Glocke den ganzen*
*Tag lang klingelt und Sie wachrüttelt.*

*Ben, Vater von Leo (6)*

Schon bald nachdem ich das gelesen hatte, erkannte ich meine eigenen Achtsamkeitsglocken: das Schreien meiner Tochter. Sie war damals ein temperamentvolles Kleinkind und oft wütend, wenn etwas nicht so klappte, wie sie es wollte. Immer wenn sie schrie, erinnerte ich mich daran, an meinen Atem und meine Aufmerksamkeit zu denken. Das war eine äußerst hilfreiche »Glocke«, denn während dieser Trotzanfälle brauchte ich die meiste Achtsamkeit.

## Zusammenfassung

- Fördern Sie im Laufe des Tages Ihre Achtsamkeit, indem Sie sich immer wieder auf den gegenwärtigen Moment konzentrieren. Ihr Atem hilft Ihnen dabei, Ihre Aufmerksamkeit zu steuern.
- Verknüpfen Sie Achtsamkeit mit bestimmten Tätigkeiten, etwa mit dem Staubsaugen oder dem Aufhängen von Wäsche. Seien Sie dann immer besonders achtsam.
- Entdecken Sie eine regelmäßige »Achtsamkeitsglocke«, die Sie daran erinnert, achtsam zu sein.

# 4 Achtsamkeit in den ersten Wochen

*Sie halten Ihr neugeborenes Baby in den Armen und blicken in sein Gesicht. Sie sehen, wie sich seine Lippen spitzen und seine Augen unter den Lidern bewegen. Sie sehen die zarte Haut, die weich gerundeten Ohren, die winzigen Wimpern. Eltern lieben es, ihr Baby zu betrachten. Wir achten auf jedes Detail und prägen uns dieses neue Gesicht ganz fest ein. Die meisten Eltern sind dann automatisch sehr achtsam. Das Babygesicht nimmt uns völlig ein. Gleichzeitig nehmen wir jede Veränderung wahr. Wir spüren die sanfte Wärme des Bündels in unseren Armen, wir hören seinen Atem. Wir nehmen auch unsere eigenen Gefühle wahr – Freude und Zufriedenheit vielleicht. Wir sind völlig in der Gegenwart präsent.*

Neugeborene können uns viel über Achtsamkeit beibringen. Die meisten Eltern, selbst wenn sie noch nie von Achtsamkeit gehört haben, begreifen intuitiv, dass etwas ganz Besonderes geschieht, wenn wir uns ausgiebig mit unseren Babys beschäftigen. Dieses intensive »Kennenlernen«, das wir uns so wünschen, ist nur möglich, wenn wir wirklich hinsehen, was gerade jetzt geschieht. Wie verzieht das Kind sein Gesicht? Wie schiebt es seine Lippen vor? Was macht es da für ein Geräusch, wenn es sich bewegt? Wenn wir die Wirklichkeit nicht bewusst wahrnehmen, erschaffen wir nur ein Konstrukt aus Vorstellungen davon, wer unser Baby ist. Das gilt für jede Art des (Kennen-)Lernens. Lernen basiert immer auf Achtsamkeit. Dazu muss unsere Aufmerksamkeit auf die Realität des Moments gerichtet werden, um sie wertfrei und ohne Vorurteile wahrzunehmen.

Normalerweise fällt es uns nur allzu leicht, die Augen vor etwas zu verschließen. Wir verlassen uns lieber auf bestehende Annahmen, wie die Welt funktioniert. Das macht es uns schwerer, etwas Neues zu lernen oder etwas besser zu verstehen. Bei einem Baby wissen wir aber intuitiv, dass es wichtig ist. Wir stützen uns nicht auf Vermutungen, wir sind automatisch motiviert, unser Baby genau kennenzulernen, und zwar in diesem Moment. Dafür wenden wir eine immense Achtsamkeit auf.

## Lernen Sie Ihr Baby jeden Tag kennen

Diese einzigartige Erfahrung verschafft uns einen großen Vorsprung in unserer Achtsamkeitspraxis. Selbst wenn Sie schon regelmäßig achtsam sind, brauchen Sie einen neuen Plan. Schließlich wird sich alles verändern, während Sie lernen, Ihr Baby in Ihr Leben zu integrieren.

Oft beschweren sich Leute scherzhaft über Babys: »Wenn man gerade denkt, man versteht sie, verändern sie sich schon wieder!« Das stimmt – Babys verändern sich andauernd, vor allem in den ersten Wochen. Manchmal kommt es uns vor, als hinderten uns diese ständigen Veränderungen daran, kompetente Eltern zu sein. Es kann frustrierend sein, wenn unsere Methode, das Baby zu beruhigen, die letzte Woche noch funktionierte, auf einmal nicht mehr wirkt. Aber dieser ständige Wandel hilft uns dabei, unsere Achtsamkeit zu erhalten: Er zwingt uns, auch weiterhin hinzusehen und zu lernen.

## Die Zeit mit dem Baby

Ein Baby zwingt uns, langsamer zu werden – fast bis zum Stillstand. Beim ersten Kind ist das oft eine überraschende Erkenntnis. Vor meinem Mutterschaftsurlaub schmiedete ich große Pläne, was ich in der Zeit alles erledigen könnte. Ich hatte keine Ahnung, wie viel Zeit ich allein mit dem Füttern des Babys verbringen würde. Stunden! Ich hatte keine Zeit, zu duschen oder Tee zu kochen, geschweige denn ein Buch zu schreiben und Spanisch zu lernen, so wie ich es geplant hatte.

Nicht nur Mütter erleben diesen Stillstand. Auch für Väter dauert alles zehnmal länger. Selbst die banalsten Tätigkeiten wie Essenmachen oder Wäschewaschen werden zu großen Leistungen. Dieser plötzliche Tempowechsel wirkt sich stark auf unsere Achtsamkeit aus. Unsere

Gedanken sind oft aktiver als wir selbst. Das erinnert mich an meine Schwester, die bald nach der Geburt ihres ersten Sohnes nach Mexiko ziehen musste. Sie sagte, dass sie sich jedes Mal, wenn sie ihn stillte, im Zimmer umsah und bemerkte, was noch alles erledigt werden musste. »Ach, das muss noch eingepackt werden, und das und das auch noch ...« Aber sie musste akzeptieren, dass sie in den nächsten 30 bis 40 Minuten absolut nichts tun konnte.

Weil alles so langsam abläuft, haben Sie Zeit, jede Aufgabe bewusst wahrzunehmen. Sie werden nicht mit Reizen überflutet, was Ihr Gehirn mit der Zeit entspannter macht, da es weniger überfordert und stimuliert wird. Diese Langsamkeit kann Ihnen willkommen und angenehm sein. Vielleicht fühlen Sie sich durch Ihr Baby aber auch eingeschränkt.

## Mutter sein ist schwer

In unserer modernen Gesellschaft fehlt es oft an Unterstützung für frischgebackene Mütter. Viele Väter gehen nach ein paar Wochen Vaterschaftsurlaub bereits wieder arbeiten, aber die neue Mutter kann wegen ihres Babys meist nicht an ihren Arbeitsplatz zurückkehren. Der Kontakt zu den Kollegen ist schwierig und viele soziale Aktivitäten sind nicht mehr möglich. Oft kennt die Mutter auch ihre Nachbarn kaum und ihre Familie lebt weit entfernt. Ist der erste Besucherschwung zum Kennenlernen des Babys vorbei, fühlen sich Mütter oft allein. Dabei bräuchten sie gerade in dieser Zeit die meiste Hilfe und moralische Unterstützung. Kein Wunder, dass viele Frauen die Mutterrolle als einsam und entmutigend empfinden.

## Rund um die Uhr in Bereitschaft

Bei einem Baby muss man sich um alles kümmern. Sie müssen Ihr Baby ins Bett bringen, füttern, herumtragen und sauber machen. Es benötigt das rechte Maß an Stimulation. Vielleicht muss es bei Tag (und bei Nacht) viel im Arm gehalten werden. Sie müssen ständig auf seine Bedürfnisse achten. Auch wenn Sie sich gerade nicht um das Baby kümmern, sind einfach immer in Bereitschaft. Man könnte auch sagen, dass Sie in jedem Moment des Tages auf Ihr Baby achten – also achtsam sind. Sogar wenn Sie schlafen. Eltern von Neugeborenen haben daher die besten Voraussetzungen, eine starke Achtsamkeit zu entwickeln. Wir werden ständig in den gegenwärtigen Moment zurückgeholt.

Allerdings kann es sehr ermüdend sein, ständig auf ein anderes Wesen achten zu müssen. Dem Baby ist es egal, ob es vier Uhr morgens oder nachmittags ist. Es kennt keine Zeit. Wenn es Sie braucht, dann braucht es Sie. Es gibt kein Entkommen, denn ein Baby kann ohne Sie nicht lange überleben. Der Schlafmangel laugt Sie aus und die ganze Verantwortung belastet Sie.

## Verstärkte Aufmerksamkeit und Wahrnehmung

Babys machen uns achtsamer, was uns schließlich glücklicher macht. Das ist jedoch weder ein schnelles noch ein einfaches Unterfangen. Wenn wir nämlich unsere früheren Aktivitäten aufgeben müssen (Arbeit, Hobbys, Sozialleben), lassen wir damit auch unsere ganzen Strategien für das Leben los. Plötzlich sind wir nicht nur mit unserem neuen Baby zusammen, sondern auch allein mit uns selbst. Das kann beunruhigend sein. Vielleicht sträuben Sie sich aber gegen die Veränderung und fühlen sich gelangweilt, einsam oder unsicher. Wenn Sie sich gefangen fühlen, bekommen Sie vielleicht Angst. Praktisch alle Mütter, die ich traf, kennen dieses Gefühl. Auch ich habe es schon erlebt. Es kommt häufig vor, besonders nach dem ersten Kind.

Es hilft, zu wissen, dass diese Gefühle entstehen, weil Sie nicht mehr durch Ihre früheren Aktivitäten abgelenkt sind. Nutzen Sie Ihre wachsende Achtsamkeit und beobachten Sie die entstehenden Gefühle – ohne sie zu werten. Versuchen Sie, nicht nur auf Ihr Baby neugierig zu sein, sondern auch auf sich und Ihre Gefühle – auch auf die unangenehmen.

Und denken Sie daran: Nur weil Sie jetzt Mutter sind, müssen Sie nicht alle Ihre früheren Interessen aufgeben. Sie müssen nicht Ihre gesamte Aufmerksamkeit ständig nur auf das Baby richten (außer, Sie möchten das). Darum geht es bei der Achtsamkeit nicht.

Es wird immer Momente geben, in denen Ihr Baby Ihre volle Aufmerksamkeit braucht, etwa wenn Sie ihm die Brust geben oder seine Windel wechseln. Aber es gibt auch Momente, in denen Sie ruhig auf etwas anderes achten können. Und während Sie sich auf etwas anderes konzentrieren und mit einer Freundin reden, den Garten pflegen oder einkaufen gehen, können Sie nebenbei auch Ihr Baby und seine Bedürfnisse in Ihrer groben Wahrnehmung behalten.

 **Tipp: Nähe zum Baby**
Wenn Ihr Baby in einer Trage vor der Brust oder auf dem Rücken sitzt, während Sie etwas anderes machen (Hausarbeit, mit einem älteren Kind spielen), können Sie sich auf Ihre Tätigkeit konzentrieren und dennoch die Verbindung zu Ihrem Baby aufrechterhalten. Wenn ich meinen jüngeren Sohn im Tragetuch hatte, während ich mich mit meiner Tochter beschäftigte, spürte ich seine Wärme an meinem Rücken und seinen Körper, der sich an mich schmiegte. Begann er herumzuzappeln, sagte mir meine grobe Wahrnehmung, dass ich meine Aufmerksamkeit wieder auf ihn richten und mich um ihn kümmern sollte.

## Nehmen Sie sich Zeit, zu praktizieren

Wenn Sie regelmäßig meditieren oder täglich Yoga praktizieren, werden die ersten Wochen nach der Geburt Ihre Routine wahrscheinlich über den Haufen werfen. Unglaublich, wie so kleine Geschöpfe schon so ein Durcheinander anrichten können! Vermutlich wird Ihr Tagesablauf nicht immer gleich sein. Wenn Ihr Baby endlich schläft, werden Sie wahrscheinlich auch schlafen wollen. In Kapitel 14 (S. 198) gehe ich näher darauf ein, wie man im Familienalltag Zeit für Meditation findet. Aber in den ersten Wochen wird es wohl schwierig sein, regelmäßig zu meditieren. Nutzen Sie stattdessen die neuen Routinetätigkeiten wie Windelwechseln oder Füttern, um Achtsamkeit zu praktizieren.

## Achtsamkeit beim Füttern

Das Füttern Ihres Babys ist eine gute Gelegenheit, achtsam zu sein. Da Sie Ihr Baby mehrmals am Tag füttern, können Sie Ihre Fähigkeit oft üben. Als mein erstes Kind auf die Welt kam, wollte ich mir selbst beweisen, wie aktiv ich war. Eines Morgens machte ich mich auf den Weg nach London, um jemanden zu besuchen. Meine Tochter war sechs Wochen alt und schlummerte in einem Tragetuch an meiner Brust, während ich die Straße entlangging. Plötzlich wachte sie auf und fing an zu schreien. *Oh nein. Wenn ich jetzt umkehre, um sie zu füttern, verliere ich eine Stunde*, dachte ich. Also schob ich meine Kleidung und das Tragetuch ein wenig zur Seite und gab der Kleinen die Brust. Nun konnte sie nach Herzenslust nuckeln, während ich weiter zur Bushaltestelle ging. Ab diesem Zeitpunkt stillte ich sie oft, wenn sie in der Trage lag. Oft setzte ich sie extra hinein, wenn sie gefüttert werden wollte. So musste ich mich nicht hinsetzen, sondern konnte mich weiter um den Haushalt kümmern.

Bei meinem Sohn hingegen hatte ich gar kein Bedürfnis, das zu tun. Mich auf das Sofa zu setzen und ihn zu stillen war immer ein freudiger Moment der Ruhe. Diese neue Routine für das Stillen war das Signal für alle (auch für mich), dass das Stillen Zeit für Ruhe bedeutete. Meine Tochter war mittlerweile drei Jahre alt und bekam rasch mit, dass Mama erst dann vom Sofa aufstand, wenn der Bruder gestillt war.

Das Stillen (mit dem Fläschchen oder der Brust) ist die perfekte Gelegenheit, eine achtsame Verbindung zu Ihrem Baby herzustellen. Bestimmt machen Sie auf Ihre eigene Art etwas ganz Besonderes daraus. Wenn wir das Baby stillen, ohne nebenbei etwas anderes zu tun, entsteht Achtsamkeit wie von allein. Vor allem, wenn Sie das Baby dabei mit großen Augen anschaut. Achtsamkeit hilft auch, wenn das Stillen schwierig ist. Stellen Sie sich nicht vor, wie das Stillen ablaufen muss. Beobachten Sie einfach, was im gegenwärtigen Moment geschieht, und reagieren Sie darauf. Die vorherige Meditation muss nicht genau so ablaufen. Sie soll Ihnen nur ein paar Ideen rund ums Stillen liefern. Vielleicht möchten Sie sich auch einfach nur auf Ihren Atem besinnen, wenn Sie daran denken.

 **Meditationsübung: Beim Stillen achtsam sein**

Setzen Sie sich bequem hin. Nehmen Sie wahr, wie sich Ihr Sitzplatz unter Ihnen anfühlt. Achten Sie darauf, wie Ihre Arme oder die Kissen das Baby stützen. Kann es seinen Kopf an Ihre Brust führen? Spüren Sie den Körper Ihres Babys und wie er sich an Sie schmiegt. Spüren Sie die Wärme des Babys? Spüren Sie, was Ihre Finger gerade berühren – Stoff, Haut, Haare. Wie fühlt sich das an?

Beobachten Sie das Baby beim Nuckeln. Trinkt es schnell oder langsam? Machen Sie sich bewusst, wie die nährende Milch entstanden ist und wie sie das Baby mit allen Pflanzen und Tieren und mit der Wärme der Sonne verbindet.

Achten Sie auf den Atem des Babys und Ihren eigenen Atem.

Sehen Sie, wie zufrieden das Baby beim Stillen wirkt. Wie verändert sich sein Körper beim Trinken und Atmen? Ist das Baby verkrampft oder entspannt?

Achten Sie auf Ihren eigenen Körper. Verhält er sich gleich wie der des Babys oder anders? Wenn Sie in Ihrem Körper eine Anspannung wahrnehmen, achten Sie kurz darauf.

Achten Sie darauf, wie Sie atmen. Achten Sie auch darauf, wie Ihr Baby atmet.

*Als ich mit meinem jüngsten Kind schwanger war,
dachte ich, dass ich das Stillen zum Meditieren nutzen
könne. Das stellte sich jedoch als die ungeeignetste
Zeit heraus, da das Füttern sehr anstrengend war …
Ich wünschte, ich hätte ein paar alternative Ideen zu
besseren Meditationszeiten gehabt, statt nur auf eine
Zeit fixiert zu sein, die für mich nicht gepasst hat.*

*Guin, MBCP-Meditationslehrerin und
Mutter von drei Kindern*

## Den Tag strukturieren

Der Nachteil an Babys ist ihre Unberechenbarkeit. Babys kümmert es
überhaupt nicht, ob es Tag oder Nacht ist. Von einem Moment auf den
anderen kann sich ein zufriedenes Glucksen in ein hungriges Schreien
verwandeln.

Den ganzen Tag auf Trab zu sein, erschöpft ganz schön. Auch wenn Sie
kein typischer Routinemensch sind, haben auch Sie Ihre Gewohnheiten und Abläufe. Zum Beispiel essen die meisten Menschen eine bestimmte Anzahl von Mahlzeiten pro Tag, zu ungefähr den gleichen
Zeiten. Wahrscheinlich gehen Sie immer ungefähr zur gleichen Zeit
und am gleichen Ort ins Bett. Vielleicht hüpfen Sie direkt nach dem
Aufstehen unter die Dusche und putzen Ihre Zähne. Zumindest machten Sie das früher so. Jetzt haben Sie ein Baby im Haus, das alles auf
den Kopf stellt. Nun schlafen Sie vielleicht um elf Uhr morgens auf
dem Sofa ein und sind froh, wenn Sie überhaupt einmal zum Duschen
kommen. Und als »Mahlzeit« gilt nun alles, was man schnell aufreißen
und in den Mund stopfen kann, während man das schreiende Baby
auf den Arm nimmt.

Der Mensch ist ein Gewohnheitstier. Praktisch gesehen hilft uns Routine bei der Planung von Aktivitäten, die wir erledigen müssen und wollen. Auf mentaler Ebene erspart es uns den Stress, immer wieder Entscheidungen über Kleinigkeiten treffen zu müssen (Wann frühstücke ich? Was esse ich zum Frühstück? Welchen Teller nehme ich? Wo esse ich?). Das ständige Neuplanen solcher Aufgaben verbraucht Unmengen an Energie. Feste Strukturen geben uns ein angenehmes Gefühl der Sicherheit. Und auf dieser vertrauten Grundlage können wir kleine Abweichungen von der Routine genießen – einmal ausschlafen, Pizza bestellen oder Verwandte besuchen.

Dank der Routine können wir uns auf bestehende Entscheidungen und Annahmen verlassen und unsere Energie für Wichtigeres sparen. Wer schon einmal auf einem Meditations-Retreat war, weiß wie strukturiert die Tage dort sind. Mahlzeiten und Programmpunkte finden zu festen Zeiten statt. Die Beständigkeit sorgt dafür, dass wir nicht ständig an Grundbedürfnisse denken müssen, etwa an die Beschaffung der nächsten Mahlzeit. Stattdessen haben wir Zeit für Achtsamkeit. Darum gehört das Thema Gewohnheiten unbedingt in ein Buch über Achtsamkeit hinein, denn diese Art von Berechenbarkeit ist sehr nützlich. Ein strukturierter Tag lässt eher Raum für eine Meditation und erleichtert das Leben von Moment zu Moment. Kein Wunder also, dass man mit einem neuen Baby in der Familie weniger Gelegenheiten zum regelmäßigen Meditieren hat. Und es ist schwer, achtsam zu sein, wenn man plötzlich bemerkt, dass man kurz vor dem Kollaps steht, weil man seit acht Stunden nichts gegessen hat. Aber keine Sorge: Die Familie wird einen neuen Tagesrhythmus finden und Sie können einiges dazu beitragen, wenn Ihnen erst bewusst wird, wie wichtig Gewohnheiten sind.

Bei meinem ersten Baby wollte ich alles richtig machen. Meine Tochter sollte schlafen, wenn sie müde war, essen, wenn sie hungrig war, und so weiter. Ich dachte, ein strukturierter Tagesablauf passe nicht zu den Bedürfnissen eines Babys. Bald merkte ich jedoch, dass das keine gute Idee war. Meine Tochter schrie fast den ganzen Tag und Abend und war so aufgedreht, dass sie nicht schlafen konnte. Das wurde noch verstärkt, weil ich ihr am Abend keinen dunklen, ruhigen Platz zum Schlafen bot.

Als sie etwa vier Monate alt war, wurde mir bewusst, dass das kein natürlicher Ablauf war. Ich fragte mich, wie unsere prähistorischen Vorfahren in Afrika mit Babys umgegangen waren. Sie mussten einen sehr regelmäßigen Tagesablauf gehabt haben. In Äquatornähe geht die Sonne um sechs Uhr abends unter und zwölf Stunden später wieder auf. Und es war abends *richtig* dunkel. Wahrscheinlich machten die Menschen ein Feuer und gingen noch einigen Tätigkeiten nach, aber die meiste Arbeit war getan. Und tagsüber sahen die Babys immer dieselben vertrauten Gesichter und dieselbe vertraute Umgebung. Evolutionsbedingt erwarten die Babys also diese Art von Leben, wenn sie auf die Welt kommen.

Es ist normal, dass sich das Leben oft nur um das Baby dreht. In den ersten Wochen ist der Vater aufgrund seines Berufs vielleicht zeitlich eingeschränkt, aber oft bestimmt dennoch das Baby den Tagesablauf. Frischgebackene Mütter bekommen oft zu hören: »Schlaf, wenn das Baby schläft.« Bei meinem zweiten Kind war mir bereits klar, wie wichtig ein geregelter Tagesablauf ist. Meine Größere musste gefüttert und unterhalten werden und zu regelmäßigen Zeiten ins Bett. Als ich sah, wie wichtig diese Routine für sie war, erkannte ich, wie dringend auch wir Eltern solche Gewohnheiten brauchten.

Mittlerweile befürworte ich so eine Struktur. Babys müssen allerdings sanft in den Tagesablauf integriert werden. Als würde man sagen: »Willkommen! So wird das hier bei uns gemacht. Aber ich weiß, du musst dich erst langsam daran gewöhnen.« Darum stillte ich ein hungriges Baby immer sofort und ließ ein müdes Baby schlafen. Meinen Sohn gewöhnte ich schon in den ersten Wochen an eine frühe Schlafenszeit und ich tat, was ich konnte, damit er den ganzen Abend schlief. Auch wenn das bedeutete, dass auch ich um sechs Uhr zu Bett ging, damit ich mich zu ihm legen konnte.

Manchmal empfehlen Experten solche Gewohnheiten als Teil eines Gesamtprogramms, das Babys pflegeleichter und unabhängiger machen soll. Es stimmt, dass Struktur und Rituale den Babys Sicherheit geben, und sie können dazu beitragen, dass Ihr Baby unabhängiger wird. Aber in diesem Alter ist es normal, dass Babys noch nicht viel Zeit ohne Sie verbringen wollen, weswegen ich auf diese Art von Routine weniger Wert lege. Manche Experten empfehlen einen so strikten Tagesplan, dass Eltern zu bestimmten Zeiten nicht einmal das Haus verlassen dürfen. Das geht mir dann doch zu weit.

Meine Faustregel lautet stattdessen: Der Tagesablauf soll den Bedürfnissen der Familie angepasst werden, nicht die Familie einem Plan.

## Ein weinendes Baby achtsam in den Armen halten

Eine Freundin erinnerte mich kürzlich an einen weisen Rat: Wenn wir negative Gefühle, etwa Wut, empfinden, sollen wir versuchen, diese Gefühle mit Achtsamkeit festzuhalten, wie eine Mutter ihr weinendes Baby liebevoll in den Armen hält. Das ist eine schöne Vorstellung, die bei mir sofort Geduld, Mitgefühl und Akzeptanz hervorruft.

Der Vergleich passt, denn er stützt sich auf den Archetyp der Mutter als Verkörperung von Sanftheit und Verständnis. Die meisten Eltern kennen die Erfahrung und werden sich an solche Erlebnisse erinnern. Der Rat hat aber auch den Nachteil, dass er die Mutterschaft/Elternschaft idealisiert.

Manchmal ist es *wirklich* schwierig, ein schreiendes Baby im Arm zu halten. Schreiende Babys fordern unsere Geduld heraus und schaffen es, dass wir uns hilflos fühlen. Vielleicht weint Ihr Baby schon seit Stunden. Oder es fängt gerade an und ein bereits sehr stressiger Tag eskaliert. Vielleicht lässt es sich nicht beruhigen. Vielleicht ist es gerade mitten in der Nacht und Sie sind so müde und erschöpft, dass Ihnen übel wird. Sie haben Angst, dass das Weinen gar nicht aufhört oder dass Ihr Baby krank ist oder dass die Nachbarn den Lärm hören und Sie für eine schlechte Mutter halten. Sie fühlen sich vielleicht wie ein Versager. Sie möchten Ihr Baby sanft im Arm wiegen, aber Ihre Arme und Ihre Bewegungen sind verkrampft. Sie sagen: »Schhh«, aber durch die Zähne. Vielleicht werden Sie wütend auf Ihr Baby.

Eltern wissen nicht immer, wie sie ihr Baby halten oder ihm emotionalen Halt geben sollen. Wie sie ihm erlauben können, seine Gefühle – positive wie negative – auszudrücken, und wie sie diese, ohne zu werten, annehmen können. Manchmal fällt uns das leicht, manchmal erscheint es unmöglich. Aber wir können lernen, unser Baby mit Achtsamkeit zu halten.

## Unsere Aufgaben und Pflichten verstehen

Viele Eltern sind überfordert, weil sie glauben, dass sie ihr Baby immer zufriedenstellen müssen. Das stimmt aber nicht. Unsere Aufgabe als Eltern ist es, die Bedürfnisse des Babys bestmöglich zu befriedigen. Das heißt nicht, dass es immer zufrieden (oder ruhig) sein muss. Natürlich sind Babys eher zufrieden, wenn ihre Bedürfnisse befriedigt werden. Aber das geht nicht immer Hand in Hand. Nur Ihr Baby ist für seine Gefühle verantwortlich, nicht Sie. Ihre Aufgabe ist es, seine Gefühle wahrzunehmen.

Wir müssen *Gelassenheit* entwickeln, damit unser Baby die Verantwortung für seine eigene Zufriedenheit übernehmen kann. In diesem Zustand ist man gefasst, ausgeglichen und in sich gefestigt, und kann alles so annehmen, wie es ist. Wenn wir uns nicht gegen die Realität wehren, verstärken wir emotionale Verbindungen. Und das gilt nicht nur für die Kindererziehung. Gelassenheit verbessert jede unserer Beziehungen. In Kapitel 5 (S. 47) gehe ich näher darauf ein.

## Das Baby schreien lassen

Gleich vorab: Sie sollen Ihr Baby nicht ignorieren. Die Wissenschaft und unser Bauchgefühl sagen uns, dass es für die emotionale Entwicklung des Babys nicht gut ist, es alleine schreien zu lassen. Aber unser Baby soll auch schreien *dürfen*, wenn es das möchte. Das soll uns keine Angst machen.

Generell teilt uns ein Baby durch sein Geschrei mit, dass es etwas als unangenehm empfindet. Irgendetwas in seiner Welt stimmt für das Baby nicht. Vielleicht fängt sein Magen an zu knurren oder sein Fuß ist eingeschlafen oder es hat Bauchschmerzen. Vielleicht ist es übermüdet oder überreizt. Oft können wir Eltern die Welt des Babys wieder ins Lot bringen. Wir können es füttern oder mit ihm kuscheln oder mit ihm spazieren gehen, damit es leichter einschlafen kann. Wenn das unangenehme Gefühl aufhört, kann das Baby mit dem Schreien aufhören und wieder zufrieden sein.

Darum halten wir uns oft für schlechte Eltern, wenn das Baby schreit. Statt zu denken: »*Mache ich alles, um die Bedürfnisse meines Babys zu befriedigen?*«, fragen wir uns: »*Was kann ich tun, damit das Schreien aufhört?*« Der Nachteil an dieser Denkweise ist, dass es auch Momente gibt, in denen wir nichts für das Baby tun können. Etwa wenn es Fieber oder Bauchschmerzen hat oder so aufgekratzt ist, dass es viel zu lange nicht einschlafen kann.

*Mein Sohn litt unter stillem Reflux und schrie die ganze Zeit, wenn ich ihn nicht gerade fütterte. Er musste immer im Arm gehalten werden und schlief kaum. Es tat weh, ihn weinen zu hören. Während ich ihn stillte und er ruhig war, richtete ich meine Aufmerksamkeit auf meinen und seinen Körper. Ich war so dankbar und nahm sein Gesicht und seinen Duft intensiv wahr. Das half mir, mich wieder in Liebe mit ihm zu verbinden.*

*Emily, Mutter von Owen (2)*

Achtsame Eltern, deren Baby schreien darf, sehen nicht viel anders aus als Eltern, die das Baby beruhigen möchten. Beide Arten von Eltern – sagen wir, die Väter – halten ihre Babys, wiegen sie in den

Armen oder singen ein beruhigendes Schlaflied. Der Unterschied ist die Einstellung. Der Vater, dessen Baby schreien darf, ist gelassen und einfühlsam. Er fragt sich nicht, wann das Schreien aufhört. Er flüstert dem Baby vielleicht zu: »Ich weiß, dass du traurig bist.« Oder: »Ich bin bei dir.«

Der Vater, der das Schreien stoppen möchte, ist jedoch nervös und angespannt. Vielleicht lässt er sich von den Gefühlen des Babys anstecken und ist von der Situation überwältigt. Oder er ist wütend, dass sich das Baby trotz aller Mühe nicht beruhigen lässt. Er fühlt sich hilflos und schlecht.

Das Baby des achtsamen Vaters wird viel eher zur Ruhe kommen. Babys spüren unsere Gefühle und reagieren darauf. Ist man entspannt und akzeptiert man die Unruhe des Babys, wirkt sich das positiv auf sein Gemüt aus.

Ein Baby weiß natürlich nicht, warum es weinen muss, geschweige denn wie sich die Eltern fühlen. Aber wenn wir den unangenehmen Gefühlen unseres Babys weiterhin mit Angst oder Ablehnung begegnen, vermitteln wir ihm das unbewusst auch. Es bekommt den Eindruck, dass man vor negativen Gefühlen Angst haben und sie schnellstmöglich loswerden muss. Wir fangen vielleicht an, immer nach einer Ablenkung zu suchen, wenn das Baby schreit. Unsere ablehnende Reaktion auf das Weinen ist ein Zeichen, dass wir nicht bereit sind, das Baby mit all seinen Verhaltensweisen zu akzeptieren. Wir sagen ihm: »Wir lieben dich mehr, wenn du glücklich bist.«

Das wollen Sie wahrscheinlich gar nicht vermitteln. Vielleicht tut es Ihnen einfach weh, Ihr Baby leiden zu sehen, und Sie möchten es deshalb beruhigen. Oft fühlen sich gerade jene Eltern am hilflosesten, die besonders aufmerksam und liebevoll sind.

Auch ich verfiel diesem Irrglauben, als mein erstes Kind ein Baby war. Ich wollte unbedingt immer für meine Tochter da sein. Ich stillte sie auf Verlangen, bei Tag und bei Nacht. Ich legte sie kaum aus den Händen. Verzog sie das Gesicht oder machte sie ein Geräusch, wollte ich wissen, warum. Wenn sie weinte und ich sie nicht beruhigen konnte, war ich am Verzweifeln. Als mein Sohn zur Welt kam, war ich achtsam, wenn er schrie. Wenn es ihm nicht gut ging, achtete ich auf seine Signale und vermittelte ihm durch die Art, wie ich ihn in den Armen hielt, dass ich ihn wahrnahm. Ich weiß noch, wie er einmal Fieber hatte, als er nur wenige Wochen alt war, und ich wusste, dass ich nicht viel für ihn tun konnte. Ich erinnere mich heute noch an die Freiheit und Akzeptanz, die ich spürte, als ich ihn nachts in meinen Armen wiegte.

 **Tipp: Wenn das Schreien zu viel wird**

Das achtsame Halten und Wahrnehmen eines schreienden Babys ist die beste Reaktion. Aber nicht immer schafft man das. Manchmal kann man nur schwer mit dem Weinen umgehen, entweder aufgrund ungelöster Konflikte aus der eigenen Kindheit oder weil man gerade gestresst oder erschöpft ist. Wenn Sie sich aus welchem Grund auch immer über Ihr Baby ärgern oder seinetwegen gereizt sind, gestehen Sie es sich liebevoll ein.

Wenn möglich, bitten Sie jemanden um Hilfe – Ihren Partner, eine Nachbarin oder eine Freundin. Wenn Sie gerade niemanden haben, lassen Sie Ihr Baby allein an einem sicheren Ort, während Sie im Nebenraum oder im Garten eine kurze Auszeit nehmen. Tun Sie etwas für sich, gehen Sie auf die Toilette oder waschen Sie Ihr Gesicht. Es hilft auch, mit Freunden, Familienmitgliedern oder einem Psychologen über Ihre Gefühle zu sprechen.

Wenn Babys etwas älter werden, merken wir, dass Weinen manchmal sein muss. In unserer Rolle als Erzieher werden wir oft selbst für die Tränen verantwortlich sein. Je neugieriger Babys und Kleinkinder werden, desto öfter müssen Eltern eingreifen und auch einmal etwas verbieten. Das können wir jedoch auf freundliche Weise tun und dabei akzeptieren, dass unsere Regeln auf Ablehnung stoßen können. Wenn wir das Weinen unserer Kinder nicht fürchten, können wir sie weiser führen. Lernen Sie, die Babytränen in Liebe anzunehmen, und Sie sind für weitere Schwierigkeiten schon gut gewappnet.

Ihr Baby zu akzeptieren, wenn es weint oder unzufrieden ist, sendet ihm ein wichtiges Signal. Denn Sie vermitteln ihm, dass man auch unzufrieden sein darf – dass seine Gefühle berechtigt sind. Wir können diese Unzufriedenheit begleiten und beobachten und schließlich loslassen, wenn die Zeit dafür reif ist. Damit legen Sie den Grundstein für die zukünftige Fähigkeit Ihres Kindes, mit seinen Gefühlen achtsam umzugehen.

## Zusammenfassung

- Eltern möchten ihre neugeborenen Babys kennenlernen. In dieser Zeit entsteht Achtsamkeit oft automatisch, wenn man das Baby im Arm hält und wertfrei ganz genau betrachtet.
- Ein neues Baby verändert den Tagesrhythmus. Das kann befreiend sein, da Sie verstärkt auf die kleinen Dinge des Lebens achten, aber auch schwierig, da Sie viele frühere Beschäftigungen aufgeben.
- Babys verursachen Chaos. In den ersten Wochen ist es daher schwierig, regelmäßig zu meditieren. Gewöhnen Sie Ihr Baby sanft an einen Tagesablauf, der den Bedürfnissen der ganzen Familie entspricht.
- Es ist nicht Ihre Aufgabe, Ihr Baby immer glücklich zu machen oder sein Weinen zu stoppen. Aber wir Eltern müssen seine Bedürfnisse befriedigen und seine Gefühle wahrnehmen.
- Wir dürfen unser Baby auch manchmal weinen lassen. Das verringert unsere Belastung und zeigt dem Baby, dass wir es auch dann lieben, wenn es unglücklich ist. Mit der Zeit lernt das Kind dadurch, auch unangenehme Gefühle anzunehmen.

# 5 Positive Geisteshaltungen entwickeln

*Wenn wir Achtsamkeit praktizieren, sehen wir andere so, wie sie wirklich sind. Das kann uns stärker mit uns selbst und anderen verbinden. Wenn wir nur Aufmerksamkeit ohne Gefühl praktizieren, kann uns das jedoch gleichgültig machen. Um unsere Beziehungen zu vertiefen, benötigen wir also noch andere positive verbindende Eigenschaften.*

Im Buddhismus gibt es vier Geisteshaltungen, die wir auf der Grundlage von Achtsamkeit entwickeln können:

- Liebe
- Mitgefühl
- Freude
- Gelassenheit

Diese vier Haltungen brauchen wir, um harmonische, erfüllende Beziehungen zu anderen Menschen aufzubauen. Ohne sie entstehen Konflikte und Leid. In der Familie sind sie ein grundlegendes Element. Wir stehen unseren Kindern wahrscheinlich näher als jedem anderen Menschen. Die Qualität dieser Beziehung prägt die Entwicklung Ihres Kindes und seine Interaktion mit der Welt im Laufe seines Lebens. Ein liebevoller, einfühlsamer Umgang mit dem Kind bringt nicht nur Ihnen beiden Freude, sondern wird auch Ihr Kind später einfühlsamer im Umgang mit anderen machen.

Und dabei können Sie nicht nur so viel oder so wenig Liebe geben, wie Ihre Eltern Ihnen gaben. Im Leben ist nichts unveränderlich. Wenn wir uns unserer Entscheidungen bewusst werden, entdecken wir ein unendliches Wachstumspotenzial. Wie die Achtsamkeit können auch die vier Geisteshaltungen erlernt werden. Wenn wir sie praktizieren, empfinden wir *mehr* Liebe, *mehr* Freude, *mehr* Mitgefühl und *mehr* Gelassenheit. Wir können die Gefühle verstärken und beständiger machen, was zu unmittelbaren und langfristigen Vorteilen für Sie und Ihre Kinder führt.

Diese Gefühle können wir auch außerhalb unseres engsten Umfelds ausdehnen und die Beziehungen zu uns selbst und zu anderen mit Freude bereichern. Indem wir die Geisteshaltungen entwickeln, erweitern wir auch unsere eigenen Grenzen und verstärken unsere eigene Liebesfähigkeit und Zufriedenheit.

## Eltern sind von Natur aus liebevoll

Als Eltern haben wir einen großen Vorteil bei der Entwicklung dieser Geisteshaltungen. Unsere Biologie, Hormone, Instinkte und Kultur tragen dazu bei, dass wir uns von Natur aus mit unseren Kindern verbunden fühlen. Wenn wir unser Baby im Arm halten und eine unkomplizierte, bedingungslose Zuneigung empfinden, dann ist das Liebe.

Gut möglich, dass Sie zum ersten Mal Liebe in ihrer reinsten Form erleben – ohne Verlangen, Sehnsucht, Erwartungen oder Ansprüche. Wir fragen uns nicht, ob die Liebe erwidert wird. Unser Baby muss nicht lächeln oder krähen oder die Augen öffnen. Wir lieben es so, wie es ist.

*Mutter zu sein erinnert mich daran, dass unsere Erfahrungen die Bausteine für weitere Erfahrungen sind. Kinder zu haben erinnert mich daran, dass auch Erwachsene, genau wie Kinder, positive Erfahrungen speichern und darauf aufbauen.*

*Kate, Mutter von Zach (2½)*

Diese Gefühle machen uns generell empathiefähiger – nicht nur unseren Kindern, sondern auch anderen gegenüber. Darum ist das Elternsein ein großer Vorsprung beim Entwickeln von einfühlenden Eigenschaften. Wir empfinden Liebe für unsere eigenen Kinder und können diese Liebe weiter ausbauen. In diesem Kapitel ergründe ich die vier

Geisteshaltungen Liebe, Mitgefühl, Freude und Gelassenheit und erkläre die Zusammenhänge zwischen ihnen. Ich zeige Ihnen auch, wie Sie diese Gefühle verstärken können.

## Liebe

Liebe hat in unserer Kultur viele Bedeutungen. Ich meine jedoch nicht die Liebe, die mit Sehnsucht und Verlangen einhergeht, sondern jene, die den Liebenden und den Empfänger der Liebe nährt. Sie verlangt nichts. Am einen Ende ihres Spektrums steht ein Gefühl des Wohlwollens, wie wir es etwa unseren Freunden gegenüber empfinden, am anderen Ende ein intensives Liebesgefühl, das alles andere in den Schatten stellt und unser gesamtes Sein erfüllt.

Wie bereits erwähnt, haben wir eine natürliche Neigung, Liebe zu unseren Kindern zu empfinden. Diese Liebe kann aber auch schwinden. Und das wird sie. Irgendwann kommen Momente, in denen wir die Liebe zu unseren Kindern an Bedingungen knüpfen. Dann wollen wir, dass sie aufhören zu weinen, weniger anhänglich sind, höflicher sind oder allgemein anders, als sie es tatsächlich sind. Indem wir Liebe regelmäßig und bewusst praktizieren, unterstützen, festigen und erhalten wir die Liebe zu unseren Kindern.

## Selbstliebe entwickeln

Selbstliebe und die Liebe zu anderen Menschen sind eng miteinander verknüpft. Unsere Seele ist wie ein Spiegel: Die Liebe, die wir selbst annehmen können, kann wieder auf andere zurückgeworfen werden. Wenn an Stelle des Spiegels nur ein schwarzes Loch klafft, fällt es uns schwerer, anderen Liebe zu geben. Dann ist es anstrengend, unsere Kinder zu lieben, und wir haben keine Energie und Liebe mehr für andere übrig. Oder es fällt uns sogar schwer, unsere Kinder überhaupt zu lieben, besonders, wenn sie (oder) wir übermüdet und gereizt sind.

## ♡ Meditationsübung: So entwickeln wir Selbstliebe

Anfangs mag es uns komisch vorkommen, Liebe auf uns selbst zu richten. Diese Übung soll ein Gefühl des Wohlwollens mit der Eigenwahrnehmung verknüpfen. Richten Sie Ihre Aufmerksamkeit zuerst nach innen und nehmen Sie sich in Ihrem Körper wahr. Achten Sie auf Ihr gegenwärtiges Befinden: Wer sind Sie gerade jetzt? Es hilft, wenn Sie auch auf körperliche Empfindungen achten.

Um die Liebesfähigkeit zu entwickeln, wird während einer Meditation traditionellerweise der folgende Satz in Gedanken wiederholt: »Möge ich gesund und glücklich sein und frei von Leid.« Sie können den Wortlaut ändern, damit der Satz eine persönliche Bedeutung erhält. »Möge ich frei von Anstrengung und Stress sein. Möge ich gelassen sein. Möge ich zufrieden sein.«

Manchmal kommen einem die Sätze wie leere Floskeln vor. Dann muss man die Übung öfter wiederholen, bevor sich ein Gefühl einstellt. Eine andere Methode, um Liebe hervorzurufen, ist die Visualisierung. Hüllen Sie sich in Ihrer Vorstellung in Wärme ein, wie in einer Sauna. Oder stellen Sie sich die Liebe als warmen Sommerregen vor, der allmählich durch Ihre Kleider in Ihre Haut sickert. Manchen hilft der Gedanke an einen gütigen Menschen, etwa an Buddha oder Jesus oder an jemanden, zu dem man eine persönliche Verbindung hat. Stellen Sie sich vor, wie die Wärme und Liebe aus dieser Person zu Ihnen strahlt, etwa in Form von goldenen Perlen, die an einer Schnur entlang in Ihr Herz kullern.

Probieren Sie also nach Herzenslust herum, bis Sie eine Methode finden, die für Sie funktioniert. Wie bei der Achtsamkeit können Sie auch diese Übung formell oder formlos machen. Sie können etwa mit geschlossenen Augen eine bestimmte Zeit lang ruhig dasitzen oder einfach immer üben, wenn Sie gerade daran denken, etwa wenn Sie zu Fuß unterwegs sind oder während Sie aus dem Fenster schauen.

## Wenn die Selbstliebe schwerfällt

Manchmal fiel es mir schwer, Liebe auf mich selbst zu richten. Dann hatte ich Angst, dass ich meine Kinder vielleicht auch nicht richtig lieben oder kein guter Mensch sein könnte. Und ich fühlte mich dadurch wie ein Versager, was es noch schwieriger machte, mich selbst zu lieben. So kann das nicht klappen.

Mittlerweile habe ich erkannt, dass wir uns nicht unbedingt zuerst selbst lieben müssen, bevor wir andere lieben können. Das würde ja bedeuten, dass die Liebe zu anderen erst dann echt wäre, wenn wir sie auch für uns selbst empfänden. Aber wie gesagt, die beiden Arten von Liebe sind miteinander verknüpft. Pflegen wir eine, entwickelt sich auch die andere. Der Trick ist, das auch bewusst wahrzunehmen, sodass die Liebe zu anderen auch die Selbstliebe nährt und umgekehrt.

Wenn Sie die Liebe zu sich selbst also nicht wahrnehmen, aber (zum Beispiel) die Wärme spüren, die Sie für Ihr Baby empfinden, verweilen Sie eine Zeit lang in diesem Liebesgefühl. Lassen Sie es wachsen und sich ausdehnen und, wenn Sie bereit sind, tauchen Sie auch selbst darin ein. Denn eigentlich befinden Sie sich bereits darin – Sie wissen es nur nicht. Denken Sie nicht zu viel darüber nach. Die Vorstellung einer Liebe, die auf etwas »gerichtet« ist, kann sogar hinderlich sein. Wenn negative oder verwirrende Gedanken auftauchen, konzentrieren Sie sich einfach wieder auf die Liebe zu Ihrem Baby. Diese reine Liebe für andere nährt auch uns selbst. Solange uns das bewusst ist, können wir beginnen, auch uns selbst gegenüber das Gefühl von Wärme und Akzeptanz zu pflegen.

## Liebe zu anderen

Sobald wir mit dem Gefühl der Liebe vertraut sind, fällt es uns leichter, es auszulösen und zu steuern. Wir können es verstärken, indem wir es erkennen, wertschätzen und hervorrufen – wann immer wir daran denken.

Dadurch können wir die Liebe, die wir für andere empfinden, genießen und intensivieren. Wir können diese Liebe stärker, beständiger und anhaltender machen. Das wiederum bedeutet, dass wir die Beziehungen innerhalb der Familie vertiefen können. Statt den Kontakt zu unseren Kindern allmählich zu verlieren, wenn sie unabhängiger werden, knüpfen wir ein starkes Band, das uns einander wieder näherbringt. Die Liebe sorgt dafür, dass wir unsere Kinder besser verstehen wollen, und dieses Verständnis führt zu Akzeptanz und noch mehr Liebe.

*Wenn ich früher wütend auf meine Kinder und streng mit ihnen war, fühlte ich mich immer voller Schuld, Selbstkritik, Scham und Traurigkeit, wenn meine Wut verflogen war. Diese Gefühle machten es mir noch schwerer, eine gute Mutter zu sein. Seitdem ich akzeptieren kann, dass ich auch Fehler mache, fällt es mir leichter, solche Fehler wiedergutzumachen.*

*Guin, MBCP-Meditationslehrerin und*
*Mutter von drei Kindern*

Um unsere liebevollen Gefühle weiter auszudehnen, können wir das Gefühl auch auf unterschiedliche Personen richten, in der folgenden Reihenfolge: auf uns; auf jemanden, der uns hilft (Lehrer/Mentor/Vorbild o. Ä.); auf einen guten Freund; auf eine neutrale Person; auf eine schwierige Person.

Es ist zu Beginn oft nahezu unmöglich, das Liebesgefühl aufrechtzuerhalten, sobald wir an die schwierige Person denken. Nehmen Sie für den Anfang besser nicht die *schwierigste* Person in Ihrem Leben. Erst, wenn Sie mehr Übung haben.

Aber wahrzunehmen, wie wir uns innerlich dagegen sträuben, in Liebe an diese Person zu denken, sagt uns viel über unsere Grenzen.

Dieser Widerstand zeigt uns genau, wie weit wir sind. Analysieren Sie dieses Gefühl. Vielleicht ist es Angst, dass wir uns verletzlich oder klein fühlen, wenn wir uns dieser Person öffnen. Wenn wir unsere Gefühle achtsam und ehrlich betrachten, können wir uns allmählich – und ganz vorsichtig – öffnen und auch diese Person annehmen. Das Ergebnis könnte ganz andere Folgen haben, als wir befürchten.

 **Meditationsübung: Den Wirkbereich und die Grenzen der Liebe ausdehnen**

Wir können unser Wohlwollen auch auf Menschen außerhalb unseres Familien- und Freundeskreises richten. Auch das kann in einer formellen Meditation geübt werden, direkt nachdem man Liebe nach innen gerichtet hat. Senden Sie das Liebesgefühl zuerst zu Menschen oder Tieren in Ihrem Raum. Dehnen Sie es dann auf das ganze Gebäude aus, dann weiter auf die Nachbarschaft und auf den ganzen Ort oder die ganze Stadt. Vergrößern Sie den Kreis auf das ganze Land, dann auf den Kontinent und schließlich auf die gesamte Welt, bis in den Weltraum.

## Mitgefühl

Mitgefühl ist eine Form der Liebe. Es entsteht, wenn unsere Liebe auf jemanden fällt, der leidet. Oft wird Mitgefühl fälschlich mit Bedauern verwechselt. Wenn wir jemanden bedauern, bleiben wir jedoch innerlich auf Distanz. Wenn wir mitfühlen, *teilen* wir das Leid. Wir erkennen den Schmerz und nehmen ihn ebenfalls wahr. Darum zucken wir zusammen, wenn wir sehen, wie ein Kind hinfällt und sich das Knie aufschürft.

Es kann schwierig sein, Mitgefühl zu empfinden, denn es bedeutet, Schmerz zuzulassen. Das kann für Kinder und auch für Erwachsene beängstigend sein. Wenn es unser Kind ist, das hinfällt, wollen wir vielleicht möglichst schnell alles wiedergutmachen. Oft lenken Eltern ihre Kinder ab: »Guck mal, die Blume da!« Oder sie weisen Schuld zu:

»Der böse Stein hat dich zum Stolpern gebracht.« Oft nehmen sie den Schmerz auch nicht ernst: »Ach, so schlimm war das doch gar nicht!« Manche werden sogar wütend: »Ich hab dir schon so oft gesagt, dass du aufpassen sollst!«

Was all diese Reaktionen aber versäumen: Die Gelegenheit, Achtsamkeit zu üben. Sogar ein »Heile-Bussi« auf das »Aua« kann ein Verleugnen des Schmerzes sein.

Umarmen Sie Ihr Kind stattdessen und sagen Sie mit Worten oder mit Ihrer Mimik: »Ich weiß, das tut weh.« So stellen Sie sich beide dem Schmerz und teilen ihn. Das ist eine Art des Mitgefühls. Sie zeigt unseren Kindern, dass man Schmerz ertragen kann, und sie finden selbst heraus, dass der Schmerz auch wieder vergeht.

Es kann sehr heilsam sein, diese Art des Mitgefühls mit unseren Kindern zu üben. Sie kann ihnen die Zuversicht geben, mit Leid umzugehen. Weil wir sie in solchen Momenten so annehmen, wie sie sind, können diese wiederholten Erlebnisse des stillen Mitgefühls den Kindern Bestätigung geben. Und sie stärken die Bindung zwischen Eltern und Kindern.

Dabei spielt es keine Rolle, ob es sich um körperlichen oder seelischen Schmerz handelt. Wenn Kinder ihr Leid nicht ausdrücken dürfen, halten sie oft erst recht daran fest – und klagen oder weinen oder reiben die verletzte Stelle noch länger. Oder, wenn die Eltern sofort einschreiten und alles wiedergutmachen wollen, übertreiben Kinder den Schmerz oft und genießen die besondere Aufmerksamkeit. Mitfühlendes Umarmen und Festhalten zeigt unseren Kindern jedoch, in schlimmen Momenten achtsam zu sein. Indem wir Ruhe bewahren und die Kinder nicht drängen, wieder gut gelaunt zu sein, lassen wir sie selbst wahrnehmen, wann der Schmerz vorbei ist. Und oft ist er dann schneller vorbei als erwartet. Kurz gesagt, wir übergeben unseren Kindern die Verantwortung für ihr eigenes Wohlbefinden.

## Mitgefühl mit uns selbst empfinden

Es mag seltsam klingen, Mitgefühl mit uns selbst zu haben. Wir denken vielleicht, wir verdienen es nicht oder sind eingebildet. Ich meine jedoch nicht, dass wir uns im Selbstmitleid suhlen sollen oder immer wieder darüber klagen, wie ungerecht wir doch behandelt wurden.

Mitgefühl mit uns selbst zu empfinden bedeutet, dass wir unseren eigenen Schmerz anerkennen und zulassen und ihn vorsichtig in Händen halten, wie ein zitterndes Kaninchen. Um Schmerz in mir aufzuspüren, suche ich meinen ganzen Körper nach Verspannungen oder Unwohlsein ab. Das funktioniert auch bei seelischem Schmerz, der sich in körperlichen Symptomen manifestieren kann. Wenn ich Spannungen aufspüre, lasse ich mich den Schmerz bewusst wahrnehmen, lenke vielleicht meinen Atem hinein. Ruhig dazusitzen und ihn wahrzunehmen verringert die Angst vor dem Schmerz. Verleugnen wir ihn, leiden wir oft mehr.

## Mitgefühl mit anderen

Wie die Liebe können wir auch das Mitgefühl auf immer mehr Menschen ausdehnen. Das bedeutet aber nicht, dass wir jedes Kind, das sich am Spielplatz ein Knie aufschürft, in unseren Armen halten sollen. Das wäre dann doch etwas unpassend. Stattdessen lassen Sie einfach zu, dass Sie das Leid anderer teilen, wenn Sie damit konfrontiert werden.

Auf dieses Mitgefühl können Taten folgen oder auch nicht. Vielleicht spenden Sie für einen guten Zweck oder schicken eine Beileidskarte. Vielleicht erlauben Sie sich, gerührt zu sein. Sie fragen sich vielleicht, wofür Mitgefühl gut ist, wenn man sonst nichts tun kann. Indem wir Mitgefühl üben, auch wenn wir keine Hilfe leisten können, bereiten wir uns auf Situationen vor, in denen wir durchaus helfen können. Wichtig ist, dass Sie immer für das Leid anderer Menschen offen sind. Leid und Schmerz gehören zum Leben dazu. Wenn wir die Augen davor verschließen, belügen wir uns selbst. Und wenn unsere Illusion einzustürzen droht, fühlen wir uns verängstigt und machtlos. Wie es Franz Kafka sagte: »Du kannst dich zurückhalten von den Leiden der Welt, das ist dir freigestellt und entspricht deiner Natur, aber vielleicht ist gerade dieses Zurückhalten das einzige Leid, das du vermeiden könntest[5].«

---

*Zu verstehen, was meine Eltern durchgemacht haben, um uns großzuziehen, wie schwer es oft war und wie großzügig sie waren, hat mir mehr Mitgefühl mit ihnen gegeben. Ich habe mich dadurch auch mit ihrer eigenen Kindheit beschäftigt, um zu verstehen, wie Probleme in ihrer Kindheit zu bestimmten Verhaltensweisen im Erwachsenenalter führten. Wenn man die Ursachen für das Verhalten anderer erkennt, kann man sich viel besser in sie hineinversetzen und ihnen vergeben. Es gibt eine schöne Meditation, in der man sich die eigenen Eltern als fünfjährige Kinder vorstellt und sieht, was sie durchgemacht haben. Das ist wirklich heilsam.*

*Ben, Vater von Leo (6)*

---

## Freude

So wie aus Liebe Mitgefühl wird, wenn sie auf Leid stößt, entsteht aus ihr Freude, wenn ihr Glück und Zufriedenheit begegnen. Wir freuen uns über die Erfolge von Menschen, die wir lieben. Manchmal wird dieses Gefühl auch als »Mitfreude« bezeichnet, weil es geteilte Freude ist. Von den vier Geisteshaltungen ist Freude vielleicht das Gefühl, das sich am schwierigsten entwickeln lässt.

Wenn wir nicht gerade liebevolle Gefühle für die erfolgreiche Person hegen, passiert es schnell, dass wir missgünstig oder eifersüchtig werden, als würde die Freude anderer unsere eigene Freude verringern. Zum Glück haben Eltern viele Gelegenheiten, um Mitfreude zu üben, und sind sehr empfänglich dafür. Es ist kein Wunder, dass wir uns über die großen Meilensteine freuen: die ersten Schritte unseres Babys, sein erstes Wort, die ersten Versuche auf dem Fahrrad. Aber auch im Alltag können wir oft die Freude unserer Kinder teilen.

## Freude entwickeln

Es mag albern erscheinen, bewusst Freude entwickeln zu wollen. Bestimmt ist sie nicht so wichtig wie Liebe und Mitgefühl, oder? Achten Sie darauf, ob Sie dieses Zögern in sich verspüren. Es könnte bedeuten, dass Sie mehr Selbstliebe brauchen. Wir alle möchten glücklich sein. Darum beschäftigen wir uns schließlich mit Achtsamkeit. Das Entwickeln der Freude hilft uns dabei, glücklicher zu werden. Es macht auch andere Menschen glücklich.

Die gute Nachricht: Freude wird nie knapp. Freude vermehrt sich, wenn man sie teilt. Je häufiger wir versuchen, Freude zu empfinden, desto mehr Freude haben wir. Der Dalai Lama hat gesagt: Wenn wir die Freude anderer so teilen wie unsere eigene, steigern wir unsere Chance auf das Glücklichsein viele Milliarden Male.[6]

 **Tipp: Freude bemerken und teilen**

Am besten fangen Sie mit einer leichten Übung an. Achten Sie darauf, wenn Ihr Kind glücklich ist oder ein kleines Erfolgserlebnis hatte. Darauf müssen Sie nicht lange warten – es kommt häufig vor. Nehmen Sie dann einfach das Gefühl der Freude in sich wahr. Sie können die Freude noch weiterverbreiten, wenn Sie diesen Moment mit jemandem teilen, dem Ihr Kind am Herzen liegt, etwa mit seiner Oma oder mit Ihrem Partner.

Thích Nhất Hạnh macht eine wichtige Feststellung zum Glücklichsein. Er sagt, dass wir oft auf eine bestimmte Vorstellung von Glück und Freude fixiert sind. Und wenn sie nicht wahr wird, verschließen wir uns vor anderen Quellen der Freude.[7] Mit Kindern kommt dieses Szenario besonders häufig vor. Ein Beispiel: Sie möchten Ihren zweijährigen Sohn zu Bett bringen, aber er weigert sich. Sie legen sich mit ihm hin und hoffen inständig, dass er endlich die Augen schließt und Sie Zeit für sich haben. Aber anstatt zu schlafen, krabbelt er über Sie hinweg, hüpft aus dem Bett und tapst Richtung Tür. Er winkt Ihnen noch frech zu, bevor er aus dem Zimmer verschwindet. Vielleicht sind Sie so davon überzeugt, dass Sie sich erst wieder freuen können, wenn der Junge schläft, dass Sie gar nicht bemerken, wie niedlich und witzig er gerade war. Wenn Sie sich aber auch einer anderen Art von Freude öffnen, werden Sie vielleicht angenehm überrascht. Vielleicht kehrt Ihr Sohn mit einem Teddybären zurück und deckt Sie mit seiner Hilfe zu oder spielt Ihnen etwas anderes damit vor und schafft so eine unvergessliche Erinnerung.

## Wenn die Freude schwerfällt

Wenn unser Liebesgefühl nicht so stark ist, kann es uns schwerfallen, Freude zu teilen, besonders die Freude schwieriger oder verletzender Menschen. Statt uns über ihre Erfolge zu freuen, verspüren wir Neid, Wut oder Missgunst. Vielleicht wünschen wir ihnen sogar etwas Böses. Achten Sie auf diesen Widerstand in sich, wenn er auftaucht. Betrachten Sie ihn mit Achtsamkeit, um ihn zu lockern. Erkennen Sie, dass wir alle glücklich sein möchten, und fragen Sie sich ohne Selbstkritik, warum Sie das jemandem nicht gönnen sollten. Vielleicht haben Sie Angst, dass es Ihre Identität oder Ihre Prinzipien verletzt, wenn Sie dieser Person etwas gönnen.

Als ich noch nicht so selbstbewusst und von meinem Weg überzeugt war wie heute, fühlte ich mich angesichts der Erfolge anderer oft unzulänglich. Ich mied soziale Medien, weil es mir wehtat, über die tollen Karrieren, Urlaube und Häuser meiner Freunde zu lesen. Zwar gönnte ich ihnen ihr Glück und freute mich theoretisch für sie, aber in

Wirklichkeit hielt mich mein eigenes Gefühl des Versagens davon ab, tatsächlich Freude für sie zu empfinden. Wenn Ihnen das bekannt vorkommt, richten Sie noch nicht genug Liebe auf sich selbst. Als ich begann, mich selbst so zu akzeptieren, wie ich war, verglich ich mich nicht mehr so oft mit anderen. Und ich veränderte einiges in meinem Leben zum Positiven, sodass ich bald eigene Erfolge erzielte, was mir wiederum mehr Selbstbewusstsein gab und meine Fähigkeit, mich für andere zu freuen, stärkte.

Liebe für andere und für sich selbst zu entwickeln, ist vielleicht der einfachere Zugang zur Freude – denn die Liebe wird automatisch zur Freude, wenn sie auf Glück stößt. Achten Sie nur darauf, dass Sie Ihre Liebe uneingeschränkt und ohne wählerisch zu sein fließen lassen. Vielleicht empfinden Sie Mitgefühl mit Ihrer Freundin, wenn es ihr gerade schlecht geht, aber nicht, wenn sie Glück hat. Vielleicht fühlen Sie sich sogar abgelehnt, wenn sie Glück hat. Beobachten Sie achtsam, was geschieht – besonders, wenn Sie an Ihre Grenzen stoßen. So können Sie Ihre inneren Widerstände überwinden. Sind wir stets für Freude offen, verstärken wir unser Potenzial zum Glücklichsein enorm.

## Gelassenheit

Im Abschnitt über das Mitgefühl (S. 55) gab ich das Beispiel eines Kindes, das sich am Spielplatz das Knie aufschürft. Handelt es sich um unser eigenes Kind, neigen wir oft dazu, den Schmerz zu verleugnen, davon abzulenken oder ihn lindern zu wollen. Bei fremden Kindern ist es oft leichter, Mitgefühl zu empfinden. Wir fühlen uns nicht verantwortlich und können daher die Realität besser akzeptieren. Empathie stellt sich ein. Dieses Gefühl der Ausgewogenheit ist Gelassenheit.

Ich stelle mir Liebe gern als Baum vor. Er wächst und streckt sich in die Welt hinaus. Mitgefühl und Freude sind Äste dieses Baums. Die Gelassenheit ist das Wurzelwerk, das den Baum nährt und festigt. Ohne Gelassenheit würde der Baum in der Sonne verdorren und vom Wind umgeknickt werden.

Gelassenheit lässt uns auch unter schwierigen Umständen Liebe, Mitgefühl und Freude empfinden. Etwa, wenn unsere Liebe nicht erwidert wird oder wir unseren Schmerz kaum noch ertragen. Die Gelassenheit schützt uns; sie bewahrt Gleichgewicht und Stabilität. Sie zeigt uns, dass wir zwar gütig und hilfsbereit sein können, wir aber nicht für das Glück anderer verantwortlich sind. Jeder muss für sein eigenes Glück sorgen. Die Gelassenheit lässt uns Liebe ohne Hintergedanken, Mitgefühl ohne Verzweiflung und Freude ohne Abhängigkeit empfinden.

 **Tipp: Gelassenheit wahrnehmen**

Wie bei den anderen drei Haltungen beginnen Sie am besten damit, auf die Gelassenheit bewusst zu achten, wenn sie sich zeigt. Oft erscheint sie als ruhige Stabilität, manchmal sogar in einer Konfliktsituation. Sobald Sie mit dem Gefühl vertraut sind, können Sie es leichter hervorrufen, manchmal schon, wenn Sie daran denken. Früher glaubte ich, dass Erfolg bedeute, die Kontrolle zu behalten. Erst als Mutter erkannte ich, dass der Verzicht auf Kontrolle eine größere Macht offenbarte. Gelassenheit bedeutet, Ergebnisse und Absichten loszulassen und alles so anzunehmen, wie es ist. Das mag auf den ersten Blick sehr passiv wirken, ist aber eine bewusste Entscheidung, die Kraft verleiht.

## Gelassenheit entwickeln

Typischerweise entwickelt man Gelassenheit, wenn man sich bewusst macht, dass jeder Mensch für sein eigenes Glück verantwortlich ist. Gerade Eltern fällt das aber oft sehr schwer. In Kapitel 4 (S. 31) ging ich im Beispiel mit dem schreienden Baby bereits kurz darauf ein. Ja, es ist unsere Aufgabe, die Bedürfnisse unserer Kinder zu erfüllen. Das ist jedoch nicht dasselbe wie sie glücklich zu machen. Erstens ist es unmöglich, sie vor jedem Schmerz zu bewahren. Wenn wir uns dafür verantwortlich machen, kann das uns und den Kindern sogar schaden.

Verhalten wir uns in Krisen immer so, als wären wir die einzigen Menschen, die unseren Kindern helfen können, verringert das ihre Fähigkeit, Schmerz zu ertragen und sich bewusst dafür zu entscheiden, unnötiges Leiden loszulassen. Und wir selbst können nur versagen, wenn wir uns solche unerreichbaren Ziele setzen.

## Bedürfnisse und Kompromisse

Wenn Sie nur ein Kind haben, ist es leichter, seine Bedürfnisse rasch und konstant zu erfüllen. Schenken Sie Ihrem Kind Vertrauen und Aufmerksamkeit – das gibt ihm Selbstvertrauen und emotionale Sicherheit. Aber vernachlässigen Sie dabei nicht Ihre eigenen Bedürfnisse, indem Sie etwa Ihr Kind füttern und selbst hungrig bleiben, Ihre Körperpflege vernachlässigen oder Treffen mit Freunden absagen. Außer, wenn es gar nicht anders geht. Mit einem zweiten Kind wird es jedoch schwierig, alle Bedürfnisse rasch zu befriedigen. In heiklen Situationen ist Gelassenheit besonders gefragt.

Einen Tag nach der Geburt meines Sohnes legte ich mich abends neben meine Tochter, damit sie leichter einschlafen konnte. So hatten wir es immer gemacht. Plötzlich fing mein Sohn an zu schreien. Ich war im Zwiespalt: Sollte ich zu ihm eilen oder bei meiner Tochter bleiben, die fast eingeschlafen war? Ich wollte, dass sie sich in Zeiten des Umbruchs auf mich verlassen konnte. Also blieb ich und ließ meinen Sohn ein paar Minuten lang in den Armen seines Vaters schreien.

Aber kaum, dass ich bei ihm war und ihn fütterte, wusste ich, dass ich mich falsch entschieden hatte. Dieses Mal war sein Bedürfnis größer gewesen als das meiner Tochter. Ich erkannte, dass ich mit den Bedürfnissen meiner Kinder anders umgehen musste und dass es keine einfachen Entscheidungen mehr sein würden.

Als meine Kinder größer wurden, fand ich jedoch heraus, dass es gar nicht immer gut für die Kinder war, wenn alle ihre Bedürfnisse sofort befriedigt wurden. Manchmal war es unvermeidlich, dass ein Kind zugunsten des anderen zurückstecken musste. Zum Beispiel war ein Kind vielleicht gerade in eine Aktivität vertieft und ich musste sie unterbrechen, um das andere Kind zum Schwimmunterricht zu bringen. Oder das Baby musste auf seine Milch warten, während ich seiner Schwester auf der Toilette half.

Die Grundbedürfnisse – Essen und Schlafen – kamen für gewöhnlich zuerst, aber selbst sie mussten gelegentlich warten. Erst recht die weniger dringenden Bedürfnisse wie selbstbestimmtes Spielen oder das Bedürfnis, ein Rennen zu gewinnen oder zu kuscheln. Ich verstand, dass man über die Dringlichkeit spontan entscheiden musste, aber gleichzeitig musste man die Übersicht bewahren, um gerecht zu bleiben. Zum Beispiel ist es generell wichtiger, meinen Sohn zu füttern, als meiner älteren Tochter etwas vorzulesen, aber gelegentlich ist es umgekehrt. Wenn meine Tochter etwa krank oder traurig oder die Geschichte fast zu Ende ist. Oder wenn das Vorlesen schon mehrere Abende hintereinander durch das Füttern unterbrochen wurde.

Ich weiß, dass meine Entscheidungen nicht für jeden und nicht jedes Mal richtig sind. Aber solange jedes Kind *generell* zuversichtlich sein kann, dass seine Bedürfnisse meist erfüllt werden, biete ich den Kindern eine verlässliche Struktur, die auch das Erfahren von Enttäuschungen zulässt. Enttäuschungen zu erleben und lernen, mit ihnen umzugehen, ist auch ein Bedürfnis. Ich glaube, dass diese Erfahrung (zusammen mit den positiven Grenzen in Kapitel 9 (S. 120)) die Grundlage für die Gelassenheit Ihres Kindes bildet.

Sie müssen nicht zwei oder mehr Kinder haben, um das nachzuvollziehen – es versteht sich von selbst, dass die Bedürfnisse der Eltern und anderer Menschen auch berücksichtigt werden müssen, selbst wenn man nur ein Kind hat. Wer zwei oder mehr Kinder hat, wird das jedoch besonders gut verstehen.

## Wenn die Gelassenheit schwerfällt

Manchmal ist es sehr schwer, gelassen zu bleiben. Wenn wir jemanden lieben, der uns sehr nahesteht, verlieren wir leicht die Perspektive. Besonders bei unseren Kindern. Wir lassen uns leicht von ihren Gefühlsausbrüchen anstecken, wenn sie frustriert, wütend oder traurig sind. Gelassenheit, besonders aber mangelnde Gelassenheit, kann ansteckend sein, und Kinder sind nicht besonders gelassen. Umso schwerer und wichtiger ist es also, dass wir gelassen bleiben.

Gelassenheit bedeutet, dass man Umstände, die man nicht ändern kann, annimmt, aber nicht gleichgültig wird. Manchmal sind wir wütend oder frustriert und wünschen uns, dass alles anders wäre. Dann stärkt man seine Gelassenheit am besten, indem man versucht, zu verstehen, warum die Umstände gerade so sind, wie sie sind. Das hilft uns dabei, die Realität anzunehmen. Aber nicht immer finden wir die Ursachen. Dann müssen wir trotzdem akzeptieren, dass die Umstände nicht so sind, wie wir sie gerne hätten.

## Wenn Gelassenheit besonders wichtig ist

Ganz besonders wichtig ist Gelassenheit, wenn wir es mit einer schwierigen Person zu tun haben. Vielleicht ist das jemand, der Ihre Liebe nicht erwidert. Oder jemand, der Sie verletzt. Manchmal denken wir, dass wir für schwierige Menschen Mitgefühl empfinden müssten. Ein skrupelloser Diktator zum Beispiel könnte eine schlimme Kindheit oder andere traumatische Erlebnisse gehabt haben, die er dann auf sein Volk projiziert.

Es kann sehr schwierig sein, für eine Person Verständnis aufzubringen, wenn sie sich ihres eigenen Leids nicht bewusst ist. Man kann dieses Leid kaum teilen, wenn der Mensch selbst es nicht wahrzunehmen scheint. In solchen Fällen ist Gelassenheit angebracht.

Gelassenheit ist nicht Gleichgültigkeit. Sie schaut nicht weg: Sie gibt uns die Kraft, länger und genauer hinzusehen. Und wenn wir die Umstände genauer ergründen, empfinden wir vielleicht doch noch Mitgefühl mit der betreffenden Person. Die Gelassenheit stützt und fördert die anderen drei Haltungen. Ohne Gelassenheit würde uns Mitgefühl auf Dauer sehr schwerfallen.

## Kinder verbinden uns mit allen Menschen

Viele Eltern sind überwältigt von der Liebe, dem Mitgefühl und der Freude, die sie plötzlich für die neugeborenen Wesen in ihrem Leben empfinden. Am Anfang sind wir ganz von ihren kleinen Freuden und Problemen eingenommen.

Weil wir unser eigenes Kind so genau beobachten, erkennen wir mit der Zeit, dass jedem Entwicklungsschritt viele andere Schritte vorangehen. Wir wissen von jedem Wort, wo das Kind es aufgeschnappt hat, von wem es sich Mimik und Gestik abgeschaut hat. Wir wissen, dass es quengelt, weil es zu früh aufgewacht ist. Nach und nach wird sein Umfeld jedoch immer größer. Dann wirken viele Einflüsse auf das Kind ein, sodass wir nicht mehr genau sagen können, warum es eine bestimmte Grimasse zieht oder es plötzlich schmollt, wenn wir es aus der Kita abholen. Trotzdem wissen wir, dass es einen Grund dafür gibt, dass unser Kind sich auf eine bestimmte Weise verhält. Dieses Verständnis ermöglicht es uns, das Kind zu lieben und so anzunehmen, wie es ist.

*Etwa zu der Zeit, als meine Tochter geboren wurde, stieg mein Mitgefühl stark an, sodass ich das Leid anderer viel intensiver wahrnahm. Besonders litt ich mit Kindern, die im Krieg ihre Eltern verloren hatten. Gelassenheit hilft, dass man von solchen Gedanken nicht überwältigt wird. Dennoch hatte ich den Drang, zu helfen. ... Ich überlege auch, wie ich mich im Alltag verhalten kann, um Leid für meine Frau und meine Tochter zu vermeiden.*

*Ed, Vater von Ruth (9)*

Eltern erkennen also mit der Zeit ganz von selbst, dass alles, was für das eigene Kind gilt, auch auf alle anderen Kinder zutrifft. Wie auch auf alle Erwachsenen, die ja auch einmal Kinder waren und von ihren Müttern und Vätern geliebt wurden. Darum kann die Liebe zu einem Kind die Vorlage für unseren Umgang mit anderen Menschen sein. Sie verbindet uns mit der gesamten Menschheit.

## Zusammenfassung

- Um positive Beziehungen zu haben, brauchen wir neben der Achtsamkeit auch Einfühlungsvermögen. Die vier einfühlenden Geisteshaltungen sind: Liebe, Mitgefühl, Freude und Gelassenheit
- Als Eltern haben wir einen großen Vorteil, da wir uns leichter in andere einfühlen können und viele Gelegenheiten zum Üben haben.
- Wir können bedingungslose Liebe entwickeln, indem wir uns mit ihr vertraut machen und das Gefühl bewusst hervorrufen.
- Aus Liebe wird Mitgefühl, wenn sie auf Schmerz trifft. Findet sie Glück, wird aus ihr Freude.
- Die Gelassenheit nährt und stützt uns im Umgang mit der Welt. Sie lässt uns Geschehnisse annehmen, die wir nicht ändern können.

# 6 Achtsame Erziehung – jeden Tag

*Eine Freundin erzählte mir, wie sie Achtsamkeit zum ersten Mal in der Erziehung anwandte. Ihre Therapeutin hatte ihr geraten, zehn Minuten pro Tag achtsam mit ihrem Kleinkind zu spielen.*

> *Ich dachte daran, wie ich ihm vorlese. Ich lese ihm oft etwas vor, aber dabei bin ich nicht wirklich anwesend – ich denke ans Abendessen oder an den Haushalt oder frage mich, wie lange er wohl zum Einschlafen brauchen wird. Als ich begann, ihm achtsam vorzulesen, wurde mir klar, wie aufregend es für ihn sein musste – die Geschichte zu hören und zu sehen, zu erfahren, was als Nächstes geschieht. Ich begann, an seiner Freude und Aufregung teilzuhaben. Und ich bedauerte, dass ich ihm nicht schon immer so vorgelesen hatte. Aber ich war auch froh, dass er noch so klein war und wir noch viele Gelegenheiten zum gemeinsamen Lesen hatten.*
>
> *Kate, Mutter von Zach (2½)*

Das Wichtigste an der achtsamen Erziehung ist die tiefe Verbindung, die in achtsamen Momenten zwischen Ihnen und Ihrem Kind entsteht.

Aus der Forschung weiß man, dass diese geteilte Aufmerksamkeit wesentlich für die soziale, emotionale und kognitive Entwicklung eines Kindes ist.[8]

Sobald wir erst einmal jeden Tag regelmäßig achtsam sind, können wir versuchen, *ständig* achtsam zu sein. Das ist aber kein sehr hilfreicher Rat. Darum gehe ich in diesem Kapitel auf einige typische Alltagssituationen ein und zeige Ihnen, wie die Achtsamkeit in der Praxis funktioniert.

## Mit den Kindern spielen

Wie wichtig und wirksam das gemeinsame Spielen ist, lernte ich vor allem durch das Buch *Playful Parenting* von Lawrence J. Cohen.[9] Er zeigt darin, wie Kinder die Welt im Spiel erfahren und verarbeiten. Selbstbestimmtes Spielen – also Spielen ohne Vorgabe – ermöglicht es Kindern, die Welt mit Zuversicht und Freude zu erkunden. Das heißt aber nicht, dass wir nie ins Spielgeschehen eingreifen dürfen. Cohen gibt viele Beispiele dafür, wie wir aus einem destruktiven, isolierenden Spiel eine Möglichkeit der Begegnung schaffen.

Es gibt viele verschiedene Ansichten darüber, wie man die Zeit mit Kindern am besten nutzt. Manchen ist *Qualität* wichtiger – sie legen vielleicht sogar bestimmte Zeiten in der Woche zum Spielen und Beisammensein fest. Anderen geht es eher um *Quantität* – Eltern und Kinder sollten so oft wie möglich zusammen sein, selbst wenn die Eltern den Kindern nicht immer ihre volle Aufmerksamkeit schenken können. Manche passen ihren Alltag und ihre Aktivitäten den Kindern an, während andere ihre Kinder in ein Umfeld aus Erwachsenen mitnehmen.

All diese unterschiedlichen Erziehungsmethoden beeinflussen die Entwicklung des Kindes. Es gibt nicht *die eine richtige* Methode. Ich finde, wenn man sich stur an nur eine Erziehungsmethode hält, könnte man übersehen, was *Ihr* Kind *gerade jetzt* wirklich braucht.

Eine achtsame Verbindung zu Ihrem Kind hilft Ihnen dabei, herauszufinden, was es braucht. Das gemeinsame Spielen ist die perfekte Möglichkeit, diese Verbindung zu knüpfen. Ob Sie mehrmals in der Woche länger mit ihm spielen oder täglich so oft wie möglich kurz spielerisch interagieren – diese verbindenden Momente lassen uns die Welt aus der Sicht des Kindes wahrnehmen. Wenn wir die Fantasiewelten unseres Kindes betreten, erlangen wir einen kostbaren Blick in sein Innenleben. Im Spiel verarbeiten Kinder Ängste und Enttäuschungen, Erfolge und Wünsche.

> *Indem ich mich absichtlich oder intuitiv in die Gegenwart bringe, kann ich die in der Meditation entwickelten Gewohnheiten nutzen, um mich auf das Spiel zu konzentrieren. So können wir uns beide ins Spiel vertiefen, was meiner Tochter vielleicht leichter gelingt. Es bringt uns mehr Spaß und vertieft unsere Beziehung.*
>
> *Ed, Vater von Ruth (9)*

Um achtsam mit unseren Kindern zu spielen, müssen wir aber bei der Sache bleiben. Wenn wir merken, dass unsere Gedanken wieder zur Hausarbeit abschweifen, können wir unsere Aufmerksamkeit zurück auf das Spiel richten. Statt uns dagegen zu sträuben oder gelangweilt zu sein, können wir uns auf das Spiel einlassen und Spaß daran haben. Ohne Achtsamkeit merken wir vielleicht nicht einmal, dass wir in Gedanken ganz woanders sind, und uns ist vielleicht nicht bewusst, dass wir gerade eine Chance haben, die Verbindung zu unserem Kind zu stärken.

## Die Verbindung wieder stärken

An Tagen, an denen ich nichts Besonderes vorhabe, bleibe ich sehr oft zu Hause und hoffe, dass sich meine Kinder allein beschäftigen, während ich den Haushalt mache oder arbeite. Manchmal geht es nicht anders. Häusliche und andere Pflichten müssen schließlich erledigt werden. Manchmal neigt man aber auch dazu, sich Arbeiten zu suchen, um nicht wirklich bei den Kindern präsent sein zu müssen.

Wir reden uns ein, die Arbeit ginge vor, und erkennen nicht, dass daraus ein Vermeidungsverhalten entsteht.

Dabei ist die Achtsamkeit und die Verbindung zu unseren Kindern eine unserer wichtigsten Aufgaben, auch wenn wir manchmal darauf vergessen – besonders, wenn unsere Kinder dem bedürftigen Baby- und Kleinkindalter entwachsen sind. Wir sind froh, dass unsere älteren Kinder uns nicht mehr ganz so oft brauchen. Manchmal zu froh. Dann gewöhnen wir uns daran, dass sie allein spielen, und sind genervt, wenn sie unsere Aufmerksamkeit verlangen. Wir vergessen manchmal auch, unsere Verbindung wieder zu vertiefen.

 **Tipp: Zeit zum Spielen einplanen**

Indem man bestimmte Zeiten zum gemeinsamen, achtsamen Beisammensein bestimmt, schützt und stärkt man die Verbindung zueinander. Manchmal muss man feste Zeiten einplanen, etwa zur Bade- oder Schlafenszeit, oder einmal die Woche, zum Beispiel für einen Besuch im Park am Samstagmorgen. Alternativ kann man auch spontane Gelegenheiten ergreifen.

## Achtsam essen

Vor Kurzem hörte ich den Spruch: Achtsamkeit ist das beste Gewürz für jedes Gericht. Wenn wir jeden Bissen bewusst wahrnehmen, genießen wir das Essen am meisten. Und darum geht es schließlich. Warum sollten wir sonst unsere Nahrung so aufwendig zubereiten, wenn wir nicht einmal darauf achten, dass wir gerade essen? Manchmal konsumieren wir eine Mahlzeit, ohne sie bewusst zu schmecken.

Da wir so oft essen müssen, wird die Nahrung manchmal als reiner Treibstoff betrachtet: Wir schlingen schnell etwas hinunter, damit wir uns wieder wichtigeren Dingen zuwenden können. Die Achtsamkeit hilft uns, das Essen wertzuschätzen. Sie macht uns bewusst, was wir unserem Körper eigentlich zuführen – vielleicht auch, was das für unsere Gesundheit oder die Umwelt bedeutet. Am besten legt man bestimmte Zeiten fest, in denen sich die Familie zum gemeinsamen, achtsamen Essen einfindet. Wenn wir uns besonders bemühen, zur gleichen Zeit zu Tisch zu kommen, nutzen wir die Essenszeit vielleicht bewusster. Eine etwas formellere Mahlzeit wird zu einem besonderen Anlass. Das gemeinsame Essen verbindet uns mit uns selbst und miteinander. Es gibt im Alltag meist kaum andere Möglichkeiten, eine Aktivität auf diese Weise gemeinsam zu erleben. Rituale rund ums Essen – etwa vor der Mahlzeit beten, Blumen auf den Tisch stellen oder eine Kerze anzünden – machen die Mahlzeit zu etwas Besonderem.

*In meiner Familie wird vor dem Essen ein Gong geschlagen. Dann kommen alle zu Tisch. Das ist angenehmer, als mehrmals und mit zunehmender Ungeduld »Essen ist fertig« zu rufen. Wenn wir dann alle bei Tisch sitzen, schlägt eines der Kinder wieder den Gong und wir lauschen dem Klang, bis er verstummt ist. Dann erst essen wir. Der Gong ist eine gute Methode, unsere Wahrnehmung auf unsere Sinne zu lenken und alle gleichzeitig zu Tisch zu rufen.*

*Guin, MBCP-Meditationslehrerin und*
*Mutter von drei Kindern*

Natürlich wird das gemeinsame Essen nicht so »gesittet« ablaufen, wie es das ohne Kinder täte. Darum ist es wichtig, das Ritual der Mahlzeit dem Alter der Kinder anzupassen. Bei kleinen Kindern bringt es nichts, darauf zu bestehen, dass sie lange ruhig sitzen bleiben oder die Tischmanieren der Großen haben. Ein achtsames Essen gelingt nur, wenn Sie auch den Fähigkeiten Ihres Kindes gegenüber achtsam sind.

## Stress beim Essen durch Achtsamkeit vermeiden

Für viele Eltern sind die Essenszeiten sehr anstrengend, wenn die Kinder nicht so viel essen, wie sie sollen, oder wenn sie überhaupt nicht essen. Wenn das Essen immer ein Kampf ist, kann es helfen, wieder eine achtsame Verbindung zu Ihrem Kind aufzubauen.

Als mein ältestes Kind ein Baby war, las ich zwei interessante Bücher: *Mein Kind will nicht essen* von Carlos Gonzales[10] und *Baby-led Weaning – Das Grundlagenbuch* von Gill Rapley und Tracey Murkett.[11] Diese beiden Bücher gaben mir den Mut, meinen Kindern ihre Nahrungsaufnahme selbst zu überlassen. Meine Aufgabe war es, ihnen gesundes Essen zu bieten, aber wie viel sie davon aßen, lag bei ihnen. Sie konnten das selbst entscheiden. Da auch jedes Tier in der Lage ist, seine Nahrungsaufnahme selbst zu regulieren, musste das auch für den Menschen gelten.

Dieses Verständnis half mir, die Gelassenheit (S. 59) zu bewahren, wenn meine Kinder aßen – oder nicht aßen. Eine achtsame Verbindung zu meinem Kind war in diesem Moment wichtig, um bei Tisch eine angenehme Atmosphäre zu schaffen. Indem ich bewusst wahrnahm, wie mein Kind auf seine Nahrung reagierte, konnte ich das Essen aus der Perspektive des Kindes sehen. Ich merkte, wenn eine hilfreiche Bemerkung das Kind animierte, länger bei Tisch zu bleiben. Und ich erkannte, wenn meine Kinder wirklich satt waren und weiteres Essen sie belasten würde.

*Beim Essen lege ich mein Handy beiseite und lese und schreibe keine Nachrichten. Wir konzentrieren uns auf das Essen und genießen das Beisammensein.*

*Kate, Mutter von Zach (2½)*

## Von unseren Kindern richtig essen lernen

Wir sind verärgert, wenn Kinder ein Essen verschmähen, ohne davon probiert zu haben, aber sie können uns auch beibringen, richtig zu essen. Stellen Sie sich ein sieben Monate altes Baby vor, das zum ersten Mal Haferbrei isst. Wie es mit seiner Hand in den Brei fasst, darin herummatscht und beobachtet, wie er von den Fingern auf den Tisch läuft und einige Haferflocken an den Händen kleben bleiben. Dann die Finger in den Mund steckt, die Wärme auf Lippen und Zunge spürt, und die Konsistenz – dick und weich und leicht klebrig. Die cremige Masse dann schluckt und sie die Speiseröhre hinuntergleiten spürt.

Kleine Kinder vertiefen sich richtig in ihre Nahrungsaufnahme, vor allem, wenn sie etwas zum ersten Mal essen. Achtsamkeit hilft uns dabei, auch unserem eigenen Essen so eine Aufmerksamkeit entgegenzubringen.

## Achtsamkeit beim Töpfchentraining

Mit dem Thema Töpfchentraining habe ich mich intensiv beschäftigt. Bei meinen eigenen Kindern habe ich die BLPT-Methode angewandt (baby-led potty training), bei der das Töpfchen von Anfang an eine Alternative zur Windel darstellt. Ich habe in meinem Umfeld Workshops abgehalten und schrieb später darüber das Buch *Nappy Free Baby*.

Ich erwähne das, weil das Töpfchentraining – in welchem Alter auch immer – die Verbindung zwischen Ihren Kindern und Ihnen stärken kann. Beim Töpfchentraining lernen die Kinder, die Signale ihres Körpers zu erkennen und angemessen darauf zu reagieren. Aber um zu merken, wann sie auf die Toilette müssen, und ihnen dabei helfen zu können, müssen wir gut auf sie eingestimmt sein. Wir müssen ihre natürlichen Rhythmen kennen und ein Gefühl dafür entwickeln, wenn sie sich erleichtern müssen. Das gelingt uns, wenn wir die subtilen Gesten unserer Kinder wahrnehmen – wenn sie etwa von einem Bein aufs andere treten, starr ins Leere blicken oder herumzappeln. Wenn wir diese Signale bemerken, können wir unseren Kindern helfen, sie auch zu erkennen.

Manche Eltern empfinden das Töpfchentraining als anstrengend, weil sie meinen, dann ständig auf der Hut sein zu müssen. Oft verschieben sie es, bis das Kind alt genug ist, um es (wie sie hoffen) schnell zu lernen. Aber es kann lohnenswert sein, sich auf die feinen Signale Ihres Kindes einzustimmen. Das Töpfchentraining kann auch angenehm verlaufen und wie das selbständige Essen muss es ebenfalls nicht so schnell wie möglich erlernt werden.

Daran zu denken, sich auf die körperlichen Signale Ihrer Kinder einzustimmen, ist, wie daran zu denken, achtsam zu sein. Tatsächlich brauchen wir dafür viel Achtsamkeit. Mit der Zeit gewöhnen wir uns jedoch daran. Wir müssen uns dann auch nicht immer auf die »Töpfchen-Signale« konzentrieren, um sie zu bemerken. Wir tun es dann automatisch.

## Mit Achtsamkeit ins Bett

Vor Kurzem las ich ein Zitat des amerikanischen Schriftstellers Ralph Waldo Emerson: »Kein Kind ist so brav, dass die Mutter nicht froh ist, wenn es endlich schläft.« Ich glaube, Babys brauchen mehr Schlaf, weil die Natur den Eltern auch eine Auszeit geben wollte.

Manchmal brauchen wir diese kostbaren Stunden Ruhe schon so dringend, dass uns das Zubettbringen der Kinder die letzte Kraft kostet.

Wenn das Zubettbringen jedoch unkompliziert verläuft, kann es auch ein bereichernder, entspannender Abschluss des Tages sein. Ihr Kind und Sie kennen den Ablauf: Waschen, Vorlesen, Stillen oder Trinken – alles, was bei Ihnen dazugehört. Die Routine für das Zubettgehen erfordert keine Entscheidungen (außer der Auswahl des Vorlesebuchs) und bietet Ihrem Kind und Ihnen eine vertraute Struktur für gemeinsame Gemütlichkeit. Sie bietet Ihnen die Chance, die Erlebnisse des Tages noch einmal anzusprechen und bei Bedarf zu erklären. Oder sie kann ein ruhiger Moment der Nähe sein.

Das Zubettgehen kann auch stressig sein. Vielleicht rennt Ihr Sohn übermütig durchs Haus und stößt sich den Kopf am Türrahmen. Oder Ihre Tochter sträubt sich mit aller Gewalt gegen den Gang ins Bett. Dann wird es später und später und alle Beteiligten zunehmend müde und gereizt. Oft mündet das Theater in Tränen und Trotzanfällen.

*Ich bemühe mich, nicht ständig in Gedanken vorauszueilen und an die ganze Arbeit zu denken, die auf mich wartet, wenn die Kinder schlafen. Dann ärgert man sich nur noch mehr über die ganzen Verzögerungstaktiken, die den Kindern abends einfallen. Besser, man akzeptiert, dass das Zubettgehen nun mal so ablaufen kann. Wenn ich ruhig bleibe, kommen die Kinder auch schneller zur Ruhe und ich kann mich meinen Arbeiten widmen.*

*Jan, Mutter von Josia (8) und Hannah (5)*

Erziehungsexperten versprechen oft Wunderlösungen, mit denen man Kinder leichter ins Bett bekommen soll, aber die meisten Eltern wissen, dass es kein Patentrezept gibt. Manche Kinder kommen einfach nur schwer zur Ruhe. So wie meine Tochter. Als sie ein Baby war, sagte man mir, das Stillen werde sie rasch einschlafen lassen. Nach drei Monaten wusste ich jedoch, dass es für mich nicht so einfach war. Oft musste ich stundenlang geduldig neben ihr liegen. Ich atmete ganz ruhig, damit auch ihr Atem ruhiger wurde, während sie zappelte und herumkrabbelte und trödelte – bis sie endlich vom Schlaf übermannt wurde. Selbst heute, im Alter von sieben Jahren, braucht sie immer noch lange, bis sie schlafen kann. Ihr Vater liest ihr fast eine Stunde lang Geschichten vor, dann liest sie noch selbst etwa eine Stunde, nachdem wir ihr schon gute Nacht gesagt haben.

Ein achtsames Zubettbringen bedeutet für mich, dass ich mir meiner eigenen Gefühle bewusst bin. Oft kommt zwischendurch Ungeduld oder Ärger auf. Wenn ich diese Gefühle bemerke, bevor ich sie ausagiere, kann ich sie beobachten und loslassen. Das heißt nicht, dass ich mich den Launen meiner Kinder unterwerfe, sondern dass ich pragmatisch bin. Wenn ich meine Kinder dränge, dauert es nämlich meist noch länger. Achtsam zu sein bedeutet auch, zu erkennen, wie wichtig diese Zeit für meine Tochter ist. Vielleicht widme ich ihr zum ersten Mal an diesem Tag meine volle Aufmerksamkeit. Kein Wunder, dass Kinder gerne darin schwelgen. Wir ärgern uns so schnell über ihre Verspieltheit und halten sie für eine Verzögerungstaktik. Aber sie kann auch eine Einladung zu mehr Nähe sein.

Die Schlafenszeit ist auch ein bedeutsamer Moment des Tages. Wenn Babys zu Kleinkindern heranwachsen, wird ihnen zunehmend bewusst, was das Schlafen bedeutet. Das Einschlafen trennt sie von der Welt, von Spiel und Spaß und von Ihnen. Selbst wenn Sie sich mit ihnen hinlegen oder im selben Raum oder Bett schlafen, trennt sie der Schlaf von der bewussten Verbindung zu Ihnen. Schlafen bedeutet auch loslassen. Kinder müssen lernen, den Wachzustand loszulassen und sich dem Schlaf hinzugeben. Manchen Kindern macht das Loslassen Angst, als wäre es ein kleiner Tod. Möglicherweise ist die Angst vor Geistern oder Monstern unter dem Bett nur ein Ausdruck dieser Angst vor dem Loslassen. Mit etwas Zeit und Übung können Kinder lernen, dem Einschlafen zu vertrauen. Mit diesem Wissen verstehen wir, wie wichtig das Zubettbringen wirklich ist. Wir müssen sensibel damit umgehen. Die Achtsamkeit hilft uns, dieses Wissen nicht zu vergessen.

## Zusammenfassung

- Beim gemeinsamen Spielen vertiefen Sie die Verbindung zu Ihrem Kind. Auf der Ebene Ihres Kindes sehen Sie die Welt aus seiner Perspektive.

- Das Essen kann eine gemeinsame Aktivität für die ganze Familie sein. Kleine Rituale machen das Essen zu etwas Besonderem. Nehmen Sie Rücksicht auf die Bedürfnisse und Entwicklungsstufen Ihrer Kinder – die vielleicht noch nicht lange still sitzen können.

- Töpfchentraining – in welchem Alter auch immer – kann die Verbindung zueinander stärken. Es lohnt sich, auf die subtilen körperlichen Signale Ihres Kindes zu achten.

- Das Zubettbringen kann für Eltern und Kinder anstrengend sein. Achtsamkeit hilft Ihnen, das Verhalten Ihrer Kinder zu verstehen.

# 7 Einfachheit bewahren

*Wenn wir in unserer Konsumgesellschaft des 21. Jahrhunderts, mitten im Familientrubel, Achtsamkeit praktizieren möchten, müssen wir akzeptieren, dass unser Umfeld immer geschäftig, laut und unordentlich sein kann. Warten Sie nicht auf den wundersamen Moment der Ruhe, der ja doch nie kommt. Sie müssen einfach anfangen.*

Wir müssen uns jedoch bewusst machen, dass unser Umfeld unseren Gemütszustand durchaus beeinflusst. Je geschäftiger, lauter und unordentlicher es ist, desto unruhiger sind wir und desto schwerer fällt es uns, ruhig und achtsam zu werden. Überlegen Sie sich also, was Sie an Ihrem Umfeld verändern können, um die Achtsamkeit zu fördern.

---

*Ein vereinfachtes Umfeld hilft mir als Mutter dabei, den ganzen Tag über achtsam zu bleiben. Es lässt meinen Geist ruhiger werden, sodass ich meine Gefühle besser wahrnehme.*

*Guin, MBCP-Meditationslehrerin und Mutter von drei Kindern*

---

## Das Umfeld zu Hause

Es liegt nahe, bei Ihrem Zuhause anzufangen. Ich glaube daran, dass unser Zuhause und wie wir es gestalten ein Ausdruck unseres Innenlebens ist. Wenn Sie möchten, dass Ihr Zuhause anders aussieht und es sich darin anders anfühlt, als das der Fall ist, müssen Sie dafür mehr tun, als es nur sauberzumachen und aufzuhübschen. Sie müssen auch an sich selbst arbeiten.

Stellen Sie sich einen Moment lang vor, Ihr Zuhause hätte eine Persönlichkeit und wäre ein Mitglied Ihrer Familie. Sagen wir, es unterstützt Sie, so gut es kann. Was für ein Zuhause wäre es?

Ich stelle mir vor, dass mein Zuhause atmen könnte. Alles hätte seinen Platz und die Böden und Oberflächen blieben immer sauber. Man könnte durch die Zimmer gehen und alles leicht finden und benutzen. Es gäbe keine ungeliebten oder unnötigen Dinge darin. Das Haus wäre so eingerichtet, dass es mir Freude machte. Es wäre stets wachsam und bereit, Platz für die täglichen Arbeiten zu bieten und Besucher zu empfangen. Mein Zuhause unterstützte seine Bewohner in all ihren *aktuellen* Interessen und Gewohnheiten – nicht bei jenen, die wir vor drei Jahren hatten oder die wir in Zukunft haben wollen.

Mein Haus wäre warm, sicher und vertraut. Ich verstünde seine Eigenschaften und auch seine Eigenheiten. Seine Struktur würde ohne Murren gut gepflegt werden und regelmäßiges, liebevolles Saubermachen machte aus ihm einen angenehmen, gesunden Ort. Mein Haus bereicherte meine Familie und mich und das Leben darin wäre die reinste Freude.

Ich bin noch nicht so weit. Aber so möchte ich eines Tages leben.

Das Entrümpeln und Instandhalten unseres Zuhauses ist untrennbar mit einem aufgeräumten, stabilen Seelenleben verknüpft. In beiden Bereichen müssen wir gesunde, tägliche Gewohnheiten etablieren und pflegen. Das bedeutet, immer wieder an den Atem zu denken. Das Bastelzeug wegräumen, wenn wir fertig sind. Die Teller nach dem Essen gleich abspülen. Und wir müssen auch entrümpeln. Im Haus ist das nicht schwer. Wir sortieren unnötigen Krempel einfach aus. Um unser Innenleben aufzuräumen, müssen wir nutzlose Glaubenssätze und Ansichten, die wir im Laufe unseres Lebens angehäuft haben, loslassen. »Ich kann nicht mit Geld umgehen«, »Ich bin jähzornig«, »Ich bekomme nie Ordnung ins Haus, weil mein Mann so schlampig ist« – das sind die Denkmuster, die uns davon abhalten, unser volles Potenzial als Menschen zu entfalten.

Ich gebe es gleich zu: Ich bin ein äußerst unordentlicher Mensch. Meine Familie und meine Freunde finden es bestimmt lustig, dass ausgerechnet ich Tipps für mehr Ordnung gebe. Ich habe in meinem Leben viel Zeit damit verbracht, Berge von Zeug zu verstauen und zu ordnen, nur um am nächsten Tag schon wieder im Chaos zu versinken. Als Kind trat ich mir einmal Reißzwecken in die Ferse, weil ich im ganzen Kram auf meinem Boden die ausgestreuten Nägel nicht einmal sah. Bis vor Kurzem benötigte ich für das Aufräumen vor einem Besuch zwei bis drei ganze Tage voller Arbeit. Oft durften die Gäste dann ein oder zwei Zimmer nicht betreten, da dort das ganze Zeug lagerte, für das ich sonst nirgendwo Platz hatte.

Kurz nachdem ich mein zweites Kind bekam, erkannte ich, dass ich etwas ändern musste. Ich saß auf dem Sofa und stillte den Kleinen. Ringsherum war Unordnung. Ich hielt es nicht mehr aus. Ich recherchierte also, wie man ordentlicher wurde. Ich las Haushalts-Websites und kaufte Sheila Chandras tolles Buch *Banish Clutter Forever*.[12] Ich begann zu verstehen, dass ich regelmäßig die zwei größten Ordnungssünden beging: Ich warf nichts weg und ich brachte nichts zu Ende. Ich hasse Verschwendung und kann an keinem Sperrmüllhaufen vorbeigehen, ohne darin nach etwas Brauchbarem zu suchen. Ironischerweise muss ich trotzdem oft etwas Neues kaufen, weil ich in meinem Chaos nicht finde, was ich brauche. Andere Dinge gehen kaputt oder fangen an zu schimmeln, während sie aufgehäuft in einer Ecke liegen. Ich kaufe zu viel Zeug, ich hänge zu sehr daran und wenn ich etwas verwende, räume ich es danach nicht wieder weg. Und zu allem Unglück ist mein Mann genauso.

Ich erkannte, dass wir viel zu viel Zeug besaßen. Und obwohl wir eigentlich nichts weggeben wollten, wussten wir auch, dass uns der ganze Kram unglücklich machte. Erschwerend kam hinzu, dass wir gerade mit Renovierungsarbeiten beschäftigt waren und überall Werkzeuge und Baumaterialien herumlagen. Wenn ich nicht gerade stillte, räumte ich also auf. Wir entsorgten ganze LKW-Ladungen an Zeug und brachten rund 30 Säcke zu einem Secondhandshop.

Vier Jahre später entrümpeln wir noch immer, aber wir haben große Fortschritte gemacht. Renovierungsprojekte verzögern die Arbeit zeitweise, aber der Trend geht schon in Richtung Ordnung und Ästhetik. Letzten Monat waren wir besonders fleißig und brachten weitere 15 Säcke zum Secondhandshop. Davon zehn aus unserem Schlafzimmer, wo ich auch meditiere. Allein schon das Sitzen in einem aufgeräumten Zimmer ist ein Vergnügen.

## Wo Kinder sind, ist Kram

Wenn Sie vor Ihrem Elterndasein ein ordentlicher Mensch waren, besaßen Sie bestimmt trotzdem viele Dinge. Ich bin mir sicher, seitdem Sie ein oder zwei Kinder haben, ist Ihr Zuhause rappelvoll mit Babyzubehör, Spielsachen und Kleidungsstücken. Sie kaufen ständig neue Spielzeugkisten, Bücherregale und Aufbewahrungsboxen. Viele Leute kaufen ein größeres Haus, um das Platzproblem zu lösen. Bloß sammelt sich dennoch immer mehr Kram an.

## Was ist daran so schlimm?

Das Problem mit dem ganzen Krimskrams ist, dass das meiste davon überflüssig ist. Und viele Dinge scheinen ein Eigenleben zu haben. Sie sind wie die Verkörperung von Plänen, die wir nie in die Tat umgesetzt haben. Selbst wenn wir sie gerade nicht sehen, belasten sie uns. Zum Beispiel mein Brotbackautomat. Ich hatte mir vorgenommen, jeden Morgen frisches Brot bereit zu haben. Ich schaffte es ein oder zwei Wochen lang. Aber es nervte mich, dass der Knethaken immer in der Unterseite des Brotes steckenblieb. Ich räumte das Gerät in den Schrank und wollte es nach der Renovierung wieder nutzen. Es blieb im Schrank und ich fühlte mich jedes Mal schlecht, wenn ich es zur Seite schieben musste, um den Staubsauger herauszuholen (was zugegebenermaßen nicht oft vorkam).

Und dann gibt es noch haufenweise Papierkram, den ich seit Ewigkeiten sortieren möchte, es aber nie mache. Er belastet mich und erzeugt

Unbehagen. Und weil so eine Unordnung herrscht, verliere oder ver-
gesse ich manchmal wichtige Aufträge oder Unterlagen, was dann
akuten Stress auslöst. Wie damals, als wir in den Urlaub nach Frankreich reisen wollten und ich den Reisepass meiner Tochter nicht finden konnte.

Unter solchen Umständen fällt es schwer, achtsam zu bleiben. Unsere
Besitztümer drängen sich in unsere Gedanken und erinnern uns an
die Näharbeit, die wir nie fertiggemacht haben. Oft prasseln unzählige
solcher Gedanken auf uns ein und stören uns ständig. Unser ganzes
Zeug ist wie die Manifestation einer Aufgabenliste – über die wir
buchstäblich stolpern, während wir unser Tagesgeschäft erledigen.

## Wie soll Ihr Zuhause wirklich sein?

Ihr Wohnraum muss nicht makellos sauber und minimalistisch eingerichtet sein. Übertriebene Ordnung und Sauberkeit sind genauso belastend. Sie schränken die Kreativität und Verspieltheit der Familie
ein. Mir ist aufgefallen, dass Kinder aus einem sehr reinlichen Zuhause
unser Haus und unseren Garten als äußerst befreiend empfinden. Sie
freuen sich, wenn sie Stücke von alten Blumentöpfen oder Holzreste
im Garten finden, und bauen sie in ihr Spiel ein. Es gefällt ihnen, dass
sie sich Farbe nehmen dürfen und es nichts ausmacht, wenn etwas davon auf den Rasen – oder im Haus auf die Fliesen – gelangt. Der Trick
dabei ist, sich vorzustellen, wie ein schönes, zweckmäßiges Zuhause
für *Ihre Familie* aussehen würde. Wie bei den Gewohnheiten (S. 38) ist
es auch bei Ihrem Zuhause wichtig, dass es zu *Ihren* Bedürfnissen
passt, und nicht, dass Sie sich dem Haus anpassen müssen.

## Dinge beeinflussen Kinder

Nun wissen wir, wie sich unsere Besitztümer auf unser Innenleben
auswirken können, aber sie beeinflussen auch unsere Kinder. Regale
voller Bücher und Kleinkram wirken auf Kinder anregend und sind
wichtig. Es kann sich aber schnell zu viel Zeug anhäufen, das wie ein

Hintergrundgeräusch störend wirkt, das wir aber bald gut ausblenden können. Wie schön, wenn es dann einmal wirklich aufhört! Übervolle Schubladen und Schränke machen es Kindern schwerer, etwas ohne die Hilfe der Eltern zu finden und herauszuholen.

Die größte Beeinflussung kommt jedoch von jenen Dingen, die speziell für Kinder gemacht sind: Spielsachen.

## Spielzeug ist unnötig

Schon öfter habe ich mich darüber ausgelassen, wie viele Spielsachen zu Hause herumliegen und wie gerne ich sie alle loswerden möchte. »Aber das Spielen ist doch so wichtig für Kinder«, kam es daraufhin leicht schockiert zurück. Selbstverständlich ist das Spielen für Kinder wichtig. Das Spielen ist die Grundlage ihrer Entwicklung und ihres Wohlbefindens. Nicht so das Spielzeug. Trotzdem verbinden wir Spielzeug mit Spielen (wie es uns wahrscheinlich die Werbung eingetrichtert hat).

## Wie viel Spielzeug ist okay?

Kim John Payne schreibt in seinem Buch *Simplicity Parenting* über die Macht des Reduzierens.[13] Ihm zufolge beschäftigen sich Kinder, die weniger Spielsachen besitzen, intensiver mit den Dingen, die sie haben. Stellen Sie sich ein Kind in Afrika vor, das vor einer Lehmhütte im Sand spielt. Wie viele Spielzeuge mag es wohl haben? Eines oder zwei?

Wie viele Spielsachen hat Ihr Kind/haben Ihre Kinder? Zehn, zwanzig? Fünfzig? Hundert? *Tausend*? Wenn Sie nur ein Baby haben, besitzen Sie vielleicht nur ein paar wenige Spielsachen, besonders, wenn es noch nie einen Geburtstag oder Weihnachten erlebt hat. Spätestens im Vorschulalter besitzen Kinder oft schon Unmengen an Spielzeug – ohne die Legosteine einzeln zu zählen. Am meisten stört mich an diesen Spielzeugmengen, dass sie meistens über den ganzen Boden verstreut herumliegen und ich mich dadurch in meinem Zuhause weniger wohlfühle. Auch meine Kinder scheint das zu stören. Sie gehen viel lieber in ihr Zimmer, wenn es aufgeräumt ist. Der frisch gesaugte Teppich lädt zum Sitzen und intensiven Spielen ein, während ein Boden voller Krimskrams gar nicht erst als Spielplatz wahrgenommen wird.

Payne bezeichnet das Spielen als eine Art Meditation für Kinder.[14] Ein interessanter Gedanke. Ich glaube, es ist nicht ganz klar, wie Meditation auf Kinder wirkt, und ich werde in Kapitel 12 (S. 175) näher darauf eingehen. Aber es stimmt, dass vertieftes, ungestörtes Spielen die Kreativität fördert und Kinder beruhigt und zufriedenstellt.

> *Ich glaube, wenn wir anderen unsere achtsame Freude an den kleinen Dingen im Leben zeigen – etwa an einem Ausflug in die Natur oder an einer Bastelarbeit –, erreichen wir mehr, als wenn wir versuchen, über die Nachteile der Konsumgesellschaft aufzuklären.*
>
> *Ed, Vater von Ruth (9)*

Ein Übermaß an Spielzeug – besonders, wenn es ständig zu sehen ist – lenkt ab und erschwert die Konzentration. Eltern, die zumindest schon ein Weihnachten erlebt haben, wissen, wie überfordert Kinder sind, wenn sie mit Geschenken überhäuft werden. Geburtstage und Feste sind zwar Extrembeispiele, aber wenn unseren Kindern immer eine Riesenauswahl an Spielzeug zur Verfügung steht, wird dieser Exzess zum Alltag.

## Arten von Spielzeug

Was ist ein Spielzeug eigentlich? Es erweckt die Aufmerksamkeit und hält sie aufrecht. Die Hersteller wollen, dass es sofort nach dem Auspacken gut ankommt. Für größtmögliche Wirkung haben Spielsachen oft bunte Farben, blinkende Lichter und laute Geräusche. Vor allem Verwandte verschenken gern solches Spielzeug. Stellen Sie sich vor, Ihr Zuhause ist voll von diesen schrillen Teilen. Wahrscheinlich besitzen Ihre Kinder ohnehin einige davon. Wenn Ihnen ein Spielzeug dermaßen auf die Nerven geht, überreizt es wahrscheinlich auch Ihre Kinder. Um es in einem so störenden Umfeld auszuhalten, lernen Kinder, die Hintergrundgeräusche auszublenden. Das ist das Gegenteil von Achtsamkeit.

Solche Spielsachen – vor allem die schrillen – sind für mich wie Partydrogen für Kinder. Mir sagten Eltern: »Am Anfang kauften wir nur Holzspielzeug, aber dann schenkte ihm seine Tante diesen blinkenden Bob der Baumeister und der Junge war so begeistert, dass wir ihm das ganze Figurenset kauften.« Natürlich ist das Kind begeistert. Dieses Spielzeug wurde dafür gemacht, sofortige Befriedigung zu erzeugen. Ein besonderer Kick! Kein Wunder, dass Kinder ihr altes Holzspielzeug dann verschmähen, weil »das ja gar nichts macht«. Das Problem ist, dass sie mit dem neuen Spielzeug anders spielen. Statt mit ihm kreativ zu sein und sich Abenteuer oder Interaktionen mit anderen Objekten auszudenken, ist die Rolle von Bob dem Baumeister bereits vorgegeben.

Um fair zu sein: Ich habe auch schon gesehen, wie Kinder fantasievoll mit solchen Spielsachen gespielt haben. Eine bekannte Figur kann das Spiel in eine ganz neue Richtung lenken. Es kann jedoch schwerer sein, kreativ damit zu spielen. Manchmal zeigen andere – Erwachsene und Kinder, vielleicht auch Sie selbst – dem Kind, wie man »richtig« damit spielt (sprich: wie es vom Hersteller vorgesehen ist). Und das Kind hat danach vielleicht kaum noch Interesse an den »langweiligen« alten Spielsachen, besonders wenn das aufregende Spielzeug direkt daneben in der Spielzeugkiste liegt. Als mein Sohn etwa 18 Monate alt war und gerade kein Spielzeug in Reichweite war, tat er oft so, als wären seine Hände Autos, und spielte mit ihnen, während er in seinem Hochstuhl auf das Essen wartete. Heute interessieren ihn die einfachen Spielsachen weniger. Unsere Kinder werden immer abhängiger von Stimulation aus ihrem Umfeld und schöpfen weniger aus ihrer eigenen Vorstellungskraft.

## Spielzeug reduzieren

Ich rate Ihnen, sich einmal die Art und Anzahl der Spielsachen Ihrer Kinder genau anzusehen. Fragen Sie sich, ob das wirklich die Art von Spielzeug ist, mit dem Ihre Kinder spielen sollen. Und wie viel ist zu viel? Lassen Sie nur ein paar Spielsachen frei herumstehen und verstauen Sie einige hochwertige Dinge zum Abwechseln. Geben Sie den Rest weg. Payne empfiehlt, das Entrümpeln nicht im Beisein der Kinder zu machen, aber ich bin anderer Meinung. Die Kinder können lernen, Spielzeug bald wieder loszulassen. Und je nach Alter fühlen sie sich vielleicht verraten, wenn Sie hinter ihrem Rücken etwas für sie Wertvolles entsorgen. Da dieser Prozess mit Großzügigkeit zu tun hat, gehe ich in Kapitel 11 (S. 162) noch näher darauf ein.

Das größte Hindernis auf dem Weg zum Spielzeug-Minimalismus sind vermutlich Ihre Verwandten. Sie meinen es gut, aber besonders die ältere Generation wuchs noch in einer Zeit auf, in der es seltener Geschenke gab. Sie beschenken ihre Enkel mit Freude, was auch schön ist. Dennoch sollten wir darauf achten, dass sich nicht zu viel Spielzeug anhäuft. Die Großeltern oder die Tante denken nämlich nicht unbedingt daran. In den letzten Jahren habe ich den Verwandten ein paar Tipps gegeben, welche Art von Spielzeug wir mögen und welche nicht. Manchmal werde ich höflich ignoriert, aber meistens fragen sie mich vorher, was sich die Kinder wünschen. Bei manchen Spielsachen bestehe ich auch darauf, dass sie zum Spielen bei den Großeltern im Haus bleiben. Und ich versuche, so oft es geht, die Kinder und die Schenkenden für Erlebnisgeschenke zu begeistern – zum Beispiel Karten für ein Kindertheater oder einen Kletterkurs.

## Verpflichtung reduzieren

Unsere Kinder benötigen nicht nur eine vereinfachte Umgebung, in der sie spielen können, wir müssen ihnen auch genügend Zeit geben, damit sie sich ganz natürlich in die Beschäftigung vertiefen können. Da wir unseren Kindern viele Chancen bieten möchten, neigen wir leider manchmal dazu, sie zu unzähligen Kursen und Aktivitäten anzumelden.

Das heißt nicht, dass Kurse schlecht sind. Da in der westlichen Kultur meist eine strikte Trennung zwischen Arbeit, Sozialleben und Familie herrscht, ist es wichtig, dass wir unsere Kinder bewusst mit diversen Aktivitäten vertraut machen. Zum Beispiel wird bei uns in den meisten Familien nicht viel getanzt, gesungen oder musiziert – anders als etwa in einer Stammesgesellschaft. Oder das Beispiel Schwimmen: Kinder haben oft nur im Rahmen eines Schwimmkurses oder im Freibad die Möglichkeit, schwimmen zu lernen. Aber am wichtigsten ist, dass unsere Kinder auch genügend Zeit haben, ungestört und selbstbestimmt zu spielen.

Nicht nur die Kinder, auch wir Eltern sollten manchmal etwas kürzertreten und überlegen, ob wir uns nicht zu viele Verpflichtungen aufhalsen. Nur weil wir den Tag mit möglichst vielen Aktivitäten füllen, heißt das noch lange nicht, dass wir auch ein erfüllteres Leben führen. Oft hetzen wir von einem Termin zum nächsten und nehmen unsere Aktivitäten gar nicht bewusst wahr.

Vermeiden Sie die Denkfalle »Ich bin viel zu beschäftigt für Achtsamkeit!«. Selbst wenn wir in Eile sind, können wir achtsam sein. Achten Sie jedoch darauf, ob Ihr Zeitplan Sie belastet – so wie das auch die Ordnung (oder das Chaos) in Ihrem Zuhause tun kann. Wenn wir viele Verpflichtungen haben, rattert unser Gehirn ständig alle Einzelheiten dazu herunter, damit wir ja nichts vergessen. Das ist purer Stress, der Ruhe und Achtsamkeit behindert. Und wenn wir dann tatsächlich etwas vergessen oder zu spät kommen oder die Waschmaschine nicht einschalten, weil wir nicht die Zeit dafür haben, erleben wir die negativen Konsequenzen und die dazugehörigen negativen Gedanken.

Mit einem neugeborenen Baby kann sich Ihr Tag fast bis zum Stillstand verlangsamen. Sind die Kinder aber erst einmal älter, stehen ihre Vereine, Kurse und anderen Aktivitäten im Vordergrund. Dabei ist es wichtig, ein Gleichgewicht zu bewahren. Überlegen Sie sich, was reduziert werden kann, um mehr Zeit für Entspannung zu schaffen. Entspannung ist mindestens genauso wichtig wie alle anderen Aktivitäten, vielleicht sogar noch wichtiger. Planen Sie gemeinsame Zeit mit Ihrem Kind ein und machen Sie dann, worauf es Lust hat – einen Kuchen backen, in den Park gehen oder mit Legosteinen spielen. Nutzen Sie diese Zeit für eine achtsame Verbindung zu Ihrem Kind, um die Beziehung zwischen Ihnen beiden zu stärken.

Wenn ich schwer beschäftigt bin, merke ich, dass ich mich oft gegen die Aufmerksamkeitswünsche meiner Kinder wehre: »Nicht jetzt!« Oder: »Okay, aber nur fünf Minuten.« Wenn ich mir insgeheim schon das Ende des Spielens herbeisehne, statt achtsam daran teilzuhaben, empfinde ich das Spiel als lästig. Die Achtsamkeit macht mich auf diesen Widerstand aufmerksam, sodass ich eine Entscheidung treffen kann: Ich kann aufhören, mit meinem Kind zu spielen – vielleicht eine Auszeit nehmen – oder ich kann bewusst wahrnehmen, wie mein Widerstand aufbrandet und abflaut. Denn er wird vergehen. (Auch wenn man sich das oft nicht vorstellen kann.) Und wenn er verschwindet und wir uns in die gegenwärtige Aktivität vertiefen, wird diese automatisch interessanter.

Manchmal kommt es vor, dass ich meinen Gefühlen unbewusst Ausdruck verleihe, statt sie wertfrei zu beobachten. Dann bin ich angespannt oder schaue auf die Uhr. Ich erinnere meinen Sohn daran, dass nur noch zwei Minuten Badezeit verbleiben, und mache nur das Nötigste, so als müsste ich meine restliche Energie sparen. Wir alle kennen das. Der Haken daran: Das Kind wird ziemlich sicher merken, dass Sie nicht ganz bei der Sache sind. Wenn wir zwar spielen, aber nur widerwillig, sind wir nicht authentisch. Unsere Kinder spüren unbewusst unsere ablehnende Haltung, können sie aber nicht einordnen. Dieser unentschlossene Zustand ist für alle Beteiligten unbefriedigend. Wenn ich mich so verhalte, wird mein Sohn zunehmend ungeduldig mit mir und verhält sich noch herrischer und fordernder – wodurch mich das Spielen nur noch mehr belastet und ich irgendwann genug habe.

**Tipp: So planen Sie Ihre Woche**

- Schreiben Sie für jede Person im Haushalt einen Wochenplan.
- Überlegen Sie, wie viel Zeit Sie mit Ihren Kindern draußen verbringen, besonders mit freiem Spielen.
- Überlegen Sie, welche Aktivitäten Sie entschleunigen wollen. Darf der Weg zur Schule ein paar Minuten länger dauern, damit Zeit bleibt, um in Kanalgitter zu gucken?
- Planen Sie gemeinsame Zeit ein – keine bestimmten Aktivitäten, nur das Beisammensein.

Im Idealfall entscheiden wir uns für etwas und sind dann ganz bei der Sache oder wir sagen Nein. Was das betrifft, können wir viel von unseren Kindern lernen. Kleine Kinder bringt man kaum dazu, etwas zu tun, das sie nicht wollen. Wenn Sie schon einmal versucht haben, ein müdes Kleinkind zu einem Spaziergang zu bewegen, wissen Sie, was ich meine. Darum überzeugen wir unsere Kinder am besten auf kreative und spielerische Weise vom Putzen der Zähne oder vom Hineinheben in den Kindersitz. Und wenn sie dann bei der Sache sind, gehen sie ganz darin auf.

Wenn Kinder älter werden, beginnen sie auch, an zukünftige Pläne oder an vergangene Erlebnisse zu denken, so wie wir Erwachsenen. Das gehört zum Heranwachsen dazu. Aber wir können viel dazu beitragen, ihre und unsere kostbare Zeit zu schützen, sodass sie keinen unruhigen Geist entwickeln und einen stressigen Alltag bewältigen können.

## Bildschirmzeit

Studien haben ergeben, dass zu viel Fernsehen die Entwicklung des Gehirns beeinträchtigt. Es kann den IQ und die Konzentrationsfähigkeit verringern und Aggressionen fördern. Japanische Forscher wiesen vor Kurzem nach, dass sich die Gehirnstruktur verändert, je nachdem, wie viele Stunden man vor dem Fernseher verbringt.[15]

Das sind erschreckende Ergebnisse. Denn obwohl ich wusste, dass Fernsehen schädlich sein konnte, erlaubte ich meinen Kindern viel zu viel Zeit vor der Flimmerkiste. Es wird geschätzt, dass 3–4-jährige Kinder durchschnittlich 3 Stunden pro Tag vor einem Bildschirm verbringen; Jugendliche 6,5 Stunden. In den USA läuft der Fernseher in 40 Prozent aller Haushalte fast die ganze Zeit.[16]

## Fernsehen und Achtsamkeit

Die Zeit vor dem Bildschirm beeinflusst vermutlich auch die Fähigkeit, achtsam zu sein – bei Kindern wie bei Erwachsenen. Wenn wir uns bestimmte Ereignisse oder Szenarien vorstellen, reagiert der Körper darauf, als wären sie echt. Wenn wir also an etwas denken, das uns Angst macht, schlägt unser Herz schneller. Je nachdem, wie achtsam wir gerade sind, können wir diese Reaktion bewusst wahrnehmen. Wenn wir fernsehen, »denkt« der Fernseher für uns. Das heißt, unsere Gefühle und unser Körper reagieren auf die Fernsehbilder wie auf eine reale Situation. Wir fahren auf einer Achterbahn der Gefühle und merken es oft gar nicht.

Während des Fernsehens ist es oft schwer, achtsam zu bleiben. Vor Kurzem sah ich mir zusammen mit meinem Mann einen interessanten Film über einen Querschnittsgelähmten an. Danach sagte mein Mann, dass der Schauspieler wirklich gut war. Da bemerkte ich erst, dass ich während des Films kein einziges Mal daran gedacht hatte, dass alles nur gespielt war. Obwohl ich regelmäßig meditiere, ziehen mich Filme immer völlig in ihren Bann. Die Filmwelt wirkt auf mich packend und glaubwürdig. Das kann Folgen haben, wenn die Macher des Films politische Botschaften darin verpacken oder einfach nur eine beschränkte Weltsicht haben. Wenn schon ich während eines Films meine Achtsamkeit nicht aufrechterhalten kann (oder es nicht einmal versuche), wie soll es dann ein Dreijähriger schaffen?

Einer der Nachteile des Fernsehens ist, dass wir im Gegensatz zum Lesen nicht bestimmen können, wie stark wir stimuliert werden. Wenn wir einem Kind etwas vorlesen, können wir die Geschichte verändern, langsamer lesen, Teile überspringen und das Geschehen kommentieren (»Das war jetzt aber gruselig, oder?«). Solche Bemerkungen erinnern das Kind daran, dass alles nur eine Geschichte ist, und schaffen Distanz – oder Achtsamkeit. Auf die Bilder im Fernsehen hingegen haben wir keinen Einfluss.

Auch der Inhalt der Sendung spielt eine Rolle. Rasante Actionfilme geben uns einen Adrenalinstoß. Es gibt ein Experiment, in dem Affen in einem Käfig einen Knopf drücken können, um eine kleine Menge Kokain zu erhalten.[17] Sie drücken den Knopf immer und immer wieder. Unseren Kindern ergeht es mit dem Fernsehen ähnlich. Die stimulierende Wirkung ist leicht erzielt. Und da die Sendungen nicht dauerhaft befriedigen können (die Erfolge und Misserfolge fremder Menschen sind nur temporär interessant), verlangen die Kinder immer wieder nach dem schnellen Kick. Darüber hinaus beeinflussen die Inhalte ihr Weltbild. Aggressives Verhalten auf dem Fernsehschirm wird von Kindern oft nachgeahmt. (Mehr zu Helden und Bösewichten finden Sie in Kapitel 9 (S.139).) Achtsamkeit bedeutet, die Realität, die wir sehen, wahrzunehmen und zu akzeptieren. Aber unsere Kinder, vor allem die jüngsten, können noch nicht zwischen Film und Wirklichkeit unterscheiden. Selbst wenn die Geschichte eine positive Botschaft vermittelt, prägt sich meist etwas anderes ein.

Indirekt verringert das Fernsehen auch die Möglichkeit zur Achtsamkeit, denn es lässt weniger Zeit zum Spielen und für bereichernde soziale Interaktion. Und wir wissen ja, wie wichtig die Spielzeit ist. Das Fernsehen hingegen ist Ablenkung, sodass wir ein bisschen Ruhe vor unseren Kindern haben – was wiederum unsere achtsame Verbindung zu ihnen beeinträchtigt.

*Nach dem Fernsehen ärgert sich mein Sohn immer,
weil er weitergucken möchte. Nach anderen Aktivitäten
spielt und interagiert er mit uns viel freudiger und
ruhiger, darum ist Fernsehen nur erlaubt, wenn es
gerade hilfreich ist – etwa, während ich Essen koche.*

*Kate, Mutter von Zach (2½)*

## Warum erlauben wir so viel Fernsehen?

Für mich gibt es zwei Gründe: Einerseits fällt es mir sehr schwer, Nein zu sagen. Andererseits ist es einfach praktisch. Das Fernsehen beschäftigt die Kinder und gibt uns Eltern eine Auszeit. Letztes Jahr hatte ich einige emotionale Probleme und mir gleichzeitig viel zu viel Arbeit aufgehalst. An manchen Tagen bemerkte ich abends, dass mein Dreijähriger fast den ganzen Tag vor dem Fernseher verbracht hatte. (Mehr zu schmerzhaften Gefühlen in Kapitel 10 (S. 142).) Eine Umfrage ergab, dass 85 Prozent aller Mütter einen Bildschirm als Babysitter einsetzen.[18] Wenn Sie dringend ein Abendessen zaubern oder einen wichtigen Anruf tätigen müssen oder wenn Ihr Kind mitten in der Nacht nicht mehr einschlafen kann, erscheint das Fernsehen als Wunderlösung.

Darum fällt es uns schwer, die Fernsehzeit zu beschränken. Für uns Eltern ist es einfach zu verlockend, noch ein paar Minuten Ablenkung anzuhängen.

♡ **Tipp: So reduzieren Sie die Fernsehzeit**

- Achten Sie darauf, ob Sie den Fernseher zu oft als Babysitter einsetzen. Manchmal verlässt man sich zu sehr darauf.
- Wenn immer zu bestimmten Zeiten ferngesehen wird, verändern Sie die Routine, sodass stattdessen etwas anderes gemacht wird.
- Kinder bis zu zwei Jahren lassen sich für gewöhnlich leicht vom Fernsehen weglocken. Schwieriger wird es, wenn ältere Geschwister dabei sind. Achten Sie also auf die Fernsehgewohnheiten der älteren Kinder.
- Achten Sie darauf, wie Sie selbst mit Bildschirmen umgehen. Wenn der Fernseher mitten im Wohnzimmer an der Wand hängt, signalisieren Sie damit, wie wichtig er ist. Räumen Sie Smartphones und Tablets weg, wenn Sie sie nicht gerade verwenden.
- Deaktivieren Sie auf Ihrem Handy alle Fernseh-, Video- und Spiele-Apps.
- Erklären Sie Ihrem Kind auf kindgerechte Weise, warum Fernsehen nicht gut ist. »Die Kinderärztin sagt, dass Kinder viel spielen müssen, damit ihr Gehirn auch richtig funktioniert. Wenn du zu viel fernsiehst, hast du nicht genug Zeit zum Spielen.«
- Lassen Sie Ihre Kinder eigene Vorschläge zum Reduzieren der Bildschirmzeit machen. Sie können zum Beispiel die Anzahl der Sendungen reduzieren, nur ihre Lieblingssendung schauen oder nur zu bestimmten Tageszeiten fernsehen. An ihre eigenen Regeln halten sich Kinder lieber.
- Einigen Sie sich auf eine interessante Ersatzaktivität. Sie könnten etwa backen, mit Knete spielen oder etwas basteln.
- Viele Kinder mögen das Fernsehen wegen der Geschichten. Stillen Sie dieses Bedürfnis stattdessen mit Büchern.
- Erstellen Sie eine Liste mit Aktivitäten, die jeden Tag erledigt werden müssen, bevor ferngesehen werden darf. Zum Beispiel: das Zimmer aufräumen, draußen spielen, ein Buch lesen, ein Lied singen, etwas malen oder basteln. Manchmal vertiefen sich Kinder so in andere Beschäftigungen, dass sie das Fernsehen ganz vergessen.

## Ist der Fernseher ein guter Babysitter?

Das Fernsehen lenkt unsere Kinder zwar ab, aber mittel- bis langfristig kann es das Leben für uns Eltern schwerer machen. Das Problem ist nämlich, dass Kinder vom Fernsehen abhängig werden. Letztes Jahr fragte mein Sohn immer sofort nach dem Aufwachen, ob er fernsehen dürfe. Sobald Kindern langweilig ist, denken sie ans Fernsehen. Das Fernsehen wird zu ihrer Standard-Freizeitbeschäftigung und sie sind immer mehr auf Stimulation von außen angewiesen. Kinder lernen dann nicht, wie Langeweile zu Kreativität führen kann. Und das ist nicht nur ein Langzeiteffekt: Es zeigt sich schon im Laufe eines Tages. Nach einigen Stunden vor dem Fernseher sind Kinder lustlos und gereizt. Sie verlieren ihren Einfallsreichtum. Wenn der Bildschirm plötzlich aus ist, verlangen sie besonders hartnäckig nach Ihrer Aufmerksamkeit. Und Sie haben wahrscheinlich viel zu tun. Daraus entsteht ein Teufelskreis, der es Ihnen noch schwerer macht, das Fernsehen einzuschränken.

Kinder verzichten zwar nur ungern auf das Fernsehen, aber sie nehmen sehr schnell neue Gewohnheiten an. In nur ein bis zwei Tagen ohne Fernsehen lernen Kinder wieder, sich selbst zu beschäftigen. Und Sie können das Geschirr spülen, während Ihr Dreijähriger all seine Tiere sortiert und Sie nur gelegentlich das Geschehen kommentieren müssen.

## Seltener einkaufen gehen

Solange Babys und Kleinkinder ruhig in der Trage oder im Kinderwagen sitzen, kann man problemlos mit ihnen einkaufen gehen. Sobald sie aber anfangen, ihr Umfeld zu begutachten, und wissen, was sie wollen, wird das Einkaufen oft zu einem Albtraum aus Trotzanfällen, herabfallenden Waren und bösen Blicken an der Kasse.

Kleine Kinder sind überwältigt von all den aufregenden Sachen, die sie in den Supermarktregalen entdecken. Versetzen Sie sich einmal in die Lage Ihres Kindes: zahllose Reihen voller bunter Verpackungen und spannender Gegenstände, und alle in Reichweite. Diese Reizüberflutung ist anstrengend, vor allem in Kombination mit einem Dauerfeuer von Verboten: »Fass das nicht an!« – »Leg das zurück!« So scheint ein anderthalbstündiger Einkauf ewig zu dauern.

Meine Lösung dafür lautet: seltener einkaufen. Mit geschickter Planung ist das ein Kinderspiel. Eine Alternative zum wöchentlichen Großeinkauf im Supermarkt sind Online-Shops, die Ihnen die Produkte nach Hause liefern. Wir lassen uns Milch liefern und haben eine Obst- und Gemüsekiste bestellt. Alles wird regelmäßig geliefert, ohne dass ich immer neu bestellen muss. Das reduziert den Einkaufsstress. Und da wir nicht mehr im Supermarkt einkaufen, gehen wir eher mal in den kleinen Laden um die Ecke, was viel angenehmer ist. Das dauert auch nur zehn Minuten und kann abends ohne die Kinder geschehen.

Meidet man Geschäfte, sind Sie und Ihre Kinder auch seltener der Werbung ausgesetzt, die im öffentlichen Raum leider überall zu sehen ist. Wie Spielzeug und das Fernsehen ist auch Werbung auffällig und stimulierend gestaltet. Ständig werden wir auf das neueste Produkt aufmerksam gemacht. Da fällt es schwer, achtsam zu bleiben, und Kinder und Erwachsene sind gleichermaßen überfordert.

 **Tipp: So macht das Einkaufen Spaß**
Wenn Sie doch einmal mit Ihren Kindern einkaufen gehen, können Sie die Überreizung der Sinne mindern, indem Sie alles ganz langsam angehen und achtsam die verschiedenen Gerüche, Formen und Farben wahrnehmen.

## Ab in die Natur

In Kapitel 6 (S. 66) ging es darum, gemeinsame Zeit einzuplanen, vor allem, wenn die Kinder älter werden und öfter allein spielen. Das ist überraschend schwer. Selbst wenn ich eigentlich mitspielen möchte, bin ich meistens in fünf Minuten schon wieder bei einer Hausarbeit

(»Ich hänge nur schnell die Wäsche auf, dann bin ich gleich wieder bei euch.«) Das liegt daran, dass ich mich beim Spielen oft schon nach kurzer Zeit gereizt oder gelangweilt fühle. Und statt das Gefühl achtsam wahrzunehmen und verebben zu lassen, möchte ich es abstellen. Ich gehe im Geiste meine Aufgaben durch und rede mir ein, dass ich diese oder jene Arbeit sofort erledigen muss.

Das Schlimme daran ist, dass sich das Kind vernachlässigt fühlt, wenn wir das zu oft tun. Und auch wir haben nichts davon. Achtsames Spielen mit unserem Kind – auf das wir uns wirklich einlassen, auch auf die langweiligen Aspekte – kann uns neue Energie geben. Und danach fühlen wir uns gut und sind stolz, dass wir die Bindung zu unserem Kind vertieft und unser Versprechen eingehalten haben.

Wenn wir unkonzentriert sind und die Zeit mit unserem Kind immer für andere Aufgaben unterbrechen, werden wir unruhig und unzufrieden. Eine Lösung wäre, eine gemeinsame Aktivität auszusuchen, der man sich nicht so leicht entziehen kann. Ich gehe zum Beispiel mit meinen Kindern gerne nach draußen. Am liebsten weiter weg als nur in den Garten. Das ist zwar keine Garantie für ein bereicherndes Erlebnis, aber die Chancen stehen gut. Wenn wir im Park oder im Wald unterwegs sind, kann ich nicht einfach mal nach der Wäsche oder meinen E-Mails sehen. (Mein Handy hat ein Problem mit der mobilen Datenverbindung, das mir ganz gelegen kommt.) So fällt es mir leichter, mich auf den gegenwärtigen Moment und mein Kind einzulassen.

## Natur ohne Ego

Die Natur ist aber nicht nur ein Rückzugsort vor den Ablenkungen des Alltags. Sie fördert auch die Achtsamkeit. Der Anblick, die Geräusche und die Gerüche der Natur erfüllen die Sinne, ohne sie zu überfordern.

Von der Harmonie der Natur umgeben zu sein, kann unglaublich beruhigend wirken. In der Natur gibt es kein Ego. Alle Tiere, Pflanzen, Steine und Wassertropfen sind einfach da, ohne irgendwelche Ansprüche zu haben. Die braunen Blätter beschweren sich nicht, wenn der Herbst beginnt und sie von den Bäumen fallen müssen. Jeder Aspekt der Natur setzt ein Zeichen und lehrt uns, die Welt so sein zu lassen, wie sie ist.

Man könnte jetzt freilich sagen, dass auch die Gegenstände der Menschen – Computer, Ampeln, Autos und andere – zwangsläufig den Gesetzen der Natur folgen. Es ist aber viel schwerer, die Einfachheit dieser Dinge zu sehen, wenn so viele Egos an ihrer Herstellung beteiligt waren. Die Natur ist also buchstäblich und im übertragenen Sinne ein frischer Wind. Sie bietet uns Abstand zu den ganzen menschgemachten Dingen, die oft eine bestimmte Reaktion hervorrufen sollen. In der Natur werden wir nicht mit Unmengen an Reizen bombardiert, sodass wir unsere Aufmerksamkeit bewusst auf etwas richten können. Das gilt für Kinder und Erwachsene gleichermaßen. Ein Ausflug in die Natur lohnt sich also immer.

## Zusammenfassung

- Ihr Zuhause spiegelt Ihr Innenleben wider und beeinflusst es auch. Zu viel Kram ist wie ein Mahnmal Ihrer unvollendeten Pläne. Er belastet Sie, schränkt Sie ein und erschwert die Achtsamkeit. Ein Großreinemachen in Ihrem Zuhause ist eine Wohltat für Ihr Gemüt.
- Spielzeug ist stimulierend. Ein Übermaß an Spielzeug kann intensives Spielen behindern. Kaufen Sie sinnvolles Spielzeug und achten Sie darauf, dass die Menge nicht zu groß wird.
- Machen Sie den Terminplan nicht zu voll. Kinder brauchen nicht nur Platz, sondern auch genügend Zeit zum intensiven Spielen. Und auch Sie brauchen Pausen.
- Zu viel Zeit vor dem Bildschirm lässt weniger Zeit zum freien Spielen und unterdrückt die kindliche Kreativität. Sie behindert die Fähigkeit, einfallsreich und achtsam zu sein.
- Verbringen Sie Zeit im Freien. Die Natur stimuliert die Sinne, ohne sie zu überreizen. Sie befreit uns von Bildschirmen und Werbung und bietet das ideale Umfeld, um unsere Verbindung zueinander zu stärken.

# 8 Achtsames Sprechen und Zuhören

*Die Art, wie wir sprechen und zuhören, ist für unsere Beziehungen so wichtig, dass ich diesem Thema ein ganzes Kapitel widme. Wir kommunizieren natürlich auch noch auf andere Weise, etwa durch unsere Körpersprache, Mimik und unser Verhalten. Aber da wir in Worten denken und sie eine so große Rolle spielen, ist das Sprechen der offensichtlichste Ausdruck. Wenn wir bewusst entscheiden, wie wir sprechen, prägt das unsere gesamte Kommunikation.*

## Die innere Stimme

Fast jeder hat eine innere Stimme, die unablässig quasselt. Sie klingt für viele genau wie die eigene Stimme. Gerade jetzt diktiert mir diese Stimme die Sätze für dieses Kapitel. Sie kann sehr nützlich sein, manchmal macht sie aber auch unnütze, unerwünschte Bemerkungen. Oft kommentiert die Stimme die Vergangenheit oder die Gegenwart, oder sie führt Fantasiegespräche in der Zukunft.

Wir identifizieren uns in der Regel stark mit dieser Stimme. Bevor ich begann, Achtsamkeit zu praktizieren, war mir nicht einmal bewusst, dass ich diese Stimme habe. Einer der größten Vorteile der Achtsamkeit ist für mich, zu erkennen (zumindest meistens): Diese Stimme bin nicht ich. Manchmal diktiert sie mir einen präzisen, passenden Satz, manchmal plappert sie nur unstrukturiert dahin. Manches, was sie mir vorschlägt, ist einfach seltsam.

Zum Glück muss ich meiner Stimme nicht gehorchen. Ein Teil von mir bleibt immer der Beobachter, der unterscheiden kann, ob ein Satz gut ist oder nicht und ob es sich lohnt, ihn zu verwenden. Als Beobachter brauche ich keine innere Diskussion darüber zu führen. Ich spüre einfach, ob die Worte passen. Ich lese mir den Text später noch einmal durch und überarbeite ihn, bevor sich schließlich die Lektoren darum kümmern.

Das gleiche Prinzip gilt für das Sprechen. In manchen Situationen fällt unserer Stimme eine Bemerkung ein. Oft sprechen wir dann einfach die Worte, ohne uns bewusst dafür zu entscheiden, etwas zu sagen. Leider hat die Stimme nicht immer die besten Einfälle (wie bei meinen Texten) und anders als beim Schreiben kann man die gesagten Worte nicht mehr zurücknehmen. Kein Korrektor ist da, der sie verbessert. Aus diesem Grund sollten wir unsere Worte ganz besonders sorgfältig – also achtsam – wählen.

*In hitzigen Momenten ist es meist am achtsamsten, gar nichts zu sagen, sondern zuzuhören und der anderen Person Raum zu geben, ganz gleich, ob das meine Frau oder mein Sohn ist. Aber das ist sehr schwierig.*

*Ben, Vater von Leo (6)*

## Die Botschaften anderer loslassen

Woher kommen diese unbedachten Bemerkungen? Sehr oft plappert die Stimme in unserem Kopf nur Botschaften nach, die wir einmal gehört haben. Wenn eine Situation negative Erinnerungen und Gefühle in uns weckt, gibt das Gehirn auch gleich einen markigen Kommentar dazu ab. Vielleicht etwas, das Ihre Eltern früher immer gesagt haben oder das Sie in der Zeitung gelesen oder letztens im Bus gehört haben. Manchmal verwandelt sich die Stimme in die Stimme einer Autoritätsperson aus Ihrer Vergangenheit. Sie sagt nicht immer die gleichen Worte – oft verinnerlichen wir auch nur einen bestimmten Tonfall, der das Gesagte später färbt.

*Wenn ich mich unter Druck gesetzt fühle
oder unbedingt die Kontrolle behalten möchte,
falle ich oft auf alte Botschaften zurück und gerate
in eine Negativspirale, bis mich die Achtsamkeit
daran erinnert, dass ich in dieser gedanklichen
Seifenoper nicht mitspielen muss.*

*Gwil, Meditationslehrer und Vater
eines Sohnes (6) und einer Tochter (3)*

Hier ein Beispiel: Bald nachdem ich Tagesmutter geworden war und mit dem Meditieren angefangen hatte, holte ich immer eine Fünfjährige von der Schule ab. Das Mädchen war drei Jahre älter als mein ältestes Kind und ihr Verhalten zum Teil neu für mich. Eines Tages, auf dem Nachhauseweg, holte sie einen Snack aus ihrem Rucksack. Sie riss die Verpackung auf und warf sie achtlos auf den Boden. Ich spürte Wut in mir aufsteigen – ich hasse es, wenn man die Umwelt verschmutzt. Meine innere Stimme meldete sich zu Wort. Da ich schon etwas Achtsamkeit gelernt hatte, hörte ich ihr zu, statt die Worte sofort auszusprechen: Wenn du den Müll nicht sofort aufhebst, bekommst du heute kein Abendessen! Die strengen Worte machten mich nur noch wütender. Ich konnte nahezu sehen, wie die Autoritätspersonen meiner Vergangenheit zustimmend nickten. Also atmete ich tief durch, damit das Gefühl etwas nachließ. Diese Pause half mir, mich daran zu erinnern: a) dass ich die Tagesmutter des Mädchens war und ich ihm etwas zu essen geben musste (die Drohung wäre also nur heiße Luft) und b) dass eine Fünfjährige noch nicht viel über die Folgen der Umweltverschmutzung wissen konnte.

Beim nächsten Atemzug erkannte ich, dass eine bessere Reaktion wäre, dem Mädchen freundlich zu erklären, warum man Müll nicht auf die Straße wirft – ohne es zu beschämen. Ich fühlte mich schon viel ruhiger. Ich hob das Papier auf und warf es wortlos in eine Mülltonne. Das Mädchen beobachtete mich dabei und dann gingen wir weiter.

Ich weiß noch, wie ich meinen damaligen Meditationslehrer fragte, ob ich diese Botschaften auf ewig verinnerlicht hätte. Er erklärte mir, dass wir unsere inneren Vorgänge besser erkennen, je entwickelter unsere Achtsamkeit ist. Irgendwann erkennen wir die Wut, bevor sie die Stimme aktiviert. So wird der Prozess unterbrochen, bevor die Stimme spricht. In den Jahren, seitdem ich meditiere, habe ich das immer öfter bemerkt. Doch manchmal erschrecke ich noch über die strenge, boshafte oder rachsüchtige Stimme, die sich gelegentlich zu Wort meldet, und ich bin schockiert, dass ich überhaupt daran denken kann, so etwas zu meinen Kindern zu sagen.

---

*Wenn es mir gutgeht und ich ausgeschlafen und nicht gestresst bin, fällt mir das achtsame Sprechen leicht. Wenn mir etwas Unpassendes herausrutscht, ist es mir manchmal sofort bewusst und ich spüre das als fast körperliche Empfindung in meinem Bauch oder in meiner Brust.*

*Jan, Mutter von Josia (8) und Hannah (5)*

---

## Sanfte Worte

Wie sollen wir also mit unseren Kindern sprechen? Da wir so eine enge Beziehung zu ihnen haben und sie unsere Schwachpunkte genau kennen, sprechen wir nicht immer besonders höflich oder freundlich mit ihnen. Wir nörgeln oder schreien sie an, stellen sie bloß oder schimpfen mit ihnen. Oft wissen wir nicht einmal, warum genau wir das machen.

- »Kannst du das Messer nicht auf dem Tisch lassen?«
- »Steig SOFORT ins Auto!«
- »Hör auf, das ist ekelhaft!«
- »Ich hab jetzt genug von dir!«

Wenn wir aber andere Eltern so mit ihren Kindern reden hören, fühlen wir uns dabei oft unwohl. Mit etwas Abstand erkennen wir nämlich, dass dieser schroffe Ton weder uns noch unseren Kindern nützt. Er schadet uns nur. Und meistens haben diese Worte keine unmittelbare Wirkung. Statt ihren Mantel anzuziehen, fängt Ihre Kleine vielleicht nur an zu weinen. Ein trotziger Zweijähriger schreit nur noch lauter, wenn sie ihm sagen: »Halt die Klappe!« Und wenn diese Ausdrucksweise oft wiederholt wird, kann sie auf lange Sicht unerwünschte Folgen haben. Aus diesen Kindern werden Erwachsene, die glauben, dass sie nicht gut genug sind oder sich schämen müssten. Und als Eltern geben sie diese Botschaften oft an die eigenen Kinder weiter.

## Achtsame Wortwahl

Wie wissen wir also, welche Wortwahl hilfreich ist und welche nicht? Verschiedene Kulturen hatten unterschiedliche Richtlinien dafür. Die Moralisten des viktorianischen Zeitalters bestimmten drei Kriterien: sind die Worte wahr, freundlich und notwendig? Die Buddhisten fügten noch »passend« hinzu. Ich komme auf diese Kriterien etwas später noch einmal zurück.

Selbstverständlich gibt es keine Regeln, die uns sagen, welche Sätze richtig sind und welche nicht. Das hängt von der Situation, der Vorgeschichte und von den beteiligten Personen ab. Als Elternteil kennen Sie Ihr Kind am besten. Ich kann Ihnen nicht sagen, wie Sie mit ihm sprechen sollen. Ich weiß nur, dass Eltern ihr eigenes Wissen über ihre Kinder und die Umstände sehr oft ignorieren, wenn sie mit den Kindern sprechen. Statt die Situation neutral zu analysieren, lassen wir uns von unseren Gefühlen mitreißen und reagieren fast reflexartig.

Wenn wir unsere Worte achtsam wählen, werden wir mit der Zeit so sprechen, wie wir als gute Eltern eigentlich sprechen möchten. Wir alle haben gute Absichten. Die Achtsamkeit kann uns zu den Eltern machen, die wir sein wollen. Das kommt unseren Kindern zugute, aber ganz besonders uns selbst. Wenn wir uns so ausdrücken, dass

**Tipp: Strategien, um achtsamer zu werden**

Wenn Sie sich in einer Situation mit Stresspotenzial befinden, können Ihnen diese Tricks dabei helfen, achtsam zu bleiben und nichts zu sagen, was die Situation verschlimmern könnte oder was Sie später vielleicht bereuen würden.

Stellen Sie sich vor, Sie werden gefilmt und können die Aufnahmen später ansehen. Wäre Ihnen Ihre Ausdrucksweise peinlich? Oder klingt alles gut? Schon wenn Sie nur kurz an die Kamera denken, gewinnen Sie ein wenig Abstand. (Einmal, als meine Tochter einen Trotzanfall hatte, filmte ich uns wirklich, um später anderen zeigen zu können, was ich durchmachen musste. Die Aufnahme animierte mich dazu, mich von meiner besten Seite zu zeigen. Ich war so verständnisvoll und vernünftig!)

Sie können sich auch vorstellen, dass Sie jemand beobachtet, vor dem Sie großen Respekt haben. Wählen Sie jemanden, der Ihre Absichten verstehen würde und Sie nicht aufgrund des Benehmens Ihrer Kinder beurteilt. Beim Gedanken an eine andere Person geben wir oft unser Bestes. Diese Person könnte ein Familienmitglied, ein Lehrer oder eine gute Freundin sein.

Oder stellen Sie sich kurz vor, dass Ihr Kind tatsächlich jemand ist, vor dem Sie großen Respekt haben. Fragen Sie sich: »Würde ich das auch zur Urgroßmutter oder meinem Chef sagen?« Stellen Sie sich vor, Sie stehen dieser anderen Person gegenüber. Sprechen Sie dann so mit Ihrem Kind.

Mir hilft es immer, wenn ich an meine Vorbildwirkung denke. Ich spreche nicht nur, ich lehre auch. Kinder imitieren die Art, wie wir sprechen – im Gespräch mit uns oder mit ihren Freunden oder Geschwistern. Überlegen Sie vor dem Sprechen, ob Sie möchten, dass Ihre Kinder diese Wörter oder diesen Tonfall übernehmen. Sie werden sich freuen, wenn Sie Ihre gut gewählten Worte später einmal von Ihren Kindern hören.

wir uns gut damit fühlen und merken, dass wir eine schwierige Situation meistern konnten, gibt uns das Kraft und Bestätigung. Wichtig ist auch, zu erkennen, wann man besser schweigt, statt etwas Verletzendes zu sagen. Es erfordert oft große Selbstbeherrschung, nicht auszuflippen. Und oft wird nicht wertgeschätzt, wie wichtig es ist, *nicht* verletzend zu sein. Vielleicht ist es sogar wichtiger und weitreichender als das, was wir tun. Stellen Sie sich eine Welt vor, in der nie jemand etwas Verletzendes sagt.

Achtsames Sprechen scheint viel Aufmerksamkeit zu erfordern. Aber mit etwas Übung fühlt es sich bald ganz natürlich an, bis Sie es irgendwann automatisch tun. Das Sprechen an sich wird zur Achtsamkeitsübung – wie wenn wir Achtsamkeit bewusst beim Geschirrspülen oder beim Treppensteigen praktizieren (S. 33). In besonders achtsamen Phasen ist jedes Gespräch mit unserem Kind eine Gelegenheit für einen freudvollen Austausch.

## Ihr Partner als Blitzableiter

Manchmal stecken wir viel Arbeit in die Kommunikation mit unseren Kindern, aber bei unseren Partnern geben wir uns weniger Mühe. Der Partner wird zum nichts ahnenden Blitzableiter, an dem wir unsere Launen auslassen.

## Den Partner ändern wollen

Manchmal denken wir, unser Partner (oder unsere Partnerin) sollte eigentlich wissen, wie man sich zu verhalten hat. Er ist schließlich erwachsen. Doch wenn wir ein bestimmtes Verhalten erwarten, ignorieren wir die Situation, wie sie wirklich ist. Wir ignorieren die Umstände, die zu dieser Situation geführt haben. Wenn wir wütend und schroff reagieren, sträuben wir uns dagegen. Achtsamkeit hilft uns, diesen Widerstand und die Realität zu erkennen und unsere Sprache konstruktiver einzusetzen.

## Den Partner nicht wertschätzen

Eigentlich wissen wir, dass alle Menschen Respekt und Höflichkeit verdienen. Wenn wir uns aber so sehr auf die Bedürfnisse unserer Kinder konzentrieren, vernachlässigen wir oft die Bedürfnisse anderer. Wir vergessen, dass wir unsere Partner mit Worten verletzen können, auch wenn sie es sich nicht immer anmerken lassen. Sie weinen nicht, wenn wir barsch mit ihnen sprechen, aber achtlos dahingesagte Worte können sich negativ auswirken und die Beziehung belasten.

## Erschöpfung

Kinder großzuziehen ist harte Arbeit und wir brauchen viel Energie, um geduldig und liebevoll zu bleiben. Achtsamkeit erleichtert uns diese Aufgabe, sodass wir mehr aus unseren inneren Ressourcen (die unendlich sind) schöpfen können. Es wird jedoch immer auch Zeiten geben, in denen wir nicht so achtsam sind. Wir erinnern uns dann vielleicht daran, keine Wut zu zeigen, aber innerlich brodeln wir. So ein Doppelleben ist erschöpfend. Manchmal zehren uns unsere Kinder so aus, dass wir keine Energie mehr für unsere Partner haben. Oder vor dem Partner bröckelt dann unsere Fassade und die ganze Anspannung macht sich Luft. Traurig, dass wir unsere Laune dann an der Person auslassen, die uns am besten unterstützen könnte. Es gibt keine einfache Lösung – aber es hilft schon, wenn wir uns des Problems bewusst sind.

## Bewusst freundlicher sein

Diese Strategie ist so einfach, dass man sie oft vergisst. Wir können die Kommunikation zwischen den Erwachsenen in der Familie drastisch verbessern, indem wir bewusst freundlicher sind. Das Wichtigste daran: Warten Sie nicht, bis Ihr Partner damit anfängt. Seien Sie zuerst freundlicher zu Ihrem Partner. Wenden Sie dieselben Kriterien wie beim achtsamen Sprechen mit Ihren Kindern an, selbst wenn er

Sie kritisiert oder provoziert. Das Tolle daran ist, dass Ihr Partner freundlich reagieren wird, wodurch die Freundlichkeit mit der Zeit immer leichter fällt, bis sie zur Gewohnheit wird.

## Wie werden Kinder höflicher?

Egal, wie achtsam wir sprechen, kleine Kinder sind dazu noch nicht imstande. Ihr Gehirn ist noch nicht so weit, dass sie auf die Sprache (oder etwas anderes) bewusst achten können. Mit Ihrer Hilfe gelingt es ihnen vielleicht aber schneller und im Alter von drei oder vier Jahren hören Sie mit etwas Glück schon ein paar bewusst gewählte Worte. Die meiste Arbeit liegt jedoch noch lange bei uns Eltern.

Wir können einiges tun, um eine freundlichere Ausdrucksweise zu fördern. Die Imitation habe ich bereits erwähnt. Das bedeutet, je häufiger wir freundlich mit und vor unseren Kindern sprechen, desto eher imitieren sie uns und sprechen auch auf diese Weise.

Und wir können noch viel mehr tun. Eigentlich ist es sehr leicht, Kindern Höflichkeit beizubringen. Sie müssen Höflichkeit nur wie eine Sprache lernen. Das hat zwar nicht direkt mit Achtsamkeit zu tun, aber es hilft, wenn ich meine eigene Einstellung zur Ausdrucksweise meiner Kinder ändere und diese gleichzeitig bewusst fördere. Das sorgt für ein harmonischeres Familienleben und verhindert Situationen, die mich aufwühlen.

Den Kindern Höflichkeit beizubringen kann auch ein großes Ärgernis sein. Es mag leicht sein, braucht aber seine Zeit. Auch das Erlernen einer Sprache dauert lange. Mein Vierjähriger verwechselt regelmäßig die Vergangenheitsformen und sagt »gewinnte« statt »gewann« oder »gehte« statt »ging«. Kein Wunder, dass er auch noch oft vergisst, freundlich um etwas zu bitten oder sich zu bedanken. Ich bin mir aber sicher, dass er mit der Zeit diese beiden Aspekte des Sprechens ohne weitere Probleme beherrschen wird.

Denken Sie daran, wie ein Baby seine ersten Wörter lernt. Der Kleine zeigt auf den Himmel und sagt: »Wo!« »Richtig, eine Wolke!«, sagen wir dann. In den folgenden Monaten wiederholen wir fast immer seine Worte, wenn er etwas sagt, und korrigieren ihn, wenn er ein Wort falsch verwendet oder es undeutlich ausspricht. Der Sprechende lernt schnell, was wir Eltern tun: Wir bestätigen die Bedeutung des gesagten Wortes und verbessern ihn. Darauf bauen Kinder auf. Sie lernen immer mehr Wörter und sprechen immer verständlicher.

Sprache ist jedoch komplex. Pronomen sind oft sehr verwirrend:

- Er zeigt: »Deine Tasse.«
- »Ja, das ist meine Tasse.«
- Er zögert kurz und sagt: »Meine Tasse« und gibt sie Ihnen.

Viele Eltern vermeiden es daher, Pronomen zu verwenden. (»Gib Mamis Tasse der Mami!«) Wenn Sie jedoch hartnäckig bleiben, verstehen Kleinkinder die Regeln überraschend schnell. Besonders wenn Ihr Kind eine ältere Schwester hat und sie jedes Mal, wenn er ihre Spielsachen anfasst, ruft: »Das ist MEINS!«

## Warum uns Forderungen wütend machen

Wörter wie »Bitte« und »Danke« sind ein Teil der Sprache wie jeder andere Teil auch und können auch so erlernt werden. Paradoxerweise sind es oft wir Eltern, die es unseren Kindern schwer machen, Bitte und Danke zu sagen. Hier ein Beispiel:

- »Schüssel!«, fordert Ihr Kleinkind.
- Darauf Sie: »Du willst die Schüssel? Hier hast du sie.«

In der Antwort steckt nirgendwo ein »Bitte«. Kein Wunder, wenn Ihr Kind den Satz dann zu »Ich will Schüssel!« ausbaut. Selbst wenn Sie das fehlende »Bitte« zuerst gar nicht bemerken, werden Sie die Worte mit der Zeit irritieren. Manchmal stört es andere (Familienmitglieder), wenn ein kleines Kind so fordernd fragt. Sie halten es vielleicht für unhöflich oder sogar ungezogen und schimpfen mit ihm (»So fragt man nicht!«).

Am Ende eines langen, anstrengenden Tages kann uns eine unhöfliche Forderung schnell in Rage bringen. Dann denken wir, *sie ist die kleine Kaiserin und ich nur eine Sklavin,* und all unsere Achtsamkeit verpufft. *Kein Wunder, dass die Schwiegereltern sie für verzogen halten.* »Bitte« und »Danke« sind in unserer Kultur wichtige Wörter. Wir fühlen uns irritiert, wenn auf sie verzichtet wird, da es ungesittet wirkt. Da macht es keinen Unterschied, dass den Kindern ihre Fehltritte meist gar nicht bewusst sind. Wenn wir nicht darauf vorbereitet sind, greifen wir rasch auf die alte Botschaft zurück und fordern zähneknirschend: »Sag BITTE!«

Aber wollen wir tatsächlich, dass die Kinder auf diese Weise BITTE sagen? Dass es wie eine Anschuldigung klingt? Natürlich nicht. Wollen wir, dass es für sich allein gesagt wird, als eine Art Währung im Austausch für eine Schüssel? Nein. Wir wollen, dass es locker und freundlich gesagt wird und wie die restlichen Wörter im Satz einfach zur Frage gehört.

Warum sagen Kinder also nicht Bitte? Verständnisvollere Eltern erklärten mir, dass es zur sozialen Entwicklung gehört und Höflichkeit für die Kinder noch keine Rolle spielt. Andere sagen, dass sich Sprachanfänger gerne möglichst kurz fassen und keine unnötigen Wörter verwenden. Diese Theorien ignorieren jedoch, dass Kinder Sprache lieben und nach den ersten Monaten des Sprechens ihre Sätze oft viel komplexer machen, als es nötig ist. Ich glaube, die Höflichkeit ist einfach ein Bereich der Sprache, den sie noch nicht völlig beherrschen.

## Nein sagen

Eine der Mütter in meinem Familienmeditationskurs erzählte kürzlich, dass sie sich fühle, als ob sie zu ihrem Zweijährigen ständig nur Nein sage. Fast jede Interaktion mit ihm begann mit diesem Wort. Sie merkte, dass ihn das sehr frustrierte und dass es unnötige Reibungen zwischen den beiden verursachte. Also versuchte sie, wann immer sie Nein sagen wollte, kurz innezuhalten und sich eine Alternative dazu auszudenken.

♡ **Tipp: Höfliches Fragen beibringen**

Wenn Ihr Kind auf seinen Hochstuhl klettert und fordert: »Ich will Schüssel«, dann können Sie bestätigen, dass Sie seinen Wunsch verstanden haben, und ihm die richtige Formulierung vorsagen wie in Kapitel 8 (S. 105) beschrieben. »Gibst du mir bitte die Schüssel?« Wichtig ist, dass Sie den Satz genau so sagen, wie Sie ihn hören möchten – auch im richtigen Tonfall. Idealerweise wiederholt das Kind den Satz ohne Aufforderung. Wenn nicht, und wenn es alt genug ist, bitten Sie es, den ganzen Satz noch einmal zu sagen. Indem es den ganzen Satz übt und nicht nur das Wort »bitte«, gewöhnt sich das Kind daran, das Wort in seine Fragen einzubauen.

Das Tolle an dieser Methode ist, dass sie nicht nur effektiv ist, sondern mich auch davor bewahrt, wütend zu werden. Statt mein Kind als verzogenes Gör wahrzunehmen, erkenne ich, dass es nur noch etwas mehr Hilfe braucht, um diese wichtige Fähigkeit zu erwerben. Darüber nachzudenken, hilft mir, achtsamer zu sein. Und statt wütend zu werden, lenke ich die Energie lieber in die Umsetzung der Strategie. Die Überlegung, wie man diese Worte freundlicher sagen könnte, scheint einen positiven Einfluss auf meine Stimmung zu haben. Es ist fast so, als hätte mein Kind mich höflich gefragt.

Wenn die Kinder etwas älter sind, brauchen wir ihnen nicht unbedingt immer den ganzen Satz vorzusagen. Es reicht, wenn wir sie freundlich erinnern: »Könntest du mich das bitte etwas freundlicher fragen?« Achten Sie jedoch weiterhin auf den richtigen Tonfall. So bleibt Ihre Bitte auch freundlich und wirkt nicht wie eine Rüge.

Dabei fand sie heraus, dass sie das Nein in den meisten Fällen auch als positive Anweisung formulieren konnte. Aus »Nein! Fass nicht den Herd an!« wurde zum Beispiel: »Lass die Hände unten, da sind sie in Sicherheit.«

Manchmal überlegte sie und erkannte, dass sie den Jungen unnötig einschränkte und es keinen Grund gab, ihm die gewünschte Aktivität zu verbieten. Als er zum Beispiel damit begann, Bücher aus dem Regal zu ziehen, sagte sie nicht mehr Nein, sondern machte mit. Als alle Bücher am Boden lagen, animierte sie ihn zu einem Spiel, bei dem die Bücher wieder zurückgestellt wurden. Sie erkannte, dass ihr Nein zu einer Gewohnheit geworden war und oft nur ein Ausdruck ihres eigenen Widerstands gegen die Aktivität des Kindes war.

Indem sie bewusst darauf achtete, wann sie immer Nein sagte, verwandelte sie den Impuls zum Neinsagen in eine »Achtsamkeitsglocke« (S. 29). Jedes Mal, wenn das Wort wie ein Warnsignal in ihren Gedanken auftauchte, überlegte sie, ob sie wirklich so mit ihrem Sohn sprechen wollte.

## Sind Ihre Worte wahr, freundlich, notwendig und passend?

Ich erwähnte bereits den Test, um zu beurteilen, ob gesprochene Worte sinnvoll sind: Sind sie wahr, freundlich, notwendig und passend? In Bezug auf die Kommunikation innerhalb der Familie sind diese Kriterien besonders interessant, darum möchte ich näher darauf eingehen.

## Die Wahrheit sagen

Wie wichtig die Wahrheit für unser persönliches Achtsamkeitstraining ist, bespreche ich in Kapitel 11 (S. 153), in dem es um die Moral geht. Jetzt beschäftigen wir uns aber zuerst damit, inwiefern Wahrheit und Lügen die Beziehung zu unseren Kindern beeinflussen.

Überlegen Sie sich kurz, welche Wirkung die folgenden unwahren Aussagen haben könnten:

- »Ich habe nicht genug Geld, um das zu kaufen.«
- Wenn du nicht aufhörst zu schreien, kommt dieser Polizist gleich zu dir und steckt dich ins Gefängnis.«

Welche Wirkung haben diese Sätze auf Eltern und Kind? Welche Gefühle lösen sie in ihnen aus? Ich glaube, das Kind wird sich ängstlich oder enttäuscht fühlen, die Eltern distanziert. Warum also sagen wir manchmal solche Sätze?

Lügen sind eine schnelle und wirksame Methode, ein gewünschtes Verhalten auszulösen. Doch Eltern, die lügen, stellen die Realität verzerrt dar. Wir vermitteln unseren Kindern, dass die Welt schlechter als in Wirklichkeit ist. Das ist keine gute Idee, wenn man selbstbewusste Kinder großziehen möchte, die sich den unvermeidlichen Hindernissen im Leben stellen.

Das Lügen wirkt sich auch negativ auf die Eltern aus, denn wir verleugnen dadurch die Realität. Und es scheint, als hätten wir nur keine Lust, die wahren Gründe für unser Verhalten zu erklären. (»Süßigkeiten sind ungesund«. »Übermäßiges Kaufen geht gegen unsere Überzeugung«. »Dein Schreien stört andere Leute und ist in der Gesellschaft unangemessen«.) Vielleicht haben wir nicht genug Vertrauen in unsere eigene Autorität oder wir glauben, dass unsere wahren Beweggründe auf unser Kind keinen Eindruck machen. Oder wir gestehen uns die wahren Gründe selbst nicht ein. (»Ich habe keine Lust, mich anzustellen«. »Dein Geschrei ist mir peinlich«.)

---

*Ich glaube, ich bin zu ehrlich. Einige meiner Freunde fanden es befremdlich, wie viel ich im Endstadium der Krankheit meiner Mutter mit den Kindern über den Tod gesprochen habe. Letztendlich war es aber die richtige Entscheidung. Als der Tag kam, an dem ich alles liegen und stehen ließ und wegfahren musste, waren sie vorbereitet und verstanden auch die Tränen, die darauf folgten.*

*Jan, Mutter von Josia (8) und Hannah (5)*

---

Es mag länger dauern, dem Kind zu erklären, dass man in manchen Situationen nicht zu viel reden oder schreien soll oder dass wir Kopfschmerzen haben oder dass der Lärm andere Leute stört. Wenn wir aber in solchen Situationen die Wahrheit sagen, setzen wir uns notgedrungen damit auseinander, was wir von unseren Kindern verlangen und warum. Statt auf eine bequeme Lüge zurückzugreifen, betrachten wir die Situation achtsam, stellen uns der Realität und erklären unserem Kind diese Realität. Das ist für Eltern und Kind bestärkend und hilft ihnen langfristig, mit der Realität besser umzugehen.

## Geschichten erzählen

Manche Eltern machen sich Sorgen, dass erfundene Geschichten auch eine Form der Lüge sind. Ich sprach erst kürzlich mit einer Gruppe von Eltern darüber und wollte wissen, wie zwiegespalten die Eltern waren. Besonders unsicher waren sie, ob sie so tun sollten, als ob das Christkind und der Weihnachtsmann existierten. Manchen kam das wie eine Täuschung vor. Andere fanden, dass Wunderglaube und Fantasie ein wichtiger Teil der Kindheit seien und diese Art des spielerischen Erfindens auch später einmal nützlich sein könne. Was das Christkind betrifft, gibt es keine richtige oder falsche Antwort. Wichtiger ist, dass wir unsere Beweggründe kennen, wenn wir mit unseren Kindern darüber sprechen.

Wenn wir den Kindern drohen: »Wenn du nicht mit deinem Bruder teilst, kommt das Christkind nicht zu dir«, ist das eine Täuschung, wie in den Beispielen zuvor. Wir setzen eine Lüge ein, um ein bestimmtes Verhalten zu erzwingen, und wir distanzieren uns von der Realität und von unseren Kindern.

Hier noch ein Beispiel:

- Kind: »Papa, wie fliegt denn der Schlitten vom Weihnachtsmann?«
- Vater: »Die Rentiere waren in der Pilotenschule. Um ins Gespann zu dürfen, müssen sie eine Prüfung bestehen.«
- Kind: »Woher weißt du das?«
- Vater: »Ich habe eine Dokumentation darüber gesehen.«

Vielleicht albern Vater und Sohn hier nur herum, aber wenn die Antwort ernsthaft vorgebracht wird, könnte man sie als Unterdrückung der kindlichen Neugier verstehen: Dieser Vater möchte um jeden Preis das Märchen vom Weihnachtsmann aufrechterhalten. In diesem Fall geht der Vater in diesem Moment nicht wirklich achtsam mit den Bedürfnissen seines Sohnes um. Er zwingt dem Sohn seine Vorstellung von Kindheit auf. Vielleicht fühlt sich der Vater auch überlegen, wenn er es schafft, seinem Sohn erfolgreich etwas vorzumachen. Um Selbstvertrauen aufzubauen, muss ein Kind selbst entscheiden dürfen, wann es einen bestimmten Glauben annimmt oder loslässt. Eine Mutter erzählte mir, wie bestürzt sie als Kind war, als ihr eine Freundin die Wahrheit sagte und ihr damit den Weihnachtsglauben »ruinierte«.

Als Eltern haben wir die Aufgabe, unsere Kinder in jeder Phase zu unterstützen – egal, ob es sich dabei um eine Fantasiewelt mit Zauberern handelt oder die Neugier auf eine wissenschaftlichere Erklärung der Welt. Später werden dann auch spirituelle oder philosophische Aussagen hinterfragt.

Als meine Tochter aus den Medien vom Weihnachtsmann erfuhr, sagte ich ihr weder die Wahrheit, noch erfand ich eine direkte Lüge. Als sie Fragen dazu stellte, antwortete ich in etwa: »Manche Leute sagen, dass sein Schlitten von Rentieren gezogen wird. In den Geschichten kommt er immer durch den Schornstein. Glaubst du, das stimmt? Was meinst du, wie er das macht?«

An dieser Strategie gefiel mir, dass sie meine Tochter zum kreativen Denken anregte und ihr die Möglichkeit bot, auf der Basis ihres Wissens Argumente für oder gegen die Existenz des Weihnachtsmanns zu finden. Und wir konnten gemeinsam raten und fantasieren. Ich fragte mich sogar auf einer philosophischen Ebene, ob ich überhaupt selbst alle Antworten hatte. Als meine Tochter fünfeinhalb war, war ich mir ziemlich sicher, dass sie Bescheid wusste, aber noch gerne daran glaubte. So wie sie noch immer darauf besteht, dass ihre Kuscheltiere lebendig sind (und darum nie am Kopf gepackt werden dürfen).

Ich glaube, wenn wir die Fantasie unserer Kinder anregen und ihnen gleichzeitig die Gelegenheit bieten wollen, an etwas zu glauben, müssen wir sie auch selbst entscheiden lassen, woran sie glauben. Stellt man den Weihnachtszauber (oder jede andere Art von Zauber) wie eine Tatsache dar, regt man weder den Glauben noch die Fantasie an. Der Zauber an sich ist etwas, das man nicht erklären kann. Wenn wir *wissen*, dass etwas wirklich existiert, können wir nicht daran *glauben*.

*Die erfundenen Figuren sind beliebte und bekannte Märchengestalten für uns und gehören in die Geschichten unserer Familie. Das widerspricht nicht meinem Bedürfnis, offen und ehrlich zu sein. Märchen sind keine wahren Begebenheiten, aber sie enthalten ihre eigene Wahrheit, die genauso wichtig ist.*

*Guin, MBCP-Meditationslehrerin und Mutter von drei Kindern*

Die Frage, wie wir mit Weihnachten umgehen, hat ihren Platz neben anderen wichtigen Ansichten, etwa zu Religion, Leben und Tod. Als meine Tochter fast drei Jahre alt war, starb unser Haushuhn und ich erwähnte beiläufig, dass alle Lebewesen einmal sterben. Sie fragte mich, ob auch die Menschen, die wir kannten, sterben müssten. Im nächsten Moment klagte sie: »Ich will nicht sterben.« Das war für mich ein bedeutsamer Moment, als dieses Wesen, dem ich das Leben geschenkt hatte, seine eigene Sterblichkeit erkannte.

*Für mich gehörten Fantasiewelten zum Zauber der Kindheit. Darum vermittelte ich auch meinem Sohn diesen Zauber – die Vorstellung, dass alles möglich ist.*

*Kate, Mutter von Zach (2½)*

Später fragte ich mich, ob ich das Richtige gesagt hatte. Wusste ich denn *wirklich*, was Tod und Sterben bedeuteten? Und selbst wenn ja, konnte ich das meiner zweijährigen Tochter mit ihrem begrenzten Wortschatz wirklich verständlich machen? Ich fragte mich, ob ich einen Glauben als Wahrheit dargestellt hatte. Weiß ich mit Sicherheit, dass jeder einmal stirbt? Weiß ich mit Sicherheit, was nach dem Tod kommt? Nein. In späteren Gesprächen mit beiden Kindern war ich nicht mehr so überheblich. Ich sagte nicht mehr, als ich wusste, sodass sie ihre eigenen Schlüsse ziehen konnten.

## Streng, aber freundlich

Es scheint klar zu sein, was mit »freundlichen Worten« gemeint ist. Freundlichkeit bedeutet, aufmerksam und gütig zu sein, aber auch, wie ich finde, den Wert anderer Menschen anzuerkennen und in ihrem Interesse zu handeln. Freundliche Worte sollen Wohlwollen ausdrücken (S. 49). In Bezug auf unsere Kinder kann das aber ziemlich kompliziert sein. Als Eltern haben wir ständig mit unangenehmen Situationen zu tun, in denen wir nicht wissen, wie wir freundlich sein sollen. Wie würden Sie in den folgenden Situationen freundlich sprechen (und reagieren)?

- Ihr Kind läuft auf die Straße, ohne sich umzusehen.
- Ihr Kleinkind beißt ein anderes Kind.

Freundlich zu sein ist schwierig, weil wir unseren Kindern nicht nur zeigen wollen, dass wir sie lieben und ihren Wunsch, die Welt zu erkunden, respektieren. Wir müssen auch ihre Beschützer und Lehrer sein. Und wir haben auch die Pflicht, andere Menschen und ihr Eigentum vor unseren Kindern zu schützen.

Manchmal müssen wir streng sein, um freundlich zu sein. Manchmal müssen wir sogar knallhart sein:

- »Stopp! Auf die Straße laufen ist ECHT gefährlich.«
- »Ich muss auch die anderen Kinder beschützen. Wenn du beißt, müssen wir nach Hause gehen.«

Sind diese Sätze freundlich? Ich finde, sie können sehr freundlich wirken. Auch wenn Sie Ihr Kind bremsen müssen und es kurzfristig verärgern, müssen Sie ihm diese Verhaltensregeln beibringen, um es (und andere) zu schützen. Für mich ist das wichtigste Kriterium dabei nicht, was wir sagen oder wie sich unser Kind fühlt, sondern, *was wir fühlen*. Sagen wir unsere Worte im Zorn oder mit Liebe?

Immer, wenn ich streng zu meinen Kindern sein muss, versuche ich dennoch, *auf ihrer Seite* zu stehen. Das heißt nicht, dass ich alles gut finde, was sie tun. Es bedeutet, dass mir ihr Wohlwollen am Herzen liegt und ich auch die langfristigen Konsequenzen berücksichtigen muss. Auf ihrer Seite zu stehen bedeutet außerdem oft, anzuerkennen, dass es für sie schwer ist, auf uns zu hören. In unseren Beispielen könnten wir also auch sagen:

- »Ich weiß, du warst schon aufgeregt, Papa dort zu sehen.«
- »Es hat dich wütend gemacht, als dir das Mädchen das Auto wegnahm.«

Und es ist wichtig, dass wir diese Gründe auch wirklich ernst nehmen. Wenn wir das Verhalten unseres Kindes verstehen, werden wir auch nicht so leicht wütend. Dann sind uns alle Faktoren bewusst und wir können entscheiden, wie wir unsere Botschaft vermitteln wollen. Das muss nicht lange dauern. Man kann in Sekundenschnelle achtsam sein. Manchmal müssen wir schnell handeln und sprechen (wenn das Kind auf die Straße läuft). Gefährliche Momente wecken die Achtsamkeit ohnehin. Manche Eltern glauben, dass man Kindern gegenüber nicht laut werden darf. Manchmal ist das aber durchaus angebracht. Wenn Gefahr droht, müssen Sie das Kind auf sich aufmerksam machen und Dringlichkeit vermitteln. Auch in manchen anderen Situationen kann es wirksam sein, die Stimme zu erheben. Fragen Sie sich aber: *Stehe ich noch auf der Seite des Kindes?*

## Geplapper und unnötiges Reden reduzieren

Nun prüfen wir, wann Worte notwendig und passend sind. Ich war schockiert, als ich zum ersten Mal hörte, dass ich mit meinen Worten sparsam umgehen solle – ich bin schließlich Autorin! Warum sollte ich an Wörtern sparen? Denken wir jedoch genauer darüber nach, fällt uns bestimmt allen jemand ein, der die ganze Zeit über banale Dinge schwatzt. Die Gesellschaft so einer Person kann die reinste Folter sein, etwa auf einer Flugreise. Ein Freund erzählte mir einmal, wie sein Vater zu ihm, als er noch ein Kind war, sagte, dass jedem Menschen nur eine bestimmte Anzahl von Wörtern zugeteilt werde. Seien sie aufgebraucht, könne man nicht mehr sprechen. Das war eine ziemlich gemeine Art, die Kinder zum Schweigen zu bringen. Die Idee der begrenzten Wortzahl kann man jedoch auch anders interpretieren: Stellen Sie sich vor, wie sorgfältig wir sprechen würden, wenn eines Tages wirklich alle Wörter aufgebraucht wären.

Eines Winters dachte ich wieder daran (bevor ich meditierte), als ich gerade unter einer akuten Kehlkopfentzündung litt. Damals unterrichtete ich Englisch und meine Stimme verschwand komplett. Ich konnte nur noch flüstern, was anstrengend war. Ich erklärte meinen Schülern, dass ich kaum sprechen könne und sie aufmerksam zuhören müssten. Erstaunlicherweise war das eine der konzentriertesten Stunden, die ich je unterrichtet hatte. Sobald ich meine Hand hob, um zu zeigen, dass ich sprechen wollte, wurde die Klasse mucksmäuschenstill. Weil ich nur wenige Worte sprechen konnte, erschienen sie wichtig. Zu Hause und unter Freunden begann ich meinen stillen Rückzug zu genießen. Ich lehnte mich oft vor, um etwas zu sagen, und entschied dann, dass die Bemerkung doch nicht wichtig genug war, um meine Stimme anzustrengen. Wenn jemand anderes das sagte, was ich eigentlich sagen wollte, freute ich mich, statt mich zu ärgern, da ich nicht sprechen musste. Ich war froh, dass ich mir in den hitzigen Diskussionen im Pub nicht immer Gehör verschaffen musste. Ich erkannte, dass vieles, was ich sage, unnötig ist – ich möchte nur mitreden und das oft nur, um ein wenig Aufmerksamkeit zu erlangen.

Nach ein paar Tagen war meine Stimme wieder da und mit ihr meine Redelust. Aber ich denke gern an die Zeit zurück, als ich merkte, dass Schweigen auch angenehm sein kann. Ich fühlte mich sicher und überlegen. Und unsere Zuhörer merken, wenn wir unsere Worte mit Bedacht wählen.

*Solange unsere Kinder noch klein sind, reden wir oft über sie hinweg, da sie noch nicht richtig mit uns sprechen können. Ich habe aber immer versucht, Zach ins Gespräch miteinzubeziehen, und darauf geachtet, dass er nicht übersehen wird, nur weil er ein Kind ist. Manchmal muss ich andere Erwachsene daran erinnern, ihn miteinzubeziehen, obwohl er schon zweieinhalb ist. Da er schon sprechen kann, spreche ich auch immer mit ihm und nicht nur über ihn, während er danebensitzt.*

*Kate, Mutter von Zach (2½)*

## Zuhören

Nun habe ich viel über das Sprechen gesagt. Das Zuhören ist genauso wichtig – vielleicht sogar noch wichtiger. Viel über das Zuhören lernte ich aus dem Buch *So sag ich's meinem Kind – Wie Kinder Regeln fürs Leben lernen* von Faber und Mazlish.[19] Darin erklären die Autorinnen, wie wichtig es ist, Kindern Aufmerksamkeit zu schenken, während sie sprechen, und wirklich auf das hören, was sie uns sagen wollen. Oft nehmen Eltern die Gefühle und Erfahrungen von Kindern nicht ernst. (»Du kannst nicht schon wieder hungrig sein, du hast doch eben erst gegessen!«, »Du willst nicht nach Hause, hier ist es doch schön!«) Stattdessen sollten wir die Erfahrungen unserer Kinder anerkennen und benennen. So fühlen sie sich ernst genommen und können ihre Gefühle besser ausdrücken. Die Autorinnen schrieben das Buch im Jahr 1980, lange bevor Achtsamkeit im Trend war. Aber auch wenn sie nicht das Wort »Achtsamkeit« verwenden, bauen ihre Strategien für das Reden und Zuhören darauf auf.

Beim aktiven Zuhören stellen wir eine achtsame Verbindung zu unseren Kindern her. Wir teilen ihren Moment und hören, was sie zu sagen haben. Manchmal ist das, was sie sagen, nicht das, was wir hören wollen. Dann hören wir nicht mehr zu, ignorieren ihr Erleben und unterbrechen sie einfach. Wenn wir das Sprechen als achtsame Aktivität betrachten, schließen wir das Zuhören automatisch mit ein. Oft gehören zum Zuhören auch verbale Zeichen, um zu bestätigen, dass wir etwas verstanden haben; manchmal sind wir einfach nur still und aufmerksam.

Mein Mann zeigte mir kürzlich den interessanten TED-Talk von Dave Morris über Improvisation. In dem Vortrag geht es nicht nur um Comedy oder Musik – es ist eine zehnminütige Anleitung zum Leben. Denn das Leben, wie Morris sagt, »ist eine Improvisation«. Eine seiner Bemerkungen blieb mir besonders im Gedächtnis: »Das Zuhören ist die Bereitschaft, sich zu verändern.« Er sagt, wenn wir nicht bereit sind, uns aufgrund des Gehörten zu verändern, hören wir nicht wirklich zu.[20] Diese Veränderung muss nicht die eigene Identität betreffen; sie kann auch nur bedeuten, etwas besser zu verstehen.

Ich finde, das ist eine tolle Einstellung zum Zuhören. Wir hören nicht zu, damit wir mit unseren eigenen Ideen antworten, sondern um Menschen besser kennenzulernen. Durch das Zuhören drücken wir unsere Neugier auf das Leben aus. Der Alltag mit Kindern ist oft so von Arbeit und Pflichten geprägt, dass wir vergessen, neugierig auf unsere Kinder zu sein. Wir halten es für wichtiger, eine weitere Aufgabe abhaken zu können, statt uns mit unseren Kindern zu verbinden und ihre – wie auch unsere – Erfahrungen achtsam wahrzunehmen.

## Zusammenfassung

- Unsere innere Stimme wiederholt oft alte Botschaften, die nicht mehr wichtig oder nützlich sind. Wenn wir sie achtsam wahrnehmen, können wir unsere Worte bewusster wählen.

- Je öfter wir das achtsame Sprechen praktizieren, desto leichter fällt es uns, bis das Sprechen selbst zur Achtsamkeitsübung wird.

- Bevor wir sprechen, sollten wir uns fragen, ob unsere Worte wahr, freundlich, notwendig und passend sind.

- Wir hören erst dann richtig zu, wenn wir bereit sind, unser Verständnis aufgrund des Gehörten zu ändern.

# 9 Achtsamkeit bei schwierigem Verhalten

*Wie erzieht man jemanden mit Achtsamkeit? Die Achtsamkeit ist eine Geisteshaltung und keine Sammlung von Verhaltensregeln. Ich bezweifle, dass man irgendeinen Erziehungsstil als »achtsam« zusammenfassen kann, und ich fände es nicht angebracht, Ihnen eine Reihe von Erziehungsmethoden aufzwingen zu wollen. Achtsamkeit kann uns aber bei der Erziehung unserer Kinder unterstützen, unabhängig vom jeweiligen Erziehungsstil. In diesem Kapitel zeige ich Ihnen, wie das geht.*

## Unsere Pflichten als Eltern

Als Eltern haben wir viele verschiedene Pflichten. Zuallererst müssen wir die Grundbedürfnisse unserer Kinder befriedigen: durch Nahrung, Wärme, Sicherheit und eine Unterkunft. Genauso wichtig ist unsere Liebe. In Kapitel 5 (S. 47) behandelte ich die unterschiedlichen Formen der Liebe. Zu dieser Liebe gehört, dass wir unseren Kindern zuhören und sie so akzeptieren, wie sie sind. Achtsamkeit hilft uns dabei.

Akzeptieren bedeutet jedoch nicht, unangemessenes Verhalten einfach hinzunehmen. Das hilft niemandem. Als Eltern haben wir die Pflicht, das Verhalten unserer Kinder zu lenken – so gut das möglich ist. Achtsam zu sein heißt nicht, alles zu erlauben. Achtsamkeit hilft uns, die Realität einer Situation zu erkennen und zu entscheiden, wann und wie wir handeln.

## Die Ziele der Erziehung im Blick behalten

In der Erziehung der Kinder hat man fünf Hauptaufgaben:

1. Sich um das Wohl des Kindes kümmern.
2. Andere schützen.
3. Dem Kind Orientierung bieten.

4. Dem Kind positive Grenzen setzen.
5. Dem Kind beibringen, wie es sein eigenes Verhalten steuern kann.

Achtsamkeit ist hierbei nützlich, da sie uns hilft, diese Aufgaben nicht zu vergessen, auch wenn wir uns in einer stressigen Situation befinden. Sie hilft uns, das Gleichgewicht zu bewahren, wenn sich die Aufgaben zu widersprechen scheinen. Betrachten wir sie also im Detail.

## Sich um das Wohl des Kindes kümmern

Manchmal bringen sich Kinder durch ihr Verhalten in Gefahr. Das kann die Gefahr einer körperlichen Verletzung sein – das Kind läuft auf die Straße oder fasst die heiße Herdplatte an. Es kann auch bedeuten, dass wir die Fernsehzeit einschränken müssen oder darauf achten, dass sich das Kind die Zähne putzt. Oder dass wir ein gesundes Essverhalten und regelmäßige Bewegung fördern.

Diese Aufgabe muss genug Raum lassen, damit Kinder die Welt erkunden, vertretbare Risiken eingehen und aus ihren Fehlern lernen können. Wir müssen den Kindern ein sicheres Umfeld bieten, in dem sie viele Freiheiten haben. Wenn wir unser Kind gut kennen, können wir Risiken besser einschätzen. Zum Beispiel stellt ein Teich für ein krabbelndes Baby ein inakzeptables Risiko dar, während Ihr fast zweijähriges Kleinkind vielleicht schon versteht, dass es in der Nähe des Wassers vorsichtig sein muss. Handelt es sich jedoch um einen Fluss mit starker Strömung, würden Sie auch Ihren Vierjährigen nicht am Ufer spielen lassen. Die Fähigkeit Ihres Kindes, Gefahren zu meiden, ist nicht jeden Tag gleich – nicht einmal jede Stunde. Achtsamkeit hilft uns, das gegenwärtige Risiko einzuschätzen.

Außerdem ist es für die Sicherheit der Kinder wichtig, dass man sie Gefahren auch selbst einschätzen lässt – in einem gewissen Rahmen. Zum Beispiel wissen die meisten Kinder, ob sie das Klettergerüst am Spielplatz erklimmen können. Kindern muss man nicht jeden Schritt vorgeben. Sie können erst dann lernen, auf sich selbst aufzupassen, wenn sie auch die Gelegenheit dazu haben. Da wir Erwachsenen aber mehr Lebenserfahrung haben, müssen wir einige Regeln aufstellen, um unsere Kinder vor größeren Gefahren zu schützen.

Wenn Sie sich achtsam bewusst machen, worauf Sie Rücksicht nehmen müssen, können Sie gerechte Regeln bestimmen. Achtsamkeit macht Sie auch auf Ihre eigenen Ängste und Konditionierungen aus der Vergangenheit aufmerksam, die Ihre Einschätzung der Situation beeinflussen können.

## Andere schützen

Wir müssen auch andere Menschen und ihr Eigentum vor unseren Kindern schützen. Solange Kinder das richtige Verhalten noch lernen, müssen wir andere angemessen vor ihren Fehlern schützen. Ich sage »angemessen«, denn zur Lernerfahrung gehört auch, dass Kinder selbständiger werden und wir zwar einerseits ein Auge auf sie haben, aber ihnen auch Freiheiten lassen müssen.

Allerdings wären wir sehr fahrlässig, wenn wir unserem Kind erlaubten, ein anderes Kind wiederholt zu schubsen oder zu schlagen, oder wenn wir nicht eingriffen, wenn unser Kind Müll auf den Boden würfe oder öffentliches Eigentum beschädigte. Manchmal finde ich meinen Sohn so anstrengend, dass ich versucht bin, ihn einfach spielen zu lassen, obwohl ich weiß, dass er gerade in Zerstörlaune ist. Ich warte dann oft so lange mit dem Eingreifen, bis es zu spät ist und er ein anderes Kind bedroht hat. Wenn ich ehrlich zu mir selbst bin, erkenne ich, dass ich schon viel früher hätte schlichtend eingreifen müssen.

## Orientierung bieten

Warum also sollten wir schlechtes Benehmen korrigieren, wenn wir es doch auch akzeptieren sollen? Für mich ist das ganz klar: Ich akzeptiere, dass sich mein Kind gerade so verhält, weil verschiedene Faktoren in der Vergangenheit dazu geführt haben. Dennoch ist dieses Verhalten gesellschaftlich inakzeptabel und wir müssen ein angemesseneres Verhalten erlernen. Als Mutter ist es meine Aufgabe, dem Kind dabei Orientierung zu bieten.

Wir haben die Pflicht, unseren Kindern sozial akzeptables Verhalten beizubringen, damit sie jetzt und in Zukunft am gesellschaftlichen Leben teilhaben können. Eltern mit nur einem Kind finden es nach der Babyzeit oft schwierig, auf einmal ein Kleinkind zu erziehen – vor allem, wenn zuvor das Baby den Ton angegeben hatte. Ab dem ersten Lebensjahr fangen Babys an, ihre Umgebung und alles darin zu erkunden. Zuvor waren die Wünsche des Babys auch seine Bedürfnisse. Das ist jetzt nicht mehr der Fall.

Wenn das Kind nun den Wunsch hat, die Blumen der Nachbarn zu pflücken, liegt dahinter das Bedürfnis zu lernen, das Eigentum anderer Menschen zu respektieren.

Kleine Kinder lernen angemessenes Verhalten mit der Zeit weitgehend von allein, indem sie andere imitieren. Wie das funktioniert, erklärt Deborah Jackson in ihrem Buch *Letting go as Children Grow*. Kinder müssen nicht gezähmt werden; sie sind von Natur aus soziale Wesen. Selbst wenn wir kaum eingreifen, nehmen sie das Sozialverhalten an, das sie beobachten.[21]

Manchmal müssen Sie Ihrem Kind jedoch dabei helfen und Orientierung bieten, damit unkorrigierte antisoziale Verhaltensweisen nicht zu Konflikten mit anderen führen. Diese anderen (vielleicht andere Kinder oder kritische Beobachter) nehmen vielleicht weniger Rücksicht und sind nicht in der Lage, konstruktiv einzugreifen. Das unpassende Verhalten Ihres Kindes kann dann seine Beliebtheit bei anderen oder seine soziale Entwicklung beeinträchtigen.

Wenn Sie das Verhalten Ihres Kindes korrigieren, müssen Sie Rücksicht auf seine gegenwärtigen Fähigkeiten nehmen. Es mag zwar gesellschaftlich erwünscht sein, dass Ihre Zweijährige während des Essens im Restaurant still sitzen bleibt, aber es ist eine unrealistische Erwartung. Wir können sie freundlich auffordern, bei Tisch zu bleiben und nicht laut zu sein, aber wir müssen verstehen, dass sie aufgrund ihres Alters vielleicht noch nicht in der Lage dazu ist. Stattdessen könnten wir das Umfeld etwas kinderfreundlicher gestalten – ein paar Spielsachen mitnehmen oder zwischendurch kurz mit ihr nach draußen gehen. Auf einem Verhalten zu bestehen, für das sie noch zu jung ist, ist kräfteraubend und kann zu Streit führen. In solchen Momenten werden wir uns der Erwartungen der Gesellschaft bewusst – oder der Erwartungen bestimmter Menschen in unserem Umfeld.

Wir müssen nicht bei jeder Art von scheinbar unangebrachtem Verhalten eingreifen. Wenn keine Gefahr droht, kann man erst einmal abwarten und beobachten, ob sich das Problem von allein löst. Das kann wenige Minuten oder einige Jahre dauern. Letzten Endes kann ich Ihnen nicht vorschreiben, wie Sie Ihrem Kind Benehmen beibringen sollen. Je nach Situation können unterschiedliche Strategien passend sein. Vielleicht erklären Sie Ihrem Kind in Ruhe, dass sein Verhalten nicht angemessen ist. Vielleicht (vor allem wenn Ihr Kind krank, müde oder hungrig ist) halten Sie es für besser, dieses Mal ein Auge zuzudrücken (und sich aufs Wesentliche zu konzentrieren). Manchmal müssen Sie auch streng sein und eine klare Ansage machen. Nur Sie können beurteilen, was zu tun ist. Und das können Sie nur, wenn Sie die ganze Situation achtsam wahrnehmen – auch die Gefühle, die das Verhalten in *Ihnen* auslöst.

## Positive Grenzen setzen

Grenzen setzen bedeutet für jeden etwas anderes. Für mich bedeutet es kein autoritäres Verhalten, für andere schon. Grenzen stecken meiner Ansicht nach ein sicheres Umfeld ab, in dem Kinder heranwachsen und sich selbstbewusst entwickeln können. Positive Grenzen sind die »Normen«, auf die sich Kinder verlassen können. Sie können die Form täglicher Gewohnheiten haben – etwa ein Bereich zum Spielen oder eine feste Zeit für das Zubettgehen. Sie strukturieren den Alltag der Kinder. Die Grenzen können flexibel sein, aber wenn sie zu flexibel sind, bieten sie den Kindern wenig Halt. Ein chaotischer Tagesablauf verlangt, dass mehr Entscheidungen getroffen werden müssen, was anstrengend für die ganze Familie ist.

Grenzen können auch durch Regeln gesetzt werden, zum Beispiel, dass man freundlich sein, keinem wehtun oder keinem etwas wegnehmen soll. Regeln, die einleuchten, sind die besten: Kinder können sie verstehen und akzeptieren, da sie gerecht erscheinen.

Es ist wichtig, dass Grenzen nicht zu starr und nicht zu häufig gesetzt werden, um die Neugier und den Tatendrang der Kinder nicht zu unterdrücken. Ich halte es nicht für hilfreich, wenn uns unsere Kinder als strenge Autoritätspersonen fürchten – bedingungsloser Gehorsam beeinträchtigt die Verspieltheit und unsere Beziehung. Aber unsere Kinder müssen sich darauf verlassen können, dass wir sie im Zaum halten: Wenn sie zu weit gehen, halten wir sie auf. Sie werden uns nicht direkt danken, wenn wir sie auf diese Weise einschränken und behindern. Aber mit der Zeit wird unser gelegentliches Eingreifen und Wahren der Grenzen ihnen hoffentlich den Eindruck vermitteln, dass wir streng, aber gerecht sind.

Grenzen dienen weniger dazu, unsere Kinder einzuschränken, sondern dazu, ihre Energien in eine konstruktive Richtung zu lenken. Grenzen bilden eine sichere Grundlage, auf der sich Kinder entwickeln und die Welt erkunden können. Eine Kindheit in einem stabilen, liebevollen Umfeld (gestützt von positiven Grenzen) trägt viel dazu bei, die Gelassenheit zu entwickeln, die in Kapitel 5 (S. 47) besprochen wurde. Für mich ist Gelassenheit das Gefühl der Zuversicht und Sicherheit, mit dessen Hilfe wir uns den größeren Herausforderungen im Leben stellen können, ohne von ihnen überwältigt zu werden. Erfährt man die Welt in seinen ersten Lebensjahren als geordnet und sicher, ist man auch später ausgeglichener und zuversichtlicher. Beim Setzen und Wahren von Grenzen geht es vor allem um den Ausgleich von Bedürfnissen. Babys und Kinder verlangen viel von uns und wir müssen herausfinden, wann diese Bedürfnisse befriedigt werden müssen und wann andere Menschen (wir eingeschlossen) Priorität haben. Dazu gehört auch, die innere und äußere Achtsamkeit gleich wichtig zu nehmen. Wenn wir unsere Gedanken und Gefühle nicht achtsam wahrnehmen, können wir unsere Bedürfnisse nicht eindeutig einschätzen. Um alle Faktoren zu berücksichtigen, hilft uns auch der Blick auf das große Ganze – die kleinen (und manchmal großen) Signale unserer Kinder sowie die Erwartungen und Anforderungen der Gesellschaft.

## Kindern helfen, ihr Verhalten zu steuern

Eine weitere wichtige Aufgabe der Eltern ist es, ihren Kindern Strategien zu vermitteln, mit denen sie ihr Verhalten steuern können. Selbstdisziplin entsteht größtenteils durch das Erlernen von gesunden Gewohnheiten und Verhaltensweisen in vertrauten Situationen. Zum Beispiel: andere ausreden lassen, höflich sein oder andere Menschen und ihr Eigentum respektieren. Wir können viel dazu beitragen, dass Kinder solche Gewohnheiten annehmen.

Wie stark die Selbstdisziplin wirklich ist, zeigt sich aber erst, wenn eine Situation neu für das Kind ist oder es so aufwühlt, dass (zum Beispiel) Wut aufkommt und die erlernten Verhaltensweisen vergessen werden. Letzten Endes möchten wir, dass unsere Kinder gefasst bleiben, die Situation und all ihre Aspekte einschätzen und sich für das bestmögliche Verhalten entscheiden. Das ist nicht einfach und erfordert Achtsamkeit.

Sie können Ihr Kind dabei unterstützen, indem Sie es ermutigen, eigene Lösungen für Probleme zu finden. Es wird allerdings Ihre Hilfe dabei brauchen. Wenn sich etwa zwei Kinder um ein Spielzeug streiten, sollten Sie nicht eingreifen und jedem Kind zwei Minuten Auszeit geben oder das Spielzeug wegnehmen. Stattdessen kann gemeinsam an einer Lösung gearbeitet werden. Jedes Kind könnte den Vorfall aus seiner Sicht beschreiben und dem anderen zuhören. Eventuell müssen Sie die Version des Kindes interpretieren:

- »Das klingt, als hättest du dich geärgert, weil Elsa so lange damit gespielt hat.«
- »Du dachtest, es gehört dir, weil du zuerst damit gespielt hast.«

Indem Sie den Eindruck der Kinder beschreiben, ermutigen Sie sie dazu, ihre eigenen und die Gefühle anderer achtsam wahrzunehmen. Wenn jedes Kind zu Wort gekommen ist und die Gefühle des anderen Kindes erkannt hat, können Sie die beiden zum Finden einer Lösung animieren.

Bei dieser Anleitung zur Selbstdisziplin müssen Eltern die kurz- und langfristigen Ziele der Erziehung berücksichtigen. Auf kurze Sicht möchten wir das Problem schnell lösen, damit sich die Kinder wieder vertragen. Langfristig möchten wir unseren Kindern beibringen, Konflikte zu erkennen und zu lösen.

## Mitfühlend erziehen

Wenn unsere Kinder schreien und uns schlagen, ist es extrem schwer, achtsam zu bleiben. Wenn Sie zum ersten Mal den vernichtenden Zorn eines Kleinkinds zu spüren bekommen, sind Sie wahrscheinlich geschockt und verletzt. Sie fragen sich vielleicht: »Wohin ist mein niedliches Baby verschwunden?« Sie zweifeln an Ihren Erziehungsmethoden: »Bin ich zu streng? Bin ich zu nachgiebig?« Sie fühlen sich von (echten und imaginären) Beobachtern kritisiert, vielleicht sogar von Ihrem Kind.

Bis zu diesem Punkt war das Verhalten Ihres Kindes nachvollziehbar. Die Bindung zwischen Ihnen war stark und Sie fühlten, was das Kind fühlte. War es glücklich, waren Sie es auch. Wenn es traurig war, spürten auch Sie diese Traurigkeit. Dieses Verständnis sorgte für Mitgefühl und Wärme zwischen Ihnen. Aber jetzt werden Sie von diesem wutroten Gesicht angeschrien, weil Sie dem Kind einen klebrigen, schmutzigen Lolli weggenommen haben – oder wegen einer anderen Krise. Jetzt ist es ein eigenes Wesen, das in diesem Moment gegen Sie ist. Plötzlich wurde aus der Harmonie zwischen Ihnen ein Konflikt.

## Gedanken, die gute Disziplin untergraben

Die heftigen Auseinandersetzungen mit unseren Kindern können bei uns ebenso heftige Reaktionen auslösen. Gedanken können eine unglaublich zerstörerische Wirkung haben und unseren Blick auf die Realität vernebeln. Hier sind einige Beispiele für negative Gedanken, die unsere Vernunft beeinträchtigen:

- »Mein Kind sollte sich nicht so aufführen.«
- »Mein Kind sollte nicht in dieser Lage stecken.«
- »Ich habe als Vater/Mutter versagt.«
- »Die Leute denken schon schlecht über mich.«

Vielleicht erkennen Sie einige dieser Gedanken. Ich habe sie alle schon einmal gedacht. Die ersten beiden Gedanken sind Ausdruck einer Verleugnung der Realität. Wir wollen nicht wahrhaben, was gerade passiert. Das Problem dabei: Wenn wir die Situation nicht so annehmen, wie sie ist, können wir nicht angemessen darauf reagieren. Stattdessen werden wir wütend – auf unsere Kinder oder auf die Welt im Allgemeinen.

Die letzten beiden Gedanken sind unnütze Einschätzungen. Statt dass wir die Situation wertfrei betrachten, schätzen wir sie negativ ein. Wenn wir glauben, dass wir in der Vergangenheit zu nachgiebig waren, gleichen wir das nun vielleicht durch übertriebene Härte aus. Wenn wir auf unsere Gedanken und Gefühle direkt reagieren, statt sie zuerst zu erkennen, werden wir die Situation kaum gerecht behandeln können.

---

*Manchmal, wenn sie sich danebenbenehmen, machen sie mich viel schneller wütend, als es andere Menschen könnten – weil mir so viel an ihnen liegt.*

*Deborah, Meditationslehrerin und Mutter*
*von Jesse (20) und Rowan (17)*

---

## Unabhängigkeit kann Distanz erzeugen

Gelegentliche Konflikte sind eine unvermeidliche Folge der wachsenden Unabhängigkeit Ihres Kindes. Das folgende Beispiel illustriert, was ich damit meine:

Sarah sitzt auf dem Spielplatz auf einer Bank und plaudert mit einer Freundin. Ihr dreijähriger Sohn Tommy läuft auf einmal zu ihr hin.

»Kann ich was Süßes haben!«, fragt er und zieht an ihrem Arm.

»Warte noch kurz, ich unterhalte mich gerade«, sagt Sarah.

»ICH WILL WAS SÜSSES!«, schreit er plötzlich und greift nach Sarahs Tasche.

Sarah ist dieses Verhalten extrem peinlich und sie spürt Wut in sich aufsteigen.

Was sie jedoch nicht weiß, ist, wie es zu diesem Vorfall kam.

Tommy hat beim Spielen ein Mädchen namens Lily kennengelernt. Lily schlägt vor, etwas Süßes zu essen. Tommy folgt ihr hungrig auf die andere Seite des Spielplatzes, wo ihre Mutter zwei bunte Schokoriegel aus ihrer Tasche holt. Tommy greift nach einem, aber Lilys Mutter gibt den Riegel einem anderen Jungen, der sich hinter Tommy dazugestellt hatte. Verdutzt und enttäuscht rennt Tommy zu seiner Mutter.

Sarah hat keine Ahnung, was dem Gefühlsausbruch voranging, und findet es schwer, mit Tommy mitzufühlen. Wenn unsere Kinder älter werden und immer mehr Zeit ohne uns und unter dem Einfluss anderer verbringen, wissen wir nicht mehr so genau, was zu einem bestimmten Verhalten führt. Es ist oft schwer, ein Verhalten zu akzeptieren, wenn wir nicht wissen, woher es kommt. Das kann ein wichtiger Wendepunkt in der Beziehung zu unseren Kindern sein. Wann es dazu kommt, hängt vom Temperament Ihres Kindes, Ihrer persönlichen Situation und Ihrer Achtsamkeit ab. Aber alle Eltern erleben es. Und wenn es geschieht, kann man nur darauf achten, dass es seltener geschieht und dass man die Verbindung zum Kind so schnell wie möglich wieder stärkt.

## Die Ursachen für schlechtes Benehmen verstehen

Wir können sicher sein (wenn wir in Ruhe darüber nachdenken), dass jedes Verhalten von Kindern immer eine Ursache hat. Schlechtes Benehmen entsteht nicht ohne Grund.

Wenn wir mit einem schreienden oder zornigen Kind konfrontiert werden, fällt es uns schwer, über eine Ursache dafür nachzudenken. Es ist auch nicht der richtige Moment dafür – der kommt später, wenn wieder Ruhe eingekehrt ist. Im Konfliktmoment müssen Sie nur bei Ihrem Kind sein – und die Situation annehmen, wie sie gerade ist. Es hilft, wenn wir zumindest theoretisch wissen, dass jedes Verhalten einen Grund hat und daher jedes Verhalten nachvollziehbar ist. Manchmal bleiben wir dann auch in Konfliktmomenten verständnisvoll, aber nicht immer. Achtsamkeit für solche Momente entsteht vor allem durch Gewohnheit. Und Gewohnheit wiederum durch Übung.

*Ich achte jetzt stärker darauf, was mir mein Kind wirklich sagen will, wenn es beispielsweise wütend ist. Ich erkenne, dass hinter schlechtem Benehmen manchmal ein Wunsch nach Liebe oder Aufmerksamkeit steht. Oder es mir sagt, dass ich mich gerade in meiner eigenen Welt befinde und nicht für meinen Sohn da bin. An guten Tagen verhalte ich mich dann freundlicher oder spreche mit ihm, statt ihn zu bestrafen. So löst sich der Konflikt sofort auf.*

*Ben, Vater von Leo (6)*

Jedes Mal, wenn wir uns in einer schwierigen Situation wiederfinden, können wir uns daran erinnern, achtsam zu sein. Nach einigen Versuchen erkennen wir heikle Situationen sofort und sind automatisch achtsam. Vielleicht fällt es Ihnen sogar leicht, in Ausnahmesituationen achtsam zu werden, da Sie der Aufruhr daran erinnert, all Ihre Kräfte dafür zu mobilisieren. Dieses Erinnern ist enorm wichtig für das bewusste Wahrnehmen. Oft sind es dann die weniger spektakulären Momente, die uns überrumpeln – das Quengeln, der Übermut oder die Gedankenlosigkeit unserer Kinder. Auf diese subtile Negativität reagiere ich so empfindlich, weil ich nicht in Alarmbereitschaft bin. Anders, als wenn mein Kind zum Beispiel schreit.

Eine regelmäßige, formelle Meditation kann sehr dabei helfen, in stressigen Momenten achtsamer zu sein. In Kapitel 13 (S. 188) gehe ich näher darauf ein. Formelle Meditation kann Ihre Achtsamkeitsreserven »auffüllen«, sodass Sie bei Bedarf wieder aus dem Vollen schöpfen können.

## Verhalten akzeptieren, aber Konsequenzen ziehen

Das Verhalten unserer Kinder zu akzeptieren, bedeutet nicht, dass man ihnen schlechtes Benehmen ohne Konsequenzen durchgehen lässt. Darum muss man klar unterscheiden: Wir akzeptieren zwar achtsam, was im gegenwärtigen Moment geschieht, dennoch ist manches Verhalten nicht akzeptabel. Mit »achtsam akzeptieren« meine ich, dass wir unsere Kinder im Grunde unseres Herzens so akzeptieren, wie sie sind. Das klingt wie eine Floskel, aber ich glaube, Sie wissen, was ich damit meine. Ich kenne einen Achtsamkeitslehrer, der über das »Sein-Lassen« spricht. Das ist ein passendes Wort. Wenn wir nicht achtsam sind und andere nicht akzeptieren oder »sein lassen«, fühlen wir uns durch schlechtes Benehmen angegriffen. Es trifft uns im Innersten und wir wollen uns wehren (»Wehe, du sprichst noch einmal so mit mir!«). Das ist das Gegenteil von Akzeptanz: Es ist die Ablehnung unseres Kindes in diesem Moment. Das ist kein schönes Wort im Zusammenhang mit unseren Kindern. Eltern glauben nicht, dass sie ihr Kind ablehnen. Aber um ehrlich zu sein, wenn wir uns durch das Verhalten unserer Kinder angegriffen fühlen, lehnen wir sie ab.

Aber es ist uns allen schon einmal passiert. Wir fühlen uns dann nicht besser und auch unsere Kinder fühlen sich dadurch nicht besser. Unsere spontane Reaktion zeigt ihnen nur, dass es Mama oder Papa wütend macht, wenn sie so sprechen. So fühlen sie sich missverstanden und verletzt. Und die Situation eskaliert wahrscheinlich noch. In solchen Fällen, wenn das Schreien oder Weinen so ausartet, dass ich mich nach Hilfe umsehe und mir plötzlich wieder einfällt, achtsam zu sein, kann ich die Situation entschärfen, statt sie zu verschlimmern.

Fehlverhalten muss oft korrigiert werden, aber wenn wir unsere Kinder in diesem Moment so sein lassen, wie sie sind, können wir ihnen helfen und trotzdem *auf ihrer Seite* stehen.

## Nimmt mich mein Kind ernst, wenn ich wütend werde?

Das ist eine schwierige Frage. Die Wahrheit ist, wenn wir wütend sind und unsere Kinder das merken, nehmen sie uns ernst. Aber was Kinder lernen, wenn sie sich ängstlich oder abgelehnt fühlen, ist nicht unbedingt das, was wir ihnen beibringen wollen. Gehorsam ist nicht dasselbe wie Kooperation. Wenn wir nicht wütend sind, klingen wir vielleicht nicht streng genug. Aber wenn Sie standhaft bleiben und Ihre Botschaft ruhig, aber streng wiederholen, sollte Ihr Kind lernen, dass Sie es ernst meinen, auch wenn Sie nicht schreien.

## Welche Verhaltensstrategien sind hilfreich?

Ich habe zahlreiche Erziehungsbücher gelesen; viele argumentieren für oder gegen diverse Verhaltensstrategien. Ich habe einige der Theorien zum Verhaltensmanagement lange Zeit befürwortet und andere Strategien abgelehnt. Schließlich erkannte ich, dass ich mich nur unnötig einschränkte.

Zum Beispiel fand ich Belohnungssticker immer komisch. Aber irgendwann fragte ich mich, ob sich meine Tochter damit bei einer Sache vielleicht mehr Mühe geben würde. Ich weiß nicht mehr, was es war. Vielleicht schrie sie zu oft. Ich zeichnete also eine Tabelle für die ganze Woche und besorgte einige Klebesterne. Etwa zur gleichen Zeit sagte meine Tochter, dass ich zu oft gestresst sei. Ich sagte, dass ich wohl auch eine Tabelle bräuchte und jedes Mal einen Stern bekommen sollte, wenn ich nicht gestresst war.

 **Tipp: Erziehungsstrategien**

Auch wenn Sie nicht alle Erziehungsstrategien brauchen werden – schließen Sie keine von vornherein aus. Wenn Sie mit einer neuen Situation konfrontiert werden, gehen Sie alle Möglichkeiten ehrlich und pragmatisch durch und wählen Sie eine Methode, die zu Ihren kurz- und langfristigen Erziehungszielen passt.

Wir sammelten also beide fleißig Sticker. Ich muss sagen, in den paar Wochen, in denen wir das taten, änderte sich unser Verhalten enorm – vor allem meines. Die Tabelle motivierte mich und ermutigte mich, achtsamer zu sprechen und mich weniger gestresst zu fühlen.

Vielleicht finden Sie die Idee einer Stickertabelle doof – und ich sage nicht, dass Sie diese Strategie versuchen müssen. Aber generell sollten wir für unsere Kinder solche Verhaltensstrategien wählen, die wir auch an uns selbst anwenden würden. Und falls Sie weitere Kinder haben (oder planen), werden die älteren Ihre Erziehungsmethoden als Vorlage für ihre Beziehung zu den jüngeren Geschwistern verwenden. Das ist für mich auch der Hauptgrund dafür, dass ich meine Kinder nie durch körperliche Züchtigung disziplinieren würde.

*Manchmal muss man sich bewusst machen,*
*dass Kinder noch nicht voll entwickelt sind*
*und daher noch unbeholfen sein können.*
*Das ist nichts, was sie sofort ändern können.*

*Jan, Mutter von Josia (8) und Hannah (5)*

## Ehrlich zu uns selbst sein

Weil ich auf eine große Auswahl von Strategien zurückgreifen konnte, war ich gut gerüstet, um mit Verhaltensweisen umzugehen, die mir Sorgen bereiteten. Manchmal musste ich mich zusammenreißen und nicht darauf bestehen, dass sich meine Tochter wärmer anzog. Ich wollte ihr nicht meinen Willen aufzwingen. Manchmal ließ ich meinen Sohn länger aufbleiben, weil ich nicht die Kraft für den zu erwartenden Trotzanfall hatte.

Wenn wir eigentlich genau wissen, dass wir eingreifen müssten, es aber nicht tun, kann unser Selbstvertrauen darunter leiden. Wenn wir so tun, als wäre die Situation okay, obwohl sie das offensichtlich nicht ist, sind wir nicht ehrlich. Das vermittelt unseren Kindern die unterschwellige Botschaft, dass wir schwach sind und selbst nicht beurteilen können, was richtig und was falsch ist. Senden wir diese Botschaft zu oft aus, glauben unsere Kinder, dass niemand Verantwortung trägt – und alle einfach machen, was sie wollen.

Diese Situationen entstehen, wenn wir das Vertrauen in unsere üblichen Erziehungsstrategien verloren haben. Oft sind wir so auf eine Methode fixiert, dass wir gar nicht an Alternativen denken, wenn die bewährte Methode nicht mehr funktioniert. Dabei ist es viel besser, eine neue Strategie auszuprobieren, als gar nichts zu tun.

*Ich erlebte vor Kurzem eine grauenvolle lange Autofahrt mit meinem Sohn und machte einige riskante Manöver, die ich bereue. Seitdem habe ich immer eine CD im Auto, die ich abspiele, wenn mich das Fahren aufregt. Sie beruhigt uns und erinnert mich daran, beim Fahren achtsam zu sein. Unsere Leben sind zu kostbar, um sie in der Wut aufs Spiel zu setzen.*

*Emily, Mutter von Owen (2)*

♡ **Tipp: Legen Sie sich Strategien zurecht (auch für zukünftige Situationen)**

Wenn wir mit einer neuen oder besonders heiklen Situation konfrontiert werden, müssen wir schnell und entschlossen reagieren. Auf die Schnelle treffen wir jedoch nicht immer die beste Entscheidung. Im Idealfall würden wir die Situation kommen sehen und im Voraus entscheiden, wie wir handeln werden. In Wirklichkeit kann man natürlich nicht jeden Konflikt vorhersehen. Wenn eine Situation brenzlig wird oder Ihr Kind extrem auf etwas reagiert, müssen Sie die Lage spontan meistern.

Im Nachhinein kann man den Vorfall dann als Lernmöglichkeit betrachten. Er hat uns gezeigt, dass etwas schiefgelaufen war. Statt in Vorwürfen und Reue zu versinken, sollten wir überlegen, wie wir mit so einer Situation beim nächsten Mal besser umgehen können. Dann sind wir darauf vorbereitet.

Wenn wir die Möglichkeit haben, uns verschiedene Strategien für bestimmte Umstände zu überlegen, können wir bei dieser Gelegenheit auch die Bedürfnisse unseres Kindes achtsam berücksichtigen – statt die erstbeste Strategie anzuwenden. Das heißt, dass wir womöglich anders erziehen oder Grenzen anders setzen, als es unsere Eltern oder Freunde taten. Stattdessen wählen wir die Strategie, die gerade jetzt für unser Kind funktioniert.

## Kinder in der Öffentlichkeit maßregeln

Es ist schon schwer genug, mit störenden oder trotzigen Kindern fertigzuwerden. Spielt sich das noch dazu in der Öffentlichkeit oder vor verständnislosen Verwandten ab, wird die Situation zur akuten Krise.

Es erscheint unmöglich, mit Ihrem Kind verbunden zu bleiben, während es sich danebenbenimmt, und gleichzeitig auf die anwesenden Erwachsenen Rücksicht zu nehmen. Sie fühlen sich beobachtet oder gar verurteilt, was es Ihnen erschwert, unter Druck gelassen zu bleiben. Sie fühlen sich von allen kritisiert und können nicht klar denken. Vor anderen Leuten sind viele Eltern strenger zu ihren Kindern. Die negativen Gedanken, die ich zu Beginn des Kapitels erwähnte, tauchen plötzlich auf: Du sollst dich nicht so aufführen! Ich habe dich verzogen. Diese Gedanken überwältigen uns, sodass wir die Beherrschung verlieren. Aber es ist unwahrscheinlich, dass ein Wutausbruch nun die wirksamste Lösung ist.

---

*Ich nehme achtsam wahr, wie sich meine Reaktion auf mein Kind verändert, wenn es sich vor anderen Erwachsenen schlecht benimmt. Ich bin strenger, als ich es bin, wenn wir allein sind. Ich weiß, dass es weniger am eigentlichen Verhalten liegt, sondern daran, dass ich Angst habe, von anderen als schlechter Vater gesehen zu werden. Ich achte mittlerweile besser darauf und versuche, mein Kind vor anderen so zu behandeln wie zu Hause.*

*Ben, Vater von Leo (6)*

---

Vielleicht müssen Sie Ihrem Kind tatsächlich klarere Grenzen setzen. Mitten im Trubel ist jedoch nicht der geeignete Moment dafür.

## Ruhig bleiben, wenn andere uns wütend sehen wollen

Wenn unser Kind in der Öffentlichkeit »ausflippt«, fällt es schwer, achtsam zu bleiben. Um gute Eltern zu sein, müssen wir jedoch einen kühlen Kopf bewahren. In Kapitel 3 (S. 29) erwähnte ich, wie mir das Geschrei meiner Tochter als Achtsamkeitsglocke diente. Besonders nützlich war, wenn sie in der Öffentlichkeit klingelte. Diese Momente, wenn meine Tochter ein öffentliches Spektakel veranstaltete und ich »auf die Bühne gerufen« wurde, wurden immer öfter zum Test meiner elterlichen Fähigkeiten. Und damit meine ich nicht, dass ich alle Lösungen kannte und mich vor anderen Eltern wichtigmachen wollte. Ich wollte mich nur so verhalten, dass ich mit mir zufrieden sein konnte – oder zumindest später nichts bereuen musste.

Erst gestern ging ich mit meinem vierjährigen Sohn auf einem Feldweg spazieren. Eine ältere Dame ging an uns vorbei, als mich mein Sohn gerade salopp aufforderte:»Los jetzt, Mama! Und nimm mein Fahrrad mit!« Ich bemerkte den frechen Tonfall, war aber nicht verärgert. Normalerweise ist er sehr höflich, aber in diesem Moment wollte er sich dringend ein Stück Zaun ansehen. Da unser Spaziergang keinen anderen Zweck hatte, als gemeinsam Zeit zu verbringen, nahm ich es gelassen und tat wie geheißen. Als ich jedoch die Dame im Vorbeigehen lächelnd grüßte, sah ich, wie sie missbilligend den Mund verzog.

Es ist äußerst schwer, bei der Erziehung der Kinder geduldig und mit ihnen verbunden zu bleiben. Wenn mich anwesende Erwachsene kritisieren – nicht nur das Verhalten meines Kindes, sondern auch meine Geduld –, fällt es mir noch schwerer. Ich bemühe mich so sehr, meine Achtsamkeit und Gelassenheit zu bewahren, während ich nach einer Lösung suche. Und gerade das ist für andere das Problem. Diese Erwachsenen fühlen sich durch das Verhalten meines Kindes so beleidigt, dass sie sehen wollen, wie ich ausflippe und »dem Bengel eine Lektion erteile«.

Manchmal ist es unglaublich schwer, sich von dieser Einstellung nicht beeinflussen zu lassen. Die Meinung von Fremden kann ich leicht ignorieren. Wenn die Dame am Feldweg wirklich so schockiert über unser Verhalten war, wie sie aussah, dann tut sie mir einfach nur leid. Viel schwerer fällt mir die Gelassenheit, wenn mich Leute, die ich kenne, kritisieren. Allerdings ist es auch wichtig, Vorurteile und unrealistische Erwartungen aufzudecken und zu erkennen – ob es unsere eigenen sind oder jene anderer Menschen.

## Die Bedürfnisse anderer achtsam wahrnehmen

Wir müssen jedoch auch Rücksicht auf die Menschen in unserem Umfeld nehmen. Besonders dann, wenn sich das Verhalten unseres Kindes negativ auf sie auswirkt. Einmal hatte meine Tochter mitten in einem vollen Bus einen Trotzanfall. Ich blieb die ganze Fahrt über still und schwor mir, meiner Tochter genaue Verhaltensregeln aufzustellen, damit so etwas nie wieder vorkam. Ich erkannte erst später, dass ich viel mehr für das Wohl der anderen Reisenden hätte tun können. In jenem Moment fühlte ich mich als Opfer der Umstände. Meine Achtsamkeit reichte nur aus, um nicht wütend zu werden und um zu überlegen, wie ich das in Zukunft vermeiden konnte. Statt zu erkennen, dass meine Tochter den anderen Fahrgästen die Reise vermieste, mit ihnen mitzufühlen und mich zu entschuldigen, blendete ich die Leute aus. Ich fühlte mich nicht für den Ausbruch meiner Tochter verantwortlich – ich litt schließlich auch darunter. Und ich konnte nicht viel dagegen tun (außer mein Kind aus dem Bus zu zerren). Hätte ich etwas mehr Gelassenheit aufbringen können, wäre ich sicher hilfreicher gewesen.

## Mit Kindern über Verhalten sprechen

Um Kindern beizubringen, ihr Verhalten besser zu kontrollieren, muss man mit ihnen über ihr Verhalten und über Verhalten im Allgemeinen sprechen. Wenn wir das regelmäßig tun, hinterfragen wir auch die Ursachen, statt nur zu reagieren.

## Kindern ihre Absichten bewusst machen

Wenn wir keine starke Verbindung zu unseren Kindern haben, neigen wir dazu, ihr oberflächliches Verhalten zu kritisieren, ohne hinter die Fassade zu blicken. In meiner Betreuungsgruppe beklagt sich ein Kind oft über das Verhalten der anderen: »Sie läuft mir immer nach.« – »Er haut immer auf meinen Fuß.« – »Sie singt so laut.« Das Kind, das sich beschwert, möchte dann, dass ich eingreife und den anderen Kindern sage, dass sie aufhören sollen. Wenn ich nicht aufmerksam genug bin, gehe ich darauf ein und sage dem betreffenden Kind, dass es nicht mehr hauen/singen/nachlaufen soll.

Das Problem bei dieser Methode ist, dass wahrscheinlich beide Kinder einander provoziert haben, aber das Kind, das sich beschwert, war schlau und hat sich an die Regeln gehalten. Das »lästige« Kind wird sich dann wahrscheinlich beklagen: »Aber ich hab doch nur gesungen!«, oder einen Weg finden, die Regeln zu umgehen und das andere Kind auf eine neue Art zu ärgern.

Ich habe herausgefunden, dass die Absicht hinter dem Verhalten viel bedeutender ist als das Verhalten selbst. Ermutigt man Kinder, auf die Absichten zu achten, können sie auch ihr Verhalten besser kontrollieren. Wenn ich jetzt also daran denke, sage ich zum Beispiel: »Nachlaufen ist erlaubt, aber es ist nicht erlaubt, jemanden absichtlich zu ärgern. Denkt also mal nach, warum ihr das macht, und überlegt selbst, ob das okay ist oder nicht.« Ich sage ihnen auch, dass ihre eigenen Gefühle ihnen helfen, ihr Verhalten zu erklären.

Meistens sind beide Kinder von meiner Antwort enttäuscht: das Kind, das sich beklagte, weil ich ihm nicht recht gab und es so nicht die Oberhand hatte. Und das »lästige« Kind, weil seine wahren Absichten enthüllt wurden und es dadurch keine Schlupflöcher in den Regeln ausnutzen konnte (»Sie hat nicht gesagt, dass ich nicht summen darf!«). Wendet man diese Strategie jedoch mehrmals an, strengen sich Kinder mehr an, um sich zu kontrollieren. Kinder bevorzugen eindeutige »Schwarz-Weiß-Regeln« – sie müssen darüber nicht nachdenken und es gibt Schlupflöcher. Wenn sie ihre Absichten erst einmal verlässlich erkennen, können sie diese Selbstregulation in jeder möglichen Situation anwenden.

## Die Guten und die Bösen

In einer Phase des übermäßigen Fernsehkonsums schnappte mein Sohn das Konzept der »Guten« und der »Bösen« auf, das sich ihm eingeprägt hat. Beim Spielen geht es jetzt meistens um den Kampf der

Guten gegen die Bösen. Mir wäre es zwar lieber, wenn es weniger ums Kämpfen ginge, aber ich verstehe, dass er in dieser Art des Spielens eigene Gefühle in Bezug auf sich und die Welt verarbeitet. Mein Sohn ist auch nicht der Einzige – die meisten Kinder sind von den Guten und den Bösen fasziniert und sie mögen diese vereinfachte Weltsicht.

In den Spielen meines Sohnes sind die Guten und die Bösen gleichermaßen aggressiv. Die Guten haben jedoch einen moralischen Standpunkt, der dieses Verhalten legitimiert.

Mit der Zeit sollten Kinder aber lernen, dass Menschen nicht »gut« oder »böse« sind. Für Kinder ist es schwer zu verstehen, dass das Verhalten von Menschen bestimmte Ursachen in der Vergangenheit hat. Selbst wir vergessen das manchmal. Und wir kämpfen gegen einige mächtige Botschaften der Massenkultur an, die oft Schuldige sucht und nach Rache trachtet.

*Als kürzlich jemand unser Fahrrad mit dem Kindersitz stahl, war Zach sehr aufgewühlt. Ich wollte ihm sagen, dass ein böser Mensch das Rad genommen habe, aber dann dachte ich, dass ich damit nur Hass verbreitete. Also sagte ich, ein großer Junge habe das Fahrrad genommen, weil er wegen etwas traurig gewesen sei. Das fühlte sich richtig an. Dann meldete sich mein Partner zu Wort und scherzte: »Lasst uns Rache nehmen!« Sofort rief mein Sohn: »Rache! Gib das Fahrrad wieder her, großer Junge!« Ich musste lachen, fand aber meine Methode dennoch besser.*

*Kate, Mutter von Zach (2½)*

Aber selbst Kleinkinder verstehen den Unterschied zwischen »böse *sein*« und »etwas Böses *tun*«. Ich habe meinen Kindern erklärt, dass Menschen nur durch gutes oder böses Verhalten zu den Guten oder Bösen gehören und dass sie sich jederzeit zwischen beiden Möglichkeiten entscheiden können.

## Zusammenfassung

- Achtsame Erziehung bedeutet nicht, dass man sich an bestimmte Strategien halten muss.
- Es gibt fünf wesentliche Gründe, aus denen wir das Verhalten unserer Kinder kontrollieren sollen: um sie zu schützen; um andere zu schützen; um Orientierung zu bieten; um positive Grenzen zu setzen; um ihnen beizubringen, wie sie ihr eigenes Verhalten regulieren können.
- Wenn wir verstehen, dass schlechtes Benehmen eine Ursache hat, fällt es uns leichter, Verständnis zu haben. So können wir unangemessenes Verhalten unserer Kinder achtsam akzeptieren und gleichzeitig über Lösungen nachdenken.
- Man benötigt Übung, um auch in Stressmomenten achtsam zu sein. Mit der Zeit reagieren wir dann auch in extremen Situationen automatisch mit Achtsamkeit.
- Wenn sich Kinder in der Öffentlichkeit danebenbenehmen, fällt es noch schwerer, sich mit ihnen verbunden zu fühlen. Wir müssen unnütze Gedanken ignorieren und gleichzeitig auch auf andere Menschen Rücksicht nehmen.

# 10 Umgang mit schmerzhaften Gefühlen

*Vor nicht allzu langer Zeit starb eine Person, die mir sehr nahestand. Der Verlust traf mich sehr hart und die Heftigkeit meiner Gefühle schockierte mich. Ich war nicht völlig überrascht – ich hatte schon seit Monaten mit dem Schlimmsten gerechnet. Dennoch war ich nicht auf diese verheerenden Folgen gefasst gewesen.*

Es fühlte sich an, als hätte mich jemand in Stücke gerissen, und jetzt wurde ich von Wellen aus hilfloser Angst, Wut und Verzweiflung weggespült. Manchmal drückten sie mich so zu Boden, dass ich mich buchstäblich nicht aufrichten konnte. Manchmal war der Schmerz in meiner Brust so stark, dass ich meinen Kindern kaum antworten konnte und mich immer wieder ins Bett flüchtete, um zu weinen. Ich hatte keine Ahnung, wie ich mich um mich selbst kümmern und gleichzeitig für meine Kinder »da sein« konnte.

## Belastende Gefühle ertragen

Belastende Gefühle – wie etwa Wut, Niedergeschlagenheit, Angst und Trauer – treffen uns alle einmal mehr oder weniger stark. Sie können uns Furcht einflößen oder uns überwältigen. Das Praktizieren der Achtsamkeit kann sehr heilsam sein und dabei helfen, solche Phasen zu bewältigen. Schwere Zeiten, denen man mit Achtsamkeit begegnet, können sogar eine Chance für persönliches Wachstum sein – und je schwerer die Zeiten, desto mehr Einsicht kann man gewinnen. Mein Versuch, das Geschehene zu verarbeiten, und die dazugehörigen starken Gefühle haben mich viel über mich selbst, meine Achtsamkeit und das Leben im Allgemeinen gelehrt. Es war wie ein unerwarteter Schnellkurs in schmerzhaften Gefühlen – nur gab es weder Lehrer noch Lehrbuch.

Es ist unvorstellbar schwer, solche Gefühle zu verarbeiten und gleichzeitig Kinder zu versorgen. Unsere Gedanken sind oft so von unserem Kummer durchtränkt, dass wir uns nicht auf unsere Kinder konzentrieren können. Manchmal sind wir kraftlos und können selbst die einfachsten Aufgaben kaum bewältigen. Mit der Zeit lernte ich, welche Strategien mir bei der Verarbeitung meines Schmerzes halfen und mir ermöglichten, meine Pflichten als Mutter so gut es ging zu erfüllen.

♥ **Tipp: Beachten Sie Ihre Gefühle**
Um belastende Gefühle zu akzeptieren, wenn sie auftauchen, richten Sie am besten Ihre Achtsamkeit auf sie – idealerweise, bevor sie eine Eigendynamik entwickeln und negative Gedanken und Handlungen auslösen. Das kann so schwierig und kompliziert sein, dass diese Aufgabe unsere volle Aufmerksamkeit erfordert. Darum ist es hilfreich, jeden Tag etwas Zeit für das Verarbeiten solcher starken Gefühle einzuräumen.

## Zeit für Gefühle einräumen

Bevor ich zum ersten Mal trauerte, dachte ich immer, der Ausdruck »Zeit zu trauern« bedeutete, dass man mit der Zeit die Trauer überwinden werde – nach mehreren Monaten oder wie lange es eben dauert. Ich wusste nicht, dass »trauern« tatsächlich zeitaufwendig ist und dass man sich am Tag reale Zeit einräumen muss, um den Schmerz tatsächlich wahrzunehmen. Kürzlich las ich einen Artikel, der eine Stunde Trauerzeit am Tag empfahl. Auch wenn ich diese Terminplanung komisch fand, leuchtete sie mir ein.

Trauern kann harte Arbeit sein. Und wenn man sich den Schmerz nicht eingesteht, verwandelt er sich in etwas anderes. In meinem Fall war das meistens Wut oder Gereiztheit. Wenn ich ein unangenehmes Gefühl in mir aufsteigen spürte, das ich nicht als Trauer erkannte, suchte ich nach Erklärungen oder Lösungen. (»*Hier herrscht so eine Unordnung.*« – »*Wir werden uns verspäten!*« – »*Wir verdienen nicht genug Geld.*«)

**Tipp: Gefühle zulassen**

Sich Zeit zu nehmen, um in Ruhe den Schmerz zu spüren, hilft auf verschiedene Weise. Man lässt dem Schmerz Raum und fühlt sich danach ein wenig besser. So, als hätten wir etwas aufgearbeitet. Oder anders gesagt: Wir nehmen eine kurze Auszeit, bis zum nächsten Mal. Indem wir dem Schmerz Zeit und Aufmerksamkeit schenken, finden wir auch heraus, was ihn hochkommen lässt und wie er sich manifestiert. Wir werden immer besser darin, ihn zu erkennen und anzunehmen, statt uns von ihm zu negativen Gedanken und Taten verleiten zu lassen. So können wir ihn auch leichter erkennen und akzeptieren, wenn er zu anderen, unpassenderen Zeiten auftaucht.

## Zeit zu trauern

Ich legte mir zwar keine Termine fest, aber nach einigen Wochen bemerkte ich, dass ich zu bestimmten Zeiten des Tages – in ruhigeren Momenten – meine Maske fallen und schmerzhafte Gefühle hochkommen ließ. Am häufigsten geschah das abends, wenn ich meinen Sohn zu Bett brachte. Ich legte mich zu ihm und kuschelte ihn in den Schlaf. Wenn Stille einkehrte, konnte ich in die Spannungen in meinem Körper hineinfühlen und sie untersuchen.

Oft fiel es mir schwer (und es machte mir Angst), den reinen Schmerz zuzulassen. Ich fürchtete, ihn nicht ertragen zu können. Es half mir, mich auf die körperlichen Symptome zu konzentrieren – oft eine Enge in der Brust, ein Ziehen, ein Stechen im Bauch. So fühlte ich den Schmerz, ohne zu sehr darüber nachzudenken. Gedanken führen nämlich oft in alle möglichen Abgründe und erzeugen nur noch mehr Angst oder Wut. Mit der Zeit lernte ich, den aufkommenden Schmerz zu erkennen, und wusste, dass ich ihn nur verarbeiten konnte, indem ich ihn annahm.

*Wenn mich ein schmerzhaftes Gefühl stark vereinnahmt oder Schmerz oder Traurigkeit verursacht, gehe ich damit spazieren. Ich mache einen langen, achtsamen Spaziergang und bin offen für die körperlichen Gefühle meines aktuellen Problems. Danach sind Traurigkeit oder Schmerzen verflogen und ich habe eine neue Einsicht in die Ursachen des Problems erlangt. Das ist ein »Wunder der Achtsamkeit«.*

*Ben, Vater von Leo (6)*

## Die Trauer als ein weiteres Kind

Manchmal stieg die Trauer in mir auf, aber die Umstände erlaubten es mir nicht, mich mit ihr zu beschäftigen. Oft passierte es, wenn ich viel zu tun hatte. Wenn beide Kinder nach mir schrien, der Teekessel kochte und ich gerade die Waschmaschine ausräumte. Es kam mir vor, als wäre die Trauer ein weiteres Kind, das an meinem Hosenbein zupfte und nach Aufmerksamkeit verlangte. Wenn ich nicht achtsam war, manifestierte sich der Schmerz als Gereiztheit. Dann fühlte ich mich bedrängt und schnauzte jeden an, der etwas von mir wollte. Das machte mir wiederum ein schlechtes Gewissen.

Als mir das alles bewusst wurde, versuchte ich, mir etwas Raum zu geben. Wenn ich mich schon nicht zurückziehen konnte, wollte ich zumindest die Anforderungen an mich reduzieren. Mit etwas Achtsamkeit konnte ich innehalten und überlegen, welche Aktivitäten ich einschränken konnte. Einige musste ich bevorzugt behandeln und zu Ende bringen oder aufschieben. Meinen Kindern musste ich erklären, dass ich immer nur einem auf einmal zuhören konnte.

Vielleicht können Sie sich nicht sofort um dieses kleine Kind (also um Ihre Trauer) kümmern. Aber es hilft schon, es ab und zu wahrzunehmen, bis Sie wieder wirklich Zeit für es haben. Und wenn Sie dann regelmäßig Zeit haben, wird es sich vielleicht sicher genug fühlen, um (bildlich gesprochen) im Nebenraum zu spielen, wenn Sie ihm gerade nicht Ihre volle Aufmerksamkeit schenken können. Natürlich ist es nicht die Trauer, die sich sicher fühlt, sondern Sie. Wenn Sie schmerzhaften Gefühlen Zeit einräumen, fühlen Sie sich sicherer, dass Sie zurechtkommen. Und das kann Ihnen wieder mehr Kraft für den Alltag verleihen.

## Die Trauer als Geburt

Das Trauern erinnerte mich stark an den Geburtsschmerz. Wie die Wehen kommt auch die Trauer in Wellen – oft ganz plötzlich. Dagegen anzukämpfen oder den Schmerz zu verleugnen macht alles nur viel schlimmer. Nur wenn wir uns dem Schmerz hingeben, lässt er nach. Und wie der Geburtsschmerz lässt auch der Schmerz der Trauer etwas Neues entstehen. Er nimmt uns mit auf eine Reise. Anders als die Wehen, die immer stärker und häufiger werden, lässt der Trauerschmerz mit der Zeit nach und tritt seltener auf. Wie in den ersten Stadien der Wehen gibt es auch beim Trauern Zeiten, in denen wir uns lieber ablenken und nicht auf den Schmerz konzentrieren. Manchmal müssen wir die Trauer aber auch ganz bewusst wahrnehmen, damit sie ihren natürlichen Gang nehmen kann.

Aufgrund dieser Ähnlichkeiten mit der Geburt fragte ich mich, ob die Trauer auch eine Art Geburtsvorgang – eine Art Erwachsenwerden – ist. Wir lernen, ohne den Verstorbenen zu leben, und werden als »kompletterer« Mensch wiedergeboren. Außerdem ist die Geburt auch eine Trennung zwischen Mutter und Kind, obwohl wir sie meist nicht als eine solche empfinden.

## Intensive Erfahrungen, intensiveres Leben

Ich möchte nicht zu viel in die Verbindung zwischen Geburt und Trauer hineininterpretieren. Beide Erfahrungen haben ähnliche Elemente, weil sie beide ein Teil des Lebens sind. Wenn wir intensive Erfahrungen machen, wirkt unser ganzes Leben intensiver – als betrachte man es durch eine Lupe. Unsere Probleme wirken größer und wir sind gezwungen, hinzusehen.

Im Laufe unseres Lebens werden wir mit Problemen konfrontiert, meist jedoch mit kleineren. Wenn wir uns angegriffen, gestresst, ängstlich oder deprimiert fühlen – sind diese Gefühle nicht nur ein Ausdruck der unterbewussten Angst, den Halt im Leben zu verlieren? Angst, dass unser innerstes Selbst von anderen oder von den Umständen keine Bestätigung erhält? Also behaupten wir uns und fassen wieder Fuß. Aber oft verleugnen wir einfach die Realität und kämpfen gegen sie an.

Wie bei den einschneidenden Erlebnissen entstehen auch hier Konflikte und Schmerz durch unsere Angst, loszulassen und das Leben so zu nehmen, wie es ist. Lieber beklagen wir uns, werden wütend oder ziehen uns in uns selbst zurück. Oft bemerken wir gar nicht, dass wir das tun. Erst wenn wir mit einem großen Problem konfrontiert werden, brauchen wir einen neuen Umgang mit der Realität, denn ihr Verleugnen würde nur zu noch mehr Kraftlosigkeit und Leid führen und wäre keine tragfähige Strategie.

*Bei großen Problemen in meinem Leben war die Meditation meine Zuflucht. Ich versank dann aber nicht in Sorge und Traurigkeit, sondern hatte eine Sphäre, in der ich frei von meinem Problem war, wie jeder andere Mensch, der nicht dieses Problem hatte. Dort neue Energie tanken zu können, war enorm hilfreich.*

*Anne, Mutter von Stephen (24), Clare (24), Helen (23) und Sarah (20)*

♥ **Meditationsübung: Achtsam bleiben – das Pferd zähmen**

Als ich eine Phase großer Angstzustände durchmachte und das Gefühl hatte, die Kontrolle zu verlieren, fiel es mir extrem schwer, an meiner Achtsamkeit festzuhalten. Stattdessen kritisierte mein Ich-Bewusstsein immer sofort meine Unfähigkeit, achtsam zu sein – bis ich mir eine etwas ungewöhnliche Strategie ausdachte.

Wenn ich merke, dass ich aufgewühlt bin und das reine Wahrnehmen des Gefühls nichts bringt, denke ich an ein Pferd. Ich stelle mir vor, wie das Pferd meine Gefühle und innere Unruhe ausagiert. Es fällt mir leicht, mir einen großen Hengst vorzustellen, der sich schnaubend und mit Schaum vor dem Maul aufbäumt. In dieser Fantasie betreue ich das Pferd. Ich stehe neben ihm, warte geduldig, rufe ihm etwas zu, flüstere ihm beruhigende Worte ins Ohr, berühre seine Flanke und streichle sein dichtes, glänzendes Fell.

Ich finde diese Visualisierung kraftvoll und wirksam. Sie lenkt die mentale Energie weg vom negativen Gedankenstrom und nutzt sie kreativ. Sie hilft mir auch, nützliche Gefühle wie Mitgefühl, Liebe und Gelassenheit – was auch immer das Pferd braucht – auf das Tier zu richten, statt mich selbst zu kritisieren. Hat sich das Pferd ein bisschen beruhigt, nähere ich mich und lasse es an meiner Schulter schnuppern, während ich mein Gesicht an seinen Hals schmiege.

## Achtsam ist nicht gleich glücklich

Selbst als ich das Konzept der Achtsamkeit schon kannte, glaubte ich noch sehr lange, dass Achtsamkeit negative Gefühle auslöschte. Ich dachte, wenn ich achtsam wäre, würde ich mich glücklich oder zumindest neutral fühlen. Da hatte ich mich aber getäuscht! In meiner Trauerzeit musste ich herausfinden, dass Achtsamkeit nicht unbedingt glücklich machte. Man kann gleichzeitig achtsam und traurig sein, denn Schmerz ist ein unvermeidlicher Teil des Lebens. Dennoch lohnt es sich, Achtsamkeit zu üben. Vor Kurzem erinnerte mich ein Freund an ein Zitat von Haruki Murakami: »Schmerz ist unvermeidlich. Leiden ist optional.« Achtsamkeit hilft uns, schmerzhafte Erfahrungen anzunehmen. Und wenn sie uns dann mit voller Wucht treffen, merken wir hinterher, dass sie keine bleibenden Schäden hinterlassen haben. Vielleicht haben sie sogar etwas Positives hinterlassen, das vorher nicht da war – Tiefgang, Demut und eine innere Stärke, die uns nach vorne blicken lässt.

 **Tipp: Über Gefühle sprechen**

Manchmal ist der innere Schmerz so stark, dass wir uns weniger mit unseren Kindern beschäftigen. In solchen Fällen hilft es oft, ihnen zu erklären, dass wir uns nicht gut fühlen und deshalb nicht so viel mit ihnen spielen können. Dabei dürfen wir uns aber nicht hinter dieser Vorstellung von uns selbst verstecken und unseren Kindern bei jeder Gelegenheit aus dem Weg gehen. Seien Sie einfach gut und ehrlich zu sich selbst. Nur weil Sie momentan nicht alles geben können, haben Sie in Ihrer Elternrolle nicht versagt. Wir können dennoch bei unseren Kindern sein, auch wenn wir nicht alles wie gewohnt machen können.

## Gefühle akzeptieren können

Anfangs konnte ich kaum akzeptieren, dass ich traurig war. Als traurige Mutter konnte ich mit meinen Kindern nicht fröhlich und kreativ sein. Ich stöhnte innerlich auf, als mich mein Vierjähriger in seinen Rollenspielen als Superheldin einteilte. Den Schein wahren zu müssen laugte mich aus. Mit der Zeit erkannte ich, dass es okay ist, traurig zu sein, und dass nicht alle Eltern das Glück haben, körperlich und seelisch völlig gesund zu sein. Das macht sie aber nicht zu schlechten Eltern. Natürlich mögen es unsere Kinder, wenn wir mit ihnen auf dem Trampolin springen. So etwas tun zu können, ist jedoch nicht dafür ausschlaggebend, um gute Eltern zu sein.

*In den ersten Wochen war ich alle paar Tage niedergeschlagen. Oft war das Gefühl am nächsten Morgen wieder weg. Die Geburt meines Sohnes hatte die Traurigkeit über einen früheren Verlust wieder aktiviert und es war schwierig, mit diesem Verlust beschäftigt zu sein, während ich doch eigentlich mein neues Baby kennenlernen sollte. Es war enorm hilfreich, diese Tiefs aus einer Perspektive der Achtsamkeit als vorbeiziehende Wolken zu betrachten. Wenn eine Wolke auftauchte, tat ich das Beste für mich, um den Tag zu überstehen, denn ich wusste, sie würde bald wieder abziehen. Ich glaube, das half mir dabei, eine postnatale Depression zu vermeiden.*

*Guin, MBCP-Meditationslehrerin und Mutter von drei Kindern*

Vor einigen Jahren brach sich eine Freundin den Fuß. Sie war eine sehr aktive Mutter – sie trug ihr jüngstes Kind immer im Tragetuch und die Familie fuhr jeden Tag mit dem Fahrrad zu diversen Aktivitäten. Nun humpelte sie sechs Wochen mit Gips und Krücken herum. In dieser Zeit konnte sie nicht alles so machen wie gewohnt, aber sie war ihren Kindern dennoch eine Mutter. Es half auch, dass ihr Handicap für sie selbst und ihre Kinder offensichtlich war. Obwohl es oft frustrierend war, nahmen alle Rücksicht, und selbst die Kinder hatten meistens Verständnis, dass ihre Mutter nicht ihren gewohnten Aktivitäten nachgehen konnte.

## Persönlichkeitsarbeit vorleben

Ihre Kinder werden einen großen Teil der Persönlichkeitsarbeit, die Sie durch den Umgang mit schwierigen Gefühlen leisten, gar nicht mitbekommen. Ich halte es dennoch für wichtig, dass wir darauf achten, was wir unseren Kindern vorleben. Wie sollen unsere Kinder mit solchen Erfahrungen und den dazugehörigen Gefühlen einmal umgehen? Wir tun uns selbst Gutes, wir kennen unsere Grenzen und wir respektieren sie – das möchten wir auch bei unseren Kindern einmal sehen.

*Ich war viel geschäftlich unterwegs und es fiel mir schwer, regelmäßig zu meditieren. Ich litt unter Depressionen und spürte, dass ich einen Jobwechsel brauchte. Das brachte mir viele Vorteile. Schwer zu sagen, ob die regelmäßige Meditation die Ursache oder die Folge dieser Veränderungen war, aber sie war ein wichtiger Faktor.*

*Ed, Vater von Ruth (9)*

Auch wenn Ihre Kinder nicht alles mitbekommen und man ihnen vielleicht auch nicht alle Details zumuten möchte, werden sie Ihre Selbstachtung spüren, wenn Sie Ihre Gefühle zulassen. Damit zeigen Sie ihnen, dass auch Erwachsene manchmal traurig sind und weinen, aber dass diese Gefühle kein Weltuntergang sind. Ihre Kinder werden selbst sehen, dass diese Gefühle wieder verschwinden und dass Momente der Nähe – etwa wenn Sie Ihr Partner oder Ihr Kind umarmt – dabei helfen, sie erträglicher zu machen.

## Fehler machen und wiedergutmachen

Eine weitere wichtige Lektion für Ihre Kinder ist, ihnen zu zeigen, dass man Fehler macht und wie man sie wiedergutmacht. Wenn Sie also Ihr inneres Gleichgewicht verlieren und etwas tun, das Sie anschließend bereuen, leben Sie Ihren Kindern vor, wie man den Schaden behebt und weitermacht. Kinder machen haufenweise Fehler und lernen so von Ihnen eine wertvolle Lektion. Eine Strategie zu haben, wie man Fehler wiedergutmacht, hilft Kindern dabei, Gefühle des Versagens nicht zu verinnerlichen, sondern mit der Situation abzuschließen. Wenn Sie sich wegen Ihrer Fehler extrem kritisieren und sich übermäßig dafür entschuldigen oder sich wütend und verbittert fühlen, vermitteln Sie damit, dass Fehler – Ihre oder die Ihrer Kinder – unverzeihlich sind.

## Zusammenfassung

- Alle Eltern können starke Gefühle empfinden. Achtsamkeit hilft Ihnen, damit umzugehen.
- Schmerzhafte Gefühle, etwa Trauer, können wie ein Kind nach Ihrer Aufmerksamkeit verlangen. Nehmen Sie sich Zeit, intensive Gefühle achtsam wahrzunehmen. Das verhindert, dass sie sich in Stress, Gereiztheit und Verzweiflung verwandeln.
- Intensive Gefühle bieten eine Chance für inneres Wachstum. Unsere üblichen Bewältigungsstrategien reichen vielleicht nicht mehr aus. Wenn wir uns nicht mehr ablenken können, müssen wir schwierige Phasen akzeptieren und verarbeiten.
- Seelisches Leid, das Sie einschränkt, macht Sie nicht zu einer schlechten Mutter oder einem schlechten Vater – genauso wie es auch körperliche Krankheiten oder Behinderungen nicht tun. Wenn Sie Ihre Grenzen erkennen (aber sich nicht dahinter verstecken) sind Sie ein gutes Vorbild für Ihre Kinder.

# 11 Achtsame Erziehung durch ethische Lebensweise

*Ich war anfangs unentschlossen, ob ich ein Kapitel über ethische Lebensweise schreiben sollte. Sprengt es den Rahmen dieses Buchs? Steht es mir zu, Eltern einen ethischen Lebensstil »aufzuschwatzen«? Je mehr ich darüber nachdachte, desto stärker wurde mir bewusst, dass nicht nur unsere Geisteshaltung unser Verhalten beeinflusst – auch unser Verhalten beeinflusst unsere Geisteshaltung. Das kann ein positiver Kreislauf, aber auch ein Teufelskreis sein. Unser Handeln ist sehr wichtig und wir müssen lernen, dafür die volle Verantwortung zu übernehmen. Ich glaube außerdem, dass dieses Buch durch das Thema »ethisches Verhalten« aufgewertet wurde. Aber keine Angst: Ich werde keine Moralpredigt halten.*

## Wir wollen »gut« sein wegen unserer Kinder

Ich glaube, dass die meisten Menschen ihr Verhalten überdenken, wenn sie Eltern werden. Zum Beispiel versuchen die meisten Eltern, in der Gegenwart eines Kindes nicht zu fluchen – selbst wenn sie früher immer geflucht haben. Warum eigentlich? Auch wenn es uns nicht bewusst ist, werden wir von einigen Faktoren beeinflusst:

- In unseren Augen sind Kinder, vor allem Babys, »unschuldig«. Man sollte sie nicht durch unflätige Sprache »verderben«. Es klingt zwar nicht sehr wissenschaftlich, aber die Aussage »Es fühlt sich einfach falsch an« bringt es auf den Punkt.
- Uns ist bewusst, dass Kinder von uns lernen und unser Verhalten sowie unsere Sprache imitieren. Wenn Kleinkinder ein Schimpfwort verwenden, sind wir schockiert. Oder es wirkt so unpassend, dass wir es witzig finden.

Das Fluchen ist nur ein Beispiel, das wahrscheinlich für alle Arten von Verhalten gelten kann. Generell neigen Eltern dazu, sich vor ihren Kindern besser zu benehmen. Wir wollen mit gutem Beispiel vorangehen und wir wollen ihre Unschuld bewahren.

Ich glaube, wir wollen von unseren Kindern auch als »gute Menschen« gesehen werden. Wir sind ihre Vorbilder und möchten ihre Erwartungen erfüllen. Sehr junge Kinder urteilen jedoch nicht über uns. Sie kennen noch keinen Stolz und kein Schamgefühl. Dennoch animiert uns ihre bloße Existenz zu Höchstleistungen. Und mit der Zeit werden sie auch kritischer. (Meine Siebenjährige rügt mich oft. Letzte Woche ärgerte ich mich wegen ihrer übertriebenen und ungelegenen Forderung nach Bastelmaterialien. Gekränkt antwortete sie: »Das hättest du auch normal sagen können, Mama.«) Selbst wenn es uns nicht bewusst ist, wollen wir unsere Kinder nicht enttäuschen.

Viele Eltern haben auch den Wunsch, die Welt für unsere Kinder zu verbessern. Manchmal hören wir von Ungerechtigkeiten oder Verbrechen und glauben nicht, dass wir etwas zum Positiven verändern können. Manchmal entsteht daraus der Wunsch, zumindest das zu tun, was in unserer Macht steht.

All diese Faktoren helfen uns dabei, achtsamer zu sein. Und ganz gleich, ob wir vor unseren Kindern fluchen, einen lästigen Anrufer anschnauzen, uns betrinken und auf einer Matratze in einem Sperrmüllcontainer schlafen (wie es ein Freund von mir einmal tat) oder etwas Schlimmeres tun – solche Verhaltensweisen können nicht nur anderen schaden, sie wühlen uns auf und wir fühlen uns verärgert, empört oder beschämt.

Ich besuchte einmal einen Vortrag von Thích Nhất Hạnh. Dort stellte ihm jemand eine Frage zu Karma.[22] Ich fand seine Antwort sehr stimmig. Er sagte, dass in jedem Moment, in dem wir etwas Ungeschicktes tun – zum Beispiel unhöflich sind –, eine gleichwertige, aber gegenteilige Reaktion geschieht. Der Schaden, den wir außen anrichten, beeinträchtigt auch unser Inneres. Das ist Karma. Auch wenn unsere Taten vielleicht zukünftige Folgen haben (was ebenfalls Karma wäre), haben sie immer eine unmittelbare negative Auswirkung auf den Handelnden in der Gegenwart.

Es ist sehr schwer, achtsam zu sein, wenn wir über etwas grübeln oder uns schuldig, gekränkt oder wütend fühlen. Und genau solche Gefühle gehen meist mit ungeschicktem – man könnte sagen unethischem –

Verhalten einher. Zum Beispiel Wut: Die buddhistische Lehre vergleicht Wut mit einem glühenden Stück Kohle in der Hand, das Sie werfen möchten. Vielleicht trifft sie Ihren Feind, dabei verbrennt sie aber ganz bestimmt Ihre Hand.

*Wenn ich über etwas sehr wütend war oder wenn ich wusste, dass ich mich nicht richtig verhalten hatte, dachte ich während des Meditierens daran, was mich störte. Ich erkannte die Macht von Handlungen und dass ungeschickte Handlungen noch lange störend nachwirken.*

*Anne, Mutter von Stephen (24), Clare (24), Helen (23) und Sarah (20)*

Darum bietet der Buddhismus ethische Verhaltensregeln für das Leben. Die Grundlage ist dabei nicht, andere zu schützen (wobei auch das dazugehört), sondern uns vor uns selbst zu schützen. Nach diesen Regeln kann jeder leben, Buddhisten und Nicht-Buddhisten. Sie haben nichts mit Religion zu tun. Die meisten der Regeln – oder Silas – finden sich auch in den ethischen Texten anderer Religionen. Einige sind Teil des Gesetzes.

**Die fünf Silas des Buddhismus.** Ich nehme die Übungsregel auf mich:

- nicht zu töten,
- nicht zu nehmen, was nicht gegeben wurde,
- kein sexuelles Fehlverhalten zu begehen,
- nicht zu lügen,
- keine Rauschmittel zu konsumieren, die mich leichtsinnig machen.

Die buddhistischen Grundregeln sind keine Gesetze, deren Missachtung bestraft wird. Sie sind Absichten. Indem eine Person die Regeln annimmt, sprich: sie aufsagt oder einwilligt, danach zu leben, bestätigt sie, dass ihr die Regeln bei der Selbstverbesserung helfen.

Ich finde es interessant, dass alle Regeln eine Form der Abstinenz beschreiben. Wir sollen von unnützem Verhalten Abstand halten. Ich finde die Silas sehr nützlich. Ich sehe sie weniger als aufgezwungene Einschränkungen an, sondern vielmehr als Leitsätze, die mich beschützen. Wenn du die Regeln befolgst, wird dir kein Leid geschehen. – Das heißt nicht, dass ich nicht bestraft werden kann. Aber die Regeln helfen mir, dass es nicht so weit kommt. Natürlich können mir immer noch andere Menschen etwas antun, aber die Regeln bewahren mich davor, mir selbst etwas anzutun. Und wenn wir uns gut verhalten, fordern wir auch nicht so leicht das Fehlverhalten anderer heraus.

Wenn wir wirklich achtsam sind, brauchen wir eigentlich gar keine Regeln. Wenn wir ein so ausgeprägtes Bewusstsein haben, wissen wir, wie wir am besten handeln oder sprechen sollen. Die Leitsätze berücksichtigen aber, dass wir nicht immer völlig achtsam sind. Wir sind noch nicht perfekt. Darum heißen die Regeln »Übungsregeln«: Wir üben noch. Sie sind der Plan B, wenn unsere Hauptstrategie – die Achtsamkeit – nicht ausreicht. Oder eine Erinnerung, besonders achtsam zu sein. Im Buddhismus gelten sie sogar als notwendige Grundlage für Achtsamkeit. Denn es ist schwer, Achtsamkeit zu entwickeln, ohne eine Basis für ein ethisches Leben zu haben.

## Die Bedeutung der fünf Silas

Die meisten Menschen sind sich wohl einig, dass Töten oder Stehlen eindeutig kein »gutes« Verhalten ist. Soweit ich weiß, gehören diese Grundprinzipien zu den Gesetzen jeder Gesellschaft der Welt. (Manchmal werden sie jedoch zum Zwecke des Krieges oder der Bestrafung aufgehoben.)

Wie sieht es mit den anderen Silas aus? Auf den ersten Blick scheinen sie recht streng zu sein.

Sie sind aber weniger eine moralische Verpflichtung als vielmehr eine Methode, unseren Geist vor Unruhe zu bewahren und unsere Achtsamkeit zu fördern.

*Eine Meditation, die sich auf Metta (Liebe) und die anderen Brahmaviharas (Mitgefühl, Freude und Gelassenheit) konzentriert, kann direkte ethische Auswirkungen haben. Das ist ein praxisorientierterer Weg zu »gutem Verhalten« und sinnvoller als nur eine Liste mit ethischen Regeln aufzusagen und zu versuchen, sie zu befolgen – etwa die fünf Grundprinzipien oder den Edlen Achtfachen Pfad des Buddhismus oder jene Grundprinzipien anderer Religionen, etwa die Quäker-Zeugnisse des Friedens, der Gleichheit, der Einfachheit und der Wahrheit.*

*Ed, Vater von Ruth (9)*

## Kein sexuelles Fehlverhalten begehen

Ich war schon unsicher, ob ich das Thema Ethik überhaupt ansprechen sollte. Noch schwieriger fällt es mir, über sexuelles Fehlverhalten zu schreiben. Ich glaube, das liegt an meinen eigenen Hemmungen – denn Sex ist eigentlich ein wichtiges Thema, wenn es um Achtsamkeit in der Familie geht. Ohne Sex gäbe es keine Familie. Bei den buddhistischen Regeln für Sex geht es darum, das Vertrauen und die Intimität in einer festen Partnerschaft zu bewahren und Rücksicht auf andere zu nehmen. Die Grundprinzipien für Sex besagen, dass man seinem Partner treu bleiben und keinen Sex mit dem Partner einer anderen Person haben soll.

Man kann nachvollziehen, wie das Befolgen dieser Regel die Harmonie und die Verbindungen innerhalb der Familie schützen kann. Wenn man sexuellen Impulsen folgt und diese Regeln bricht, kann man große Verwirrung und viel Leid anrichten, auch wenn die Fehltritte geheim bleiben. Ich glaube, dass sexuelles Fehlverhalten nicht aus Prüderie in die Silas aufgenommen wurde, sondern um zu zeigen, dass sexuelle Impulse sehr stark sein können und die Achtsamkeit erschweren. Darum erinnert diese Regel daran, dass wir in sexuellen Angelegenheiten besonders gewissenhaft sein sollen.

## Nicht lügen

Die meisten Eltern bringen ihren Kindern bei, dass man nicht lügen soll. Wir selbst nehmen es mit der Wahrheit jedoch nicht immer so genau und bemühen »Notlügen«, um die Gefühle anderer nicht zu verletzen oder um Konflikte zu vermeiden. Vor einigen Jahren besuchte ich mit Freunden und ihrem Kind im Schulalter ein Festival. Sie wollten bis Montag bleiben, aber machten sich Sorgen wegen der Schule. »Warum sagt ihr nicht einfach, sie ist krank?«, schlug ich vor. Meine Freundin sagte: »Das könnte ich machen, aber ich lüge lieber nicht.« Ihre Antwort machte mir bewusst, wie beiläufig ich zu einer Lüge geraten hatte. Ich war über mich selbst erschrocken.

Beeinträchtigen solche Lügen wirklich unsere Achtsamkeit? Diese Frage müssen Sie sich selbst beantworten. Vielleicht macht es im gegenwärtigen Moment keinen großen Unterschied. Aber solche Alltagslügen führen mit der Zeit zwangsläufig zu Misstrauen. Denken Sie an Menschen, die Sie gut kennen. Wem vertrauen Sie, dass er stets die Wahrheit sagt? Wem vertrauen Sie weniger? Misstrauen führt zu Distanz, was die Achtsamkeit erschwert. Letztendlich geht es bei der Achtsamkeit darum, die Wirklichkeit so zu sehen, wie sie wirklich ist – ohne sie zu verzerren. Ist das nicht das Wesen der Wahrheit?

## Keine Rauschmittel konsumieren

Achtsam zu sein ist sehr, sehr schwer, wenn man betrunken ist. Auch wenn der Konsum von Alkohol zu unserer Kultur gehört, müssen wir einsehen, dass er ein Hindernis auf unserem Weg zu mehr Klarheit darstellt. Müssen Sie das Trinken also aufgeben, um wirklich achtsam zu sein? Das ist für Buddhisten im Westen eine schwierige Frage. Die meisten Buddhisten, die ich kenne, trinken gelegentlich Alkohol. In unserer Kultur ist der Konsum von Alkohol ein Brauch. Besonders bei gesellschaftlichen Anlässen sind manche Leute gekränkt, wenn man keinen Alkohol trinkt, und man fühlt sich ausgeschlossen.

Früher trank ich sehr viel, in meinen späten Jugendjahren und mit Anfang zwanzig waren es wohl täglich ein paar Gläschen. Erst als ich schwanger werden wollte, hörte ich ganz auf zu trinken. Ich ging zwar immer noch mit Freunden ins Pub, aber neun Monate lang trank ich ausschließlich Orangensaft oder Tonic ohne Gin. Es war eine Offenbarung. Ich hatte genauso viel Spaß wie meine beschwipsten Freunde und es war angenehm, am nächsten Morgen ohne Kater aufzuwachen. Ich war so froh, schwanger zu sein, dass sich die Abstinenz nicht wie ein Verzicht anfühlte. (Im Gegensatz zur Abstinenz von meinen Lieblingskäsesorten und von weichgekochten Eiern, aber das ist eine andere Geschichte.) Nach der Geburt trank ich wieder Alkohol, aber als Mutter hatte ich nicht mehr viel Zeit fürs Pub. Ich habe den Konsum jedoch nicht nur aus Zeitgründen eingeschränkt: Als mir das regelmäßige Meditieren immer wichtiger wurde, habe ich das Trinken auf ein Minimum reduziert.

Wir sollten uns auch fragen, inwieweit sich der Alkohol auf unsere elterlichen Fähigkeiten auswirkt. Das Gleiche gilt auch für Freizeitdrogen. Ich kenne Eltern, die nach einigen Drinks oder nach einem Joint nicht mehr fähig oder willens sind, sich ganz auf ihre Kinder zu konzentrieren. Manchmal ist das okay, denn wir brauchen schließlich auch etwas Entspannung. Das kann aber auch zu weit gehen. In einer Situation, die mir sehr naheging, beobachtete ich die Enttäuschung und Verwirrung eines neun Monate alten Babys, als sein Vater zu betrunken war, um auf sein Lächeln zu reagieren. Ich will ihn nicht verurteilen. Wir alle erleben Momente, in denen wir nicht die Eltern sind, die wir sein wollen. Zum Glück sind Kinder außerordentlich nachsichtig. Aber es lohnt sich, über den eigenen Alkoholkonsum nachzudenken und zu überlegen, wie sehr er zu dem, was wir erreichen wollen, im Widerspruch steht. Oder überwiegen die Vorteile die Nachteile?

**Tipp: Alkohol bewusst genießen**

Wenn wir uns auf die Silas einlassen möchten, beginnen wir am besten damit, uns unser Trinkverhalten bewusster zu machen und zu beobachten, wie es sich auf unseren Geist auswirkt. Dabei ist ganz klar, dass Alkoholexzesse die Achtsamkeit nicht gerade fördern. Vielleicht machen schon ein mäßiger Konsum und ein anderer Umgang mit Alkohol einen merklichen Unterschied auf Ihren Geist. Gelegentliche Abstinenz – und herauszufinden, ob sie Ihnen leichtfällt – ist ein interessantes Experiment.

Wenn wir die Silas ernsthaft befolgen wollen, müssen wir sie auf unser eigenes Leben anpassen. Die Regeln sind nicht in Stein gemeißelt. Wenn sie uns nützen sollen, müssen wir für alles offen sein. Abstinenz kann auch negative Folgen haben. Mit zunehmendem Alter unserer Kinder müssen wir auch über unsere Vorbildwirkung nachdenken. Ihnen zu zeigen, wie man Alkohol verantwortungsvoll konsumiert, ist eine wertvolle Lektion. Den Alkohol zu verteufeln ist die falsche Herangehensweise. Wenn sich etwas wie eine selbstauferlegte Strafe anfühlt, wird es Ihrem Geist wahrscheinlich nicht zugutekommen. Dabei ist doch ein ruhiger, gelassener Geist genau unser Ziel.

## Das Verhalten veredeln

Mit zunehmender Achtsamkeit entsteht ein immer tieferes Verständnis der Silas. Zu Beginn verstehen wir etwa, dass wir nicht im Laden stehlen sollen. Wenn wir unsere Handlungen aber immer bewusster wahrnehmen, finden wir auch kleinere Vergehen inakzeptabel.

Im Fall der ersten Regel fällt es den meisten leicht, selbst keine Menschen zu töten. Mit der Zeit haben wir auch immer weniger Verständnis dafür, dass andere Menschen töten – zum Beispiel im Krieg. Vielleicht schließen Sie dann auch das Töten von Tieren mit ein, selbst von Plagen wie Nacktschnecken und Fliegen. Die meisten Buddhisten, die ich kenne, sind zwar keine Vegetarier, aber vielleicht entscheiden Sie sich, weniger Fleisch zu essen. Für manche Menschen umfasst die erste Regel jede Art von Schaden, der Lebewesen Angst und Leid verursacht. Also auch Handlungen, die Ihnen selbst schaden, wie etwa ungesundes Essen.

Da ich keine Verschwendung mag, habe ich unfrankierte Briefmarken, die mit der Post kamen, immer wiederverwendet. Mit der Zeit wurde mir immer stärker bewusst, dass das einem Diebstahl gleichkam, und ich fühlte mich schuldig, wenn ich eine Marke von einem Umschlag abzog. Dennoch machte ich noch eine Weile so weiter, bis ich erkannte, dass ich nur wegen ein paar Cent die Gefühle der Schuld und des Unwohlseins auf mich lud. War es das wert? Von da an warf ich die Briefumschläge direkt in den Müll und freute mich, dass ich so geschickt war.

## Was bedeutet »geschickt«?

Der Begriff »geschickt« kommt in der buddhistischen Lehre häufig vor. Einfach gesagt, im Buddhismus werden alle Handlungen, Gedanken und Worte in zwei Kategorien unterteilt: geschickt oder ungeschickt. Buddhisten glauben, dass uns geschickte Handlungen näher an das Glück und das Erwachen bringen, während ungeschicktes Tun Hindernisse erzeugt.

Ich finde die Begriffe sehr nützlich, darum verwende ich sie hier auch. Man könnte auch »ethisch« oder »unethisch« sagen, aber diese Begriffe sind oft zu krass und wertend. Wenn Sie zum Beispiel jemandem beim Sprechen ins Wort fielen, würden wir das nicht als »unethisch« bezeichnen, aber es ist ganz klar ein eher ungeschicktes Verhalten. Man könnte Handlungen auch als »nützlich« oder »unnütz« bezeichnen, aber mir gefällt, dass der Begriff »geschickt« auch einen gewissen Aufwand impliziert.

## Großzügigkeit praktizieren

Wir haben bereits gesehen, dass man seine Achtsamkeit fördert, indem man ungeschicktes Verhalten vermeidet. Wie sieht es jedoch mit positiven Verhaltensweisen aus? Im Buddhismus ist zum Beispiel die Großzügigkeit sehr wichtig. Im Westen halten wir diese Eigenschaft oft für etwas Unveränderliches: »Joe ist so großzügig.« – »Mein Großvater ist echt knauserig.« Aber mit Achtsamkeit und bedingungsloser Liebe (S. 47) können solche Eigenschaften gepflegt und verstärkt werden. Denken Sie an Ebenezer Scrooge in Charles Dickens' Weihnachtsgeschichte. Wir müssen nur offen für etwas sein und es dann dauerhaft praktizieren.

## Ist Großzügigkeit wirklich so sinnvoll?

Wir alle wissen, dass Großzügigkeit generell »eine gute Sache« ist. Aber wie weit darf sie gehen? Für mich eine schwierige Frage. Wenn ich zu großzügig bin, dann geht es mir ja schlechter, oder? Scrooge hatte massenhaft Geld zu verschenken. Ich wäre auch gerne großzügiger, aber ich kann es mir nicht leisten.

Ein Teil des Problems ist, dass wir von allen Seiten mit Forderungen bombardiert werden. Es kommt uns oft schon vor, als ginge es bei der Großzügigkeit nur um Geld. Das ist jedoch eine zu einseitige Sichtweise. Ich gebe zu, dass ich mich nicht immer wohl dabei fühle, etwas zu spenden. Das liegt daran, dass die Spendenorganisationen oft nicht direkt mit dem Anliegen verbunden sind. Spendensammler auf der Straße wirken nicht immer vertrauenswürdig. Manchmal kommt es uns wie Abzocke vor. Das ist nicht die Art von Großzügigkeit, die wir kultivieren möchten. Wir geben zwar sehr gern Geld, aber das ist keine Großzügigkeit.

In vielen Fällen fließt ein großer Teil der Spendengelder in die Löhne der Mitarbeiter. Damit habe ich an sich kein Problem – die Mitarbeiter müssen schließlich bezahlt werden. Aber das bedeutet auch, dass wir im Prinzip andere dafür bezahlen, dass sie an unserer Stelle helfen. Es ist ein Unterschied, ob wir zum Beispiel an eine Organisation für Obdachlose spenden oder ob wir einmal in der Suppenküche aushelfen oder einem Obdachlosen in der Stadt einen Kaffee ausgeben. Es ist, als ob wir uns von den Unannehmlichkeiten des Helfens freikauften. Dafür erhalten wir aber nicht die gleiche Resonanz und das befriedigende Gefühl, wie wenn man selbst karitative Arbeit leistet.

 **Tipp: Nächstenliebe**
Hilfsorganisationen leisten wichtige Arbeit und machen uns auf karitative Projekte aufmerksam. Aber wenn wir selbst eine großzügige Haltung entwickeln wollen, finden sich die besten Gelegenheiten oft ganz in unserer Nähe. Kleine Gesten der Hilfsbereitschaft lassen sich ganz leicht in den Alltag einbauen. Sie könnten jemandem die Tür aufhalten, im Verkehr Vorrang geben, Einkaufstüten tragen helfen, kurz auf ein Baby aufpassen, eine Petition unterschreiben, jemandem einen Kuchen backen – es gibt unzählige Möglichkeiten, um Großzügigkeit zu praktizieren. Wenn Sie noch mehr tun wollen, können Sie sich auch für eine ehrenamtliche Tätigkeit melden.

Ich will damit nicht sagen, dass wir kein Geld mehr spenden sollen. Es ist jedoch nicht die einzige Möglichkeit, großzügig zu sein. Anfangs kann es sogar ziemlich schwer sein, diese Art der Großzügigkeit zu praktizieren. Aber manchmal sind Geldspenden wirklich ein Akt der Großzügigkeit. Eine Bekannte von mir hat vor Kurzem Spenden gesammelt, um Flüchtlinge auf Lesbos mit dem Nötigsten zu versorgen. Das Schicksal der Flüchtlinge hatte mich auch betroffen gemacht, aber aus irgendeinem Grund hatte ich noch nichts gespendet. Als ich ihren Aufruf zum Crowdfunding sah, spendete ich eine für mich beträchtliche Summe. Ich sah meine Bekannte nicht als Mittelsmann im Spendenprozess, sondern spendete an *sie*, weil ihr die Sache am Herzen lag. Das fühlte sich gut an.

## Wie sich Großzügigkeit anfühlt

Wenn mich jemand auf der Straße um Geld bittet, fühle ich mich eher bedrängt. Gleichzeitig merke ich, dass meine Reaktion mich klein und schwach fühlen lässt. Ich schäme mich ein wenig. Das muss ich aber überwinden können, um meiner selbst willen und um diesen Widerstand nicht an meine Kinder weiterzugeben.

Oft hält mich ein Gefühl der Knappheit davon ab, großzügig zu sein. Ich stelle mir Fragen wie:

- Ist das die hilfreichste Organisation?
- Wird mein Geld auch sinnvoll eingesetzt?
- Habe ich überhaupt Zeit, einen Kuchen zu backen?
- Ist meine Spende groß genug?

All diese Fragen sind nur Ausdruck meines Zweifels und halten mich davon ab, wirklich großzügig zu sein. Als Begründung sage ich mir, dass ich weder Zeit noch Geld zu verschenken habe: Ich hab's eilig. Ich spende schon an andere. Ich habe nicht genug Geld. Natürlich sind das manchmal legitime Gründe. Aber wenn wir sie reflexartig aufsagen, fühlen wir uns klein und geizig und kaltherzig. Wenn wir aber im Grunde ein großes Herz haben, fühlen wir uns nicht klein und bedrängt, wenn wir sagen: »Nein, diesmal nicht.« Denn wir sind nur ehrlich.

Sharon Salzberg schreibt in ihrem wunderbaren Buch *Metta Meditation – Buddhas revolutionärer Weg zum Glück* über das Pflegen der Großzügigkeit.[23] Sie zeigt auf, dass wir uns gut fühlen, wenn wir anderen helfen. Wenn ich mit meiner Zeit und Energie großzügig bin, spüre ich eine enorme Zufriedenheit, weil ich mich wertgeschätzt fühle. Ich mag es nur nicht, wenn man mich überrumpelt. Vielleicht, weil Forderungen nach Hilfe oder Geld fast herausfordernd erscheinen: *Wie großzügig bist du eigentlich wirklich?* Und dann greifen wir zu einer Ausrede und rechtfertigen uns dafür, dass wir nicht helfen.

# Kinder zu Großzügigkeit erziehen

Ein weiterer Grund, warum ich mich gegen Spendengesuche so sträubte, war meine eigene Erziehung. Das Geben wurde in meiner Familie nicht besonders geschätzt. In der östlichen Kultur und Spiritualität spielen das Geben und das Teilen eine wichtige Rolle. Im Westen eher weniger. Stattdessen lehrte uns der Kapitalismus, dass jeder selbst in der Lage sein musste, sich alles Nötige zu kaufen. Indem wir unsere eigene Einstellung zum Geben erkennen, können wir die Großzügigkeit in unseren Kindern besser fördern. Gehen Sie mit gutem Beispiel voran. Sie könnten etwa großzügiger mit Ihrer Zeit und Aufmerksamkeit für Ihre Kinder sein. Oder Sie zeigen es an Menschen außerhalb der Familie. Zeigen Sie Ihren Kindern, dass Sie Bedürftigen helfen, und animieren Sie sie auch dazu. So entstehen lebenslange positive Gewohnheiten.

Es gibt viele praktische Möglichkeiten, unsere Kinder zu mehr Großzügigkeit zu animieren.

# Spielsachen verschenken

Kinder haben Unmengen an Spielzeug. So viel, dass es ihre Fähigkeit zu spielen behindern kann– wie wir in Kapitel 7 (S. 82) gesehen haben. Vielleicht würden Sie gern heimlich einige Spielsachen aussortieren und weggeben. Lassen Sie stattdessen Ihre Kinder lieber selbst Großzügigkeit praktizieren, aber nähern Sie sich dem Thema vorsichtig. Wenn Sie die Kinder zwingen oder überreden, ihre Sachen wegzugeben, kann das die gegenteilige Wirkung haben. Die Kinder werden dann vielleicht erst recht an ihrem Spielzeug festhalten. Aber denken Sie daran: Es geht darum, die richtige Einstellung zu entwickeln und nicht, möglichst viele Spielsachen loszuwerden.

Um den Kindern mehr Lust auf Großzügigkeit zu machen, können Sie mit ihnen auch in einen Tausch- oder Umsonstladen gehen. In meiner Stadt gibt es mehrere davon. Das sind Gebrauchtwarenläden, in denen kein Geld verwendet wird. Meine Kinder spenden dort einige Spielsachen, die sie nicht mehr brauchen, und suchen sich im Austausch ein paar andere aus. Meist kehren wir auch mit ein oder zwei Sachen, die wir eigentlich weggeben wollten, wieder zurück. Wenn es in Ihrer Nähe keinen Umsonstladen gibt, können Sie auch in einen Secondhandshop gehen.

 **Tipp: Mit gutem Beispiel vorangehen**

Lassen Sie Ihre Kinder sehen, dass auch Sie einige persönlichen Dinge zum Spenden aussortieren. Sagen Sie ihnen, was Sie tun und wie das dem Secondhandshop nutzt. Besonders wirkungsvoll ist es, wenn die Kinder dabei zusehen, wie Sie die Gegenstände im Laden abgeben. (Seien Sie darauf gefasst, dass ein paar der Dinge vielleicht wieder zurückgefordert werden. Machen Sie keine große Sache daraus.)

Es ist zwar nicht dasselbe, aber meine Tochter sortierte richtig viele Spielsachen aus, als sie Geld sparte, um ein Kaninchen zu kaufen. Sie stellte vor dem Haus einen Stand auf und verkaufte dort ihre Spielsachen. Sie verdiente ein paar Pennys, aber sie lernte auch, Dinge loszulassen. Und nach dem Verkauf spendete sie die verbleibenden Spielsachen dem Secondhandshop. So war der Verkaufsstand ein erster Schritt in die richtige Richtung.

Mein Vierjähriger kann sich bis jetzt nur schwer von seinen Sachen trennen. Oft funktioniert es, wenn ich mehrere Bücher (oder Autos oder Stofftiere) zusammensuche und ihn bitte, sie auf drei Stapel aufzuteilen – Dinge zum Behalten, Wegwerfen oder Spenden. So wählt er bewusst aus, was er noch braucht und worauf er verzichten kann. Ich würde zwar noch viel mehr weggeben, aber ich respektiere seine Entscheidung. Mit etwas Übung wird er mit der Zeit besser darin. Meine Siebenjährige wollte vor Kurzem 48 ihrer 52 Stofftiere weggeben. Da musste sogar ich einige vor dem Wegwerfen retten!

## Spielzeug an Freunde verschenken

Wohlmeinende Erwachsene untergraben manchmal die natürliche Großzügigkeit von Kindern. Ich habe schon oft gesehen, wie ein Kind ganz spontan einem anderen Kind eines seiner Spielzeuge schenken wollte, aber ein Elternteil griff ein und erlaubte es nicht. Meistens sind es die Eltern des beschenkten Kindes, denen das nicht recht ist. Manchmal schlagen sie sofort einen Tausch vor oder sagen, das Spielzeug sei nur geliehen.

 **Tipp: Gelegenheiten für Großzügigkeit**

Eine andere tolle Möglichkeit, Kindern die Freuden des Schenkens ohne potenzielle Nachteile erleben zu lassen, ist das Verschenken von Kleinigkeiten, zum Beispiel Snacks, an andere Kinder. Selbst Kleinkinder sind in der Lage, einer Gruppe von anderen Kindern einen Teller mit Apfelscheiben anzubieten. Wenn das Geschenk etwas mit dem Kind zu tun hat, ist die Wirkung oft noch größer. Zum Beispiel könnte es Stücke seiner Geburtstagstorte oder die Partytüten verteilen. Sie könnten Ihre Kinder auch Geld in Spendenboxen stecken oder an Obdachlose oder Straßenmusiker verteilen lassen.

Manchmal war es umgekehrt – ein Elternteil wollte nicht, dass sein Kind ein Spielzeug verschenkte. Selbst mir ging es schon so. (»Oh nein, doch nicht das! Das hast du schon seit deiner Geburt.«) Wenn Sie das auch tun, finden Sie heraus, warum. War es ein Geschenk eines wichtigen Familienmitglieds? Oder war das Spielzeug teuer? Diese Faktoren sind wichtig, aber bedenken Sie, welche Botschaft Sie Ihrem Kind dadurch vermitteln. Einige Male habe ich ein Geschenk infrage gestellt – wenn ich etwa den Eindruck hatte, ein anderes Kind wolle meinem etwas abschwatzen oder mein Kind würde die gute Tat später bereuen. Dann fragte ich einfach: »Bist du dir sicher?«, und schlug eventuell ein anderes Spielzeug vor.

Wenn mein Kind eine Süßigkeit teilen wollte, achtete ich darauf, dass es selbst entschied, wie viel es davon hergeben wollte. Wenn man ein Kind zum »gerechten Teilen« zwingt, ist das kein selbstloses Schenken und das gebende Kind fühlt sich vielleicht benachteiligt.

## Geschenke selber machen

Wenn Sie mit Ihren Kindern selber Geschenke basteln, fördert das nicht nur die Lust am Schenken, sondern reduziert auch den Konsumzwang. Es muss auch kein besonderer Anlass sein. Man kann auch einfach nur ein paar Muffins für den Rest der Familie backen. Ich habe bemerkt, dass Kinder ohnehin gern einen Teil der Leckereien für ihre Eltern verwahren. Wir können sie dazu ermutigen, auch zu anderen Menschen großzügig zu sein, indem wir sie viele schöne Dinge basteln lassen.

Kinder können auch ihre Zeit für kleine Dienste verschenken, etwa indem sie im Haushalt helfen. Oder sie tun etwas Besonderes für andere Kinder – bringen ihnen etwas bei oder helfen ihnen bei einer Aufgabe.

## Kindern beim Teilen helfen

Ich sehe oft, wie wohlmeinende Eltern ihre Kinder dazu drängen, ihr Spielzeug zu teilen. Natürlich möchten wir, dass unsere Kinder großzügig und freundlich sind und man sieht, dass wir sie dazu ermutigen. Manche Eltern übertreiben es jedoch. Vor Kurzem sah ich in einem Kinderzentrum zum Beispiel einen dreijährigen Jungen, der mit einem Auto spielte. Als ein jüngeres Kind zu ihm hinging und nach dem Auto schnappte, sagte seine Mutter: »Schön teilen, Ollie!« Kein Wunder, dass Kinder nicht immer gerne teilen – wenn es für sie bedeutet, dass sie es widerstandslos hinnehmen müssen, wenn ihnen ein anderes Kind etwas aus der Hand reißt.

Was meinen wir eigentlich genau mit »teilen«? Wir müssen Kindern, die das Teilen erst lernen, viel genauer zeigen, wie man das überhaupt macht. Er reicht nicht, Kindern nur zu sagen, dass sie mit anderen teilen müssen. Sie brauchen eine genaue Anleitung. Ich finde es nicht leicht, ein Spielzeugauto zu teilen. Wie sollen zwei Kinder das machen? Soll jedes Kind das Auto berühren, sodass sie es gemeinsam anschieben? Wohl kaum. Hier ist es wohl sinnvoller, wenn beide abwechselnd damit spielen. Wenn Ollie fertiggespielt hat, kann er das Auto dem anderen Kind geben. Wir können ihn aber dazu animieren, dass er nicht allzu lange spielt, wenn ein anderes Kind schon wartet.

Meine Faustregel: Das Wort »teilen« gilt für Kuchen, Apfelstücke, Legos, eine Kiste voller Autos – also für alles, was aufgeteilt werden kann. Es passt auch für ganz große Dinge, wie etwa ein Klettergerüst. Manche Art von Spielzeug, etwa ein Ball, hat spezielle Regeln. Es ist recht einfach zu erklären, wie man einen Ball miteinander teilt. Abwechseln gilt für Spielsachen oder Gegenstände, die nur eine Person allein verwenden kann, etwa ein einzelnes Auto, ein Reittier, eine Handpuppe. Ein Ball kann auch in diese Kategorie fallen, je nachdem, wie das Kind damit spielt. Vielleicht können Sie Ihr Kind dazu animieren, fertigzuspielen und ihn dann zu teilen. Auch wenn es den Ball immer noch nicht gerne hergibt, versteht es zumindest, dass die Regeln gerecht sind. Zwingt man Kinder, ihre Sachen herzugeben, während sie gerade damit spielen, werden sie in Zukunft noch weniger freigebig sein. Besonders wenn es keine fairen Regeln gibt. Dann verteidigen sie ihr Eigentum nur noch vehementer.

Das Thema Teilen wurde für uns aktuell, als unsere Kinder klein waren. Unsere Tochter war etwa 14 Monate alt, als wir anfingen, Kinder zu betreuen. Anfangs dachten wir, die anderen Kinder könnten mit den Spielsachen unserer Familie spielen. Wir merkten jedoch bald, dass das unserer Tochter nicht gefiel. Zusammen teilten wir also alle Spielsachen in »für oben« und »für unten« ein. Die besonderen Spielsachen waren im Zimmer meiner Tochter im oberen Stock. Sie musste sie nicht teilen, wenn sie das nicht wollte. Um fair zu den anderen Kindern zu sein, durfte sie aber in deren Beisein nicht damit spielen, außer, die anderen durften es auch. Diese Regel galt auch für die Spielsachen der Gastkinder. Wenn sie nicht teilen wollten, mussten die Sachen in ihren Rucksäcken bleiben. So galten für alle Kinder dieselben Regeln: Die Spielsachen im Erdgeschoss waren für alle und wurden gerecht geteilt; es gab kein »meins« oder »deins«. Ein ähnliches System von Spielzeug zum Teilen und persönlichen Spielsachen kann auch bei Geschwistern funktionieren.

## Wie leicht fällt den Eltern das Teilen?

Die Vorbildwirkung ist sehr stark. Auch wenn wir immer groß über das Teilen reden, ist unsere Kultur nicht sonderlich freigiebig. Darum bewohnen wir auch in sich abgeschlossene Wohneinheiten, die mit allem ausgestattet sind, was wir brauchen. In nahezu jedem Haus in der Nachbarschaft gibt es die gleichen Küchen- und Haushaltsgeräte, Werkzeuge, Rasenmäher und vieles mehr. Einige dieser Dinge verwenden wir nur ein paar Mal im Jahr.

Wenn uns bewusst ist, dass in unserer Kultur nicht viel geteilt wird, können wir vielleicht dazu beitragen, das zu ändern. Es gibt viele Fälle, in denen selbstlos geteilt wird. Unsere Nachbarin nahm uns in ihre Versicherung auf und ließ uns mehrere Jahre lang mit ihrem Auto fahren. Heutzutage gibt es einige tolle Initiativen zur Förderung der Gemeinschaft – zum Beispiel Webseiten für Fahrgemeinschaften oder Gruppen zum Austausch von Geräten und Dienstleistungen in der Nachbarschaft (S. 244). Diese Initiativen bringen uns unseren Nachbarn näher und geben uns viele Gelegenheiten, Großzügigkeit zu praktizieren. Sie sind auch ein tolles Vorbild für Kinder.

## Sich als aktiver Bürger engagieren

Die aktive Bürgerschaft hat auch mit Großzügigkeit zu tun und ist mit der bedingungslosen Liebe – besonders in Form von Mitgefühl – verknüpft. Es gehört Großzügigkeit dazu, seine Zeit, Aufmerksamkeit oder Energie einer guten Sache zu widmen. Auf den ersten Blick scheinen sich Kinder nicht wirklich als aktive Bürger engagieren zu können. Sie sind schließlich nur Kinder. Aber wir können ihre natürliche Freundlichkeit und ihren Sinn für Gerechtigkeit fördern und so zu einer besseren Welt beitragen. Malala Yousafzai, Kinderrechtlerin und die jüngste Friedensnobelpreisträgerin der Geschichte, hat schließlich bewiesen, dass Kinder durchaus etwas bewirken können.

Natürlich würde niemand wollen, dass sein Kind das durchmachen muss, was Malala Yousafzai erlebte – im Alter von 15 Jahren schoss man ihr in den Kopf, weil sie sich gegen die Taliban ausgesprochen hatte. Aber wir können unsere Kinder auf einen guten Weg lenken.

Dabei müssen wir jedoch vorsichtig sein. Solange Kinder noch klein sind, muss man sie vor den schlimmsten Nachrichten schützen. Damit sie später einmal mit den Problemen der Welt umgehen können, müssen sie so lange wie möglich daran glauben, dass die Welt »ein guter Ort« ist. Wenn sie schon im zarten Alter von all dem Bösen in der Welt verängstigt und überwältigt werden, können sie sich ihm nicht stellen. Oder sie werden mit der Zeit abgestumpft. Wir müssen also aufpassen, wie wir Kindern die Nachrichten beibringen.

Dafür können wir Kinder mit Alltagsproblemen konfrontieren und sie in deren Lösung miteinbeziehen. Das stärkt das Selbstvertrauen der Kinder und gibt ihnen das Gefühl, dass sie etwas bewirken können. Und es wird auch unser Engagement im Aktivismus beeinflussen.

Als meine Tochter dreieinhalb Jahre alt war, hörte ich beim Einkaufen, wie einer Mutter gesagt wurde, sie dürfe ihr vier Wochen altes Baby nicht mehr in der Schuhabteilung stillen. In den sozialen Medien lief man Sturm und ein Protest für das Stillen wurde organisiert. Ich weiß noch, wie ich die Situation meiner Tochter erklärte. Ich sagte ihr, dass die Menschen im Geschäft nicht sehen wollten, wie die Mama ihr Baby fütterte, und sie deshalb baten, aufzuhören oder zu gehen. Meine Tochter war schockiert. Ich gab zum ersten Mal zu, dass die Welt ungerecht sein konnte. Aber ich sagte ihr, dass wir ins Geschäft gehen und den Mitarbeitern erklären würden, dass sie einen Fehler gemacht hatten. Und wirklich: Die Geschäftsleitung veranlasste, dass die Mitarbeiter über Frauenrechte unterrichtet wurden, und lud stillende Mütter, Babys und Befürworter zu einer Feier in ihrem Café ein, wo es gratis Kaffee und Kuchen gab. Geschafft!

**Tipp: Kinder befähigen**

Schauen Sie sich nach Projekten oder Kampagnen um, die Ihre Kinder interessieren könnten, und sammeln Sie gemeinsam Ideen, wie Sie das Projekt unterstützen wollen. Es könnte etwas sein, das die Nachbarschaft oder einen anderen Bereich betrifft. Kinder können mit Kuchenständen Geld sammeln, um Sponsoring bitten oder einen Brief an ein Unternehmen oder einen Politiker schreiben.

Bei diesem Vorfall konnte ich »schlechte Nachrichten« mit etwas Positivem verknüpfen und wir konnten helfen. Andere Probleme sind nicht so einfach zu lösen. Ich weiß noch, wie meine Tochter zum ersten Mal von den hungernden Kindern in Afrika hörte. »Ich möchte dorthin reisen und ihnen Essen bringen«, sagte sie nur. Ich antwortete sofort: »Das ist nicht ganz so einfach.« Doch dann erkannte ich, dass meine eigenen Gefühle der Hilflosigkeit ihren natürlichen Impuls zu helfen beeinträchtigten. Ich unterdrückte ihren Drang zu helfen.

Als ich achtsam darüber nachgedacht hatte, sah ich ein, dass ich auch positiver hätte antworten können: »Ja, das würde ich auch gerne tun. Die Reise kann ich mir aber nicht leisten. Vielleicht können wir ihnen auf anderem Wege Essen zukommen lassen.«

Selbst wenn Sie dann nichts Hilfreiches unternehmen, haben Sie den Impuls zumindest nicht im Keim erstickt. Umso besser, wenn Sie tatsächlich etwas tun und Ihr Kind in die Hilfe miteinbeziehen. Wenn wir uns an unseren Kindern orientieren, können wir die uns innewohnende Güte und Großzügigkeit wecken und auf kreative Weise helfen.

*Eine der Lehren, die gerade gut zu mir passt, ist der einfache Spruch »Friede in dir – Friede in der Welt«. Wenn in mir Frieden herrscht, herrscht auch in meiner Familie mehr Frieden und ich gebe dieses Gefühl von Frieden an alle weiter, denen ich begegne. Umgekehrt gilt dasselbe: Wenn ich wütend oder aufgewühlt bin, stecke ich damit meine Familie an, aber auch jeden, der mir begegnet. Ich glaube immer mehr daran, dass man die moralische Verantwortung für seinen inneren Frieden trägt. Das hilft nicht nur mir, sondern dem kollektiven Wohlbefinden, an dem wir alle teilhaben. Letzten Endes ist das alles, was wir tun können: auf unseren eigenen Frieden achten, ihn weiterverbreiten und wissen, dass es uns und diesem Planeten auf lange Sicht besser geht, wenn es mehr friedvolle Menschen gibt.*

*Ben, Vater von Leo (6)*

Vielleicht besagt die erste Botschaft, die wir unseren Kindern mitgeben, dass wir Verantwortung für unser Handeln übernehmen müssen und darauf achten, nicht noch mehr Leid in die Welt zu bringen. Als ersten Schritt in diese Richtung sollten wir bewusster wahrnehmen, was wir denken und was wir tun. Dabei hilft uns die regelmäßige Meditation. Sie macht uns achtsam für unser Handeln und seine Bedeutung. Wenn wir Verantwortung für uns selbst übernehmen, nehmen wir auch die Probleme in unserer Umgebung und in der Welt bewusster wahr.

## Zusammenfassung

- Wie wir handeln ist untrennbar mit unserer Geisteshaltung verknüpft. Ethisches Verhalten macht es uns leichter, achtsamer zu sein.

- Das Elternsein bietet die Chance, dass wir unser ethisches Verhalten überdenken, da wir ein gutes Vorbild sein möchten. Wir möchten auch die Welt für unsere Kinder verbessern.

- Im Buddhismus gibt es Verhaltensregeln, die unsere Achtsamkeit fördern. Diese sind: niemandem schaden, nicht stehlen, nicht lügen, kein sexuelles Fehlverhalten begehen, kein Konsum von Rauschmitteln.

- Wenn wir achtsamer werden, veredeln wir unsere Vorstellung davon, was akzeptables und inakzeptables Verhalten ist.

- Das Entwickeln der Großzügigkeit gibt uns ein gutes Gefühl und verbindet uns stärker mit anderen Menschen. Außer Geldspenden gibt es noch viele andere Möglichkeiten, um großzügig zu sein.

# 12 Achtsamkeit für Kinder

*Babys und Kleinkinder leben stark im gegenwärtigen Moment. Sie gehen voll in einer Beschäftigung auf und werden nicht von Gedanken an die Vergangenheit, die Zukunft oder von einer inneren Kritikerstimme abgelenkt. Sie erkunden die Welt mit offenen Augen, untersuchen Gegenstände – einen Löffel, ein Insekt, einen Riss im Gehsteig – ganz genau und voller Neugier und Staunen.*

## Sind Babys achtsam?

Dieses Verhalten klingt stark nach Achtsamkeit. Achtsamkeit hilft uns Erwachsenen, nicht in Grübelei zu verfallen, und lässt uns unser Umfeld wertfrei und mit anderen Augen sehen. Kinder wirken von Natur aus achtsam. Ich dachte erst, sie sind es auch. Aber bei genauerer Betrachtung glaube ich, dass das nicht ganz stimmt. Achtsamkeit erfordert eine Art Besinnung – sich bewusst zu sein, dass wir jetzt hier sind und leben und die Welt auf diese Weise erfahren. Sie ist Geistesgegenwart. Natürlich ist es schwer zu sagen, was genau in den Köpfen unserer Kinder vorgeht. Ich glaube aber, dass sie sich nicht oft so umfassend ihres Seins bewusst sind.

Achtsamkeit hilft uns, konzentriert zu bleiben. Sie wacht über unseren Geist und meldet sich, wenn unsere Aufmerksamkeit abschweift. Wenn wir achtsam und konzentriert sind, können wir unsere Aufmerksamkeit auf die kleinen Details des Lebens richten und eine natürliche, kindliche Neugier dafür entwickeln. Bei Erwachsenen erzeugen diese beiden Eigenschaften zusammen also eine gezielte Wahrnehmung. Kinder können sich bereits sehr gut konzentrieren, allein schon, weil sie noch nicht auf so vieles achten. Ihr Wortschatz reicht noch nicht aus, um abstrakte Konzepte zu beschreiben oder ihre Erfahrungen einzuschätzen. Und ihr Verständnis reicht nicht aus, um viel von dem mitzubekommen, was in der Welt vor sich geht. Sie haben also noch nicht so viele ablenkende Gedanken. Es geht auch weniger darum, dass Kinder achtsam sind, sondern dass die Achtsamkeit uns Erwachsenen eine kindliche Klarheit verleiht, bei der wir uns jedoch unseres Handelns bewusst sind.

## Kindern fehlt die Perspektive

Einer der größten Unterschiede zwischen Erwachsenen, die sehr achtsam sind, und Kindern, die ganz im Moment aufgehen, sind die Eigenschaften des Zulassens oder Akzeptierens. Kinder können etwas zulassen und akzeptieren, solange für sie alles gut oder neutral verläuft. Sobald sie aber eine Bedrohung für ihr Ego wahrnehmen, reagieren sie schnell. Man könnte sagen, Kinder haben wenig Gelassenheit – sie nehmen alles persönlich.

Diese fehlende Gelassenheit kommt zum Teil von einem mangelnden Verständnis der Welt. Kinder erkennen keine größeren Zusammenhänge und wissen nicht, dass alles auf Ursache und Wirkung beruht. Sie kennen nur ihr eigenes kleines Umfeld aus dem, was sie sehen und erleben. Daher kann eine Unebenheit am Gehsteig, über die sie stolpern, wie ein Angriff auf die eigene Identität erscheinen. Noch schlimmer ist es, wenn ein anderes Kind am Spielplatz drängelt und schubst.

Dieses Hineinsteigern in Kleinigkeiten deutet eher auf einen Mangel an Achtsamkeit hin. Kindern fällt es schwer, etwas mit Abstand zu betrachten. Stattdessen reagieren sie sofort.

## Kinder verlieren ihre Gegenwärtigkeit

Wenn Kinder älter werden und sich ihre Sprachfähigkeit verbessert, fangen sie an, abstrakter zu denken. Sie betrachten die Welt weniger als einzelne Erfahrungen, die bestaunt werden, sondern sehen langsam die Zusammenhänge dahinter, die mit jedem Tag komplexer werden. Statt alles zum ersten Mal zu erleben, werden Erfahrungen wiedererkannt und kategorisiert. Tagträume und Fantasien fangen an, eine größere Rolle zu spielen. Gedanken und Sprache entwickeln sich gemeinsam und das Gehirn – das seine Umwelt nicht mehr ständig neu interpretieren muss – beschäftigt sich mehr mit Vergangenheit und Zukunft. Das Gehirn entwickelt sich und wird erwachsener. Die Fähigkeit, achtsam zu sein, verstärkt sich – wie auch der Bedarf nach Achtsamkeit.

*Indem ich Achtsamkeit praktiziere, denke ich an Albas Wohlbefinden und Zufriedenheit, denn wenn ich ruhiger und in mir präsenter bin, profitiert sie davon. Ich hoffe, dass ich ihr Interesse an der Achtsamkeit wecken kann und ihr die Übungen auf ihrem Lebensweg helfen.*

*Gemma, Mutter von Alba (8 Monate)*

## Kindern helfen, achtsam zu sein

Mit zunehmendem Alter werden Kinder spontane Momente der Achtsamkeit erleben. Wir (und sie) können aber auch dazu beitragen, diese Eigenschaft zu fördern und zu schätzen.

## Das Problem mit Meditationsübungen

Es gibt zahlreiche Bücher mit einfachen, spielerischen Meditationsübungen für Kinder. In *A Handful of Quiet: Happiness in Four Pebbles* von Thích Nhất Hạnh finden sich unter anderem Kieselstein-Meditationen. In *Stillsitzen wie ein Frosch* beschreibt Eline Snel, wie die Visualisierung eines Frosches auf einem Seerosenblatt Kindern dabei helfen soll, sich zu konzentrieren.

Mir gefallen die Ideen in diesen Büchern. Sie bieten viele kreative Möglichkeiten, Kindern das Konzept der Meditation näherzubringen. Ich kann jedoch nicht aus Erfahrung sprechen: Meine eigenen Kinder wehren sich vehement gegen meine Vorschläge, eine Meditationsübung auszuprobieren.

Dass ich meinen Kindern nicht beibringen konnte, zu meditieren, fühlte sich für mich lange wie eine Niederlage an. Ich selbst meditiere regelmäßig und mit Leidenschaft und glaube an den Nutzen der Meditation. Ich schreibe sogar gerade ein Buch über *Familienmeditation*. Sollte ich meine Kinder nicht überzeugen können? Ich glaube mittlerweile, dass wir neben dem Nutzen der Meditation auch viele andere Faktoren berücksichtigen müssen. Für uns scheint die regelmäßige Meditation die beste Entscheidung zu sein, aber nicht unbedingt für Kinder, denen man sie einfühlsam näherbringen muss.

## Abneigung gegen das Lernen

Ich weiß nicht, was genau meine Kinder an der Meditation abschreckt. Ich glaube, sie mögen einfach nicht, wenn man ihnen sagt, was sie tun sollen. Schon gar nicht, wenn sie keinen Nutzen darin erkennen. Das gilt nicht nur für Meditation, sie wehren sich auch gegen alles andere, was ich ihnen beibringen möchte. Ein Freund erzählte mir vor Kurzem vom »Jetzt-Spiel«, bei dem jeder Spieler abwechselnd etwas sagt, das mit »jetzt« beginnt. (Jetzt sehe ich eine Wolke. Jetzt rieche ich Essen. Jetzt spüre ich meinen Pullover auf der Haut.) Mir gefiel, wie man dabei die Aufmerksamkeit auf die Gegenwart richtet, und ich wollte das Spiel mit meinem Vierjährigen spielen. Doch bereits nach wenigen Sekunden hatte er genug und war unsicher – vielleicht spürte er, dass ich eine bestimmte Antwort hören wollte, und fühlte sich unter Druck gesetzt.

Gewiss sind manche Kinder beeinflussbarer und lenkbarer als andere. Aus Gesprächen mit Eltern und Lehrern hörte ich jedoch heraus, dass die meisten Kinder nicht gerne von ihren Eltern belehrt werden. Auch in der Forschung finden sich immer mehr Hinweise darauf, dass Kinder nicht gut lernen, wenn sie einem externen, also von anderen erstellten, Lehrplan folgen müssen, statt ihren eigenen Interessen nachzugehen. In seinem Buch *What's the Point of School* bringt es Professor Guy Claxton auf den Punkt: Kinder lernen lieber »nach Bedarf« statt »nur für den Fall«.[24] Er sagt, dass Kinder am effektivsten lernen, wenn sie etwas wirklich verstehen oder sich eine Fähigkeit aneignen wollen, weil sie dieses Wissen oder diese Fähigkeit *gerade jetzt* brauchen, um ein Problem oder eine Aktivität in Angriff nehmen zu können. Wenn ein Kind beispielsweise ein Kleid für eine Puppe anfertigen möchte, ist das der richtige Moment, nähen oder stricken zu lernen. Oder wenn ein Kind sein Taschengeld ausgeben möchte, kann man ihm anhand des Geldes das Rechnen beibringen.

*Es hat nie etwas gebracht, auf eine formelle Meditation zu drängen. Besser, man bringt ihnen die Übungen spielerisch näher. Und wenn sie sehen, dass ich immer meditiere, merken sie, wie wichtig mir das ist, und sie spüren die Ruhe, die ich dadurch erlange.*

*Guin, MBCP-Meditationslehrerin und*
*Mutter von drei Kindern*

## Unsere eigenen Absichten erkennen

Für Erwachsene hat eine regelmäßige formelle Meditation viele Vorteile. Sie hilft uns, unsere Achtsamkeitsreserven aufzufüllen, sodass wir im Alltag auf mehr Achtsamkeit zurückgreifen können. Ich gehe in Kapitel 13 (S. 188) näher darauf ein. Es liegt also nahe, dass regelmäßige Meditation auch für Kinder gut ist. Wenn Kinder allerdings keinen unmittelbaren Nutzen darin sehen, sträuben sie sich oft dagegen. Die Vorteile sind ohnehin meist subtil und nicht sofort zu erkennen. Aus diesem Grund finden es auch viele Erwachsene schwierig, regelmäßig zu meditieren.

Ich treffe häufig Eltern, denen das Thema Achtsamkeit noch neu ist, und sie fragen, wie sie es ihren Kindern näherbringen können. Oft hoffen Eltern, dass die Meditation ihren Kindern hilft, leichter einzuschlafen, seltener wütend zu werden, ruhiger zu sein, weniger ängstlich zu sein und so weiter. Ich glaube, wenn wir unsere Kinder mit Meditation vertraut machen wollen, müssen wir uns unsere Absichten dahinter bewusst machen. Es kann gefährlich sein, die Meditation als Allheilmittel für die Probleme von Kindern zu betrachten. So, als müssten wir ihnen nur ein paar Atemübungen beibringen und ihre Sorgen lösten sich in Luft auf.

Das heißt nicht, dass Meditation nicht hilft. Sie kann sogar bei all diesen Problemen helfen. Aber wenn wir Achtsamkeit nur auf einer oberflächlichen Ebene anbieten, werden unsere Kinder keinen Zugang zu ihrer Tiefe finden. Und man neigt vielleicht dazu, den Erfolg der Meditation an sichtbaren Resultaten zu messen. Was nachvollziehbar ist – natürlich wollen wir einen Nutzen sehen. Aber wenn wir zu sehr auf Ergebnisse fixiert sind, behindern wir die wahre Achtsamkeit.

Manchmal spielt auch noch ein anderer Beweggrund eine Rolle: Wir möchten, dass unsere Kinder etwas tun, das wir selber gern täten – etwa Klavier spielen oder eine Sprache lernen, da wir selbst nie diese Möglichkeit hatten. Vielleicht wollen wir also, dass unsere Kinder meditieren, damit sie einige unserer Probleme vermeiden können. Oft mit dem Hintergedanken: Für mich ist es zu spät. Also versuchen wir, unsere Kinder zum Meditieren zu überreden, statt uns auf unsere eigene Meditationspraxis zu konzentrieren. Wenn die Kinder aber nicht meditieren möchten oder es nicht »richtig« oder gewissenhaft genug tun, fühlen wir uns vielleicht frustriert und verärgert.

## Eine Meditationspraxis entwickeln

Die beste Grundlage dafür, Kindern das Meditieren beizubringen, ist die Entwicklung einer eigenen regelmäßigen Meditationspraxis. Ich finde, wir haben eine fast moralische Pflicht, ein inneres Gleichgewicht zu schaffen, bevor wir über andere urteilen und sie belehren.

Wenn uns das Verhalten unserer Kinder Probleme bereitet und wir dann versuchen, ihnen das Meditieren beizubringen, bestärken wir sie nur darin, dass unser Wohlbefinden von äußeren Faktoren abhängt: Das Leben wäre einfacher, wenn meine Tochter nur nicht so launisch wäre, brav zu Bett ginge oder so ähnlich. Vielleicht können wir unseren Kindern Lust auf Meditation machen, aber wichtiger ist es, an unserer eigenen Gelassenheit zu arbeiten, wie ich es in Kapitel 5 (S. 59) beschrieben habe. Wir können nicht die Verantwortung für die Gedanken oder Taten anderer Menschen übernehmen – auch nicht für jene unserer Kinder. Ohne Gelassenheit fühlen wir uns hilflos und frustriert, besonders, wenn die Meditation nicht die gewünschten Ergebnisse bringt.

 **Tipp: Regelmäßig meditieren**
Wenn wir unsere eigenen Aufgaben verlässlich und regelmäßig erfüllen, tun wir damit auch das Beste für unsere Kinder. Das zu verstehen, befähigt uns. Ein tieferes Verständnis der Meditation und etwas praktische Erfahrung machen Sie zudem zu einem besseren Lehrer.

In meiner Meditationstradition werden Lehrer mit großer Sorgfalt ausgewählt. Meditierende dürfen erst dann andere unterrichten, wenn sie ihre eigene Praxis in vielen Jahren und Retreats und unter der Führung anderer Lehrer entwickelt haben. Sie müssen ein Verständnis dafür besitzen, wie sich andere durch Lernen und Einsicht entwickeln.

Wir können wahrscheinlich nicht Jahre investieren, bevor wir unseren Kindern die Meditation beibringen, aber einige Erfahrung ist nötig. Wenn Sie einfach nur die Worte anderer wiederholen und nicht auch das Wesen der Meditation verkörpern, haben die Worte keine Bedeutung. Wie wollen Sie Verständnis vermitteln, ohne es selbst zu besitzen? Und darum müssen wir Eltern erst selbst praktizieren, was wir von unseren Kindern verlangen.

*Ich gebe zu Hause keine bestimmte Meditations-
praktik vor. Kinder sollen von allein entdecken,
was ihnen guttut. Man kann ihnen verschiedene
Möglichkeiten zeigen, aber man muss ihnen
die Zeit und den Raum lassen, damit die Saat
der Inspiration Früchte tragen kann.*

*Gwil, Meditationslehrer und Vater
eines Sohnes (6) und einer Tochter (3)*

## Den passenden Moment nutzen

Wenn wir erst einmal regelmäßig Achtsamkeit praktizieren, werden
wir unzählige Gelegenheiten entdecken, Achtsamkeit zu lehren und
vorzuleben. Bücher mit Meditationsübungen für Kinder können Ihnen
Ideen geben, die Sie dann im passenden Moment einsetzen können.
Aber gehen Sie behutsam vor und verabschieden Sie sich von irgend-
welchen Erwartungen, wie und wie oft und wie lange Kinder üben
sollten. Sonst sind Sie am Ende nur enttäuscht. Sie können jedoch einige der Ideen in bestehende Rituale und Gewohnheiten integrieren.
Zum Beispiel könnten Sie vor dem Schlafengehen ein paar tiefe Atemzüge nehmen. Oder Sie fragen Ihr Kind, wie es sich anfühlt, wenn Sie
ihm den Rücken massieren. Sie können auch seine Aufmerksamkeit
auf den Atem lenken, während es Seifenblasen macht.

Wichtig ist auch, dass Sie vorzeigen, wie Sie meditieren, zum Beispiel
indem Sie die formelle Sitzhaltung einnehmen. Ihre eigentliche Meditation führen Sie aber besser ohne die Kinder durch – mehr dazu in
Kapitel 14 (S. 198). Wenn Ihre Kinder Sie gelegentlich beim Meditieren
unterbrechen, ist für sie jedoch gut, Sie dabei zu sehen. Wenn mein
Sohn währenddessen ins Zimmer kommt und meine Aufmerksamkeit
will, schleicht er auf Zehenspitzen zu mir hin – als hätte er Respekt
vor der Ruhe im Zimmer.

*Ich mag es, wie Andrew immer sagt: »Papa ist wieder der Buddha«, wenn er mich meditieren sieht. Das passt gut, denn im Zen heißt es, die Zazen-Haltung IST Erwachen. Wenn wir sitzen, sind wir bereits erwacht, wir müssen es nur erkennen. Mir gefällt der Gedanke, dass er das in mir erkennt.*

*Gareth, Vater von Andrew (6)*

Die formlose Achtsamkeitspraxis können wir also vorzeigen, wann immer sie uns in den Sinn kommt. Anfangs kommt es Ihnen vielleicht so vor, als merkten Ihre Kinder gar nichts von Ihrer gesteigerten Wahrnehmung. Mit der Zeit entwickelt sie jedoch eine starke Wirkung. Eluned Gold schreibt in ihrem Essay »Mindfulness with Children«, wie Kinder die Verhaltensweisen anderer Menschen in sich aufsaugen und sie unbewusst als Vorlagen für ihr eigenes Verhalten verwenden.[25] Wenn wir wegen jeder Kleinigkeit gleich ausflippen, werden unsere Kinder es uns gleichtun.

*Meine Kinder animierten mich immer zur Meditation, wenn sie dachten, dass ich sie brauchte. Sie mussten die Vorteile also bemerkt haben.*

*Anne, Mutter von Stephen (24), Clare (24), Helen (23) und Sarah (20)*

Formlose Achtsamkeit kann auch den Moment beeinflussen. Wenn wir in heiklen Situationen empfindlich und achtlos reagieren, werden uns unsere Kinder imitieren und die Situation eskaliert. Wenn sie aber spüren, dass wir gefasst und reflektiert sind, tritt das Gegenteil ein. Es mag nicht ausreichen, sie komplett zu beruhigen, aber es hilft dabei.

Die meisten von uns haben schon einmal erlebt, wie jemand aufgebracht einen Raum betritt und der ganze Raum sofort angespannt wirkt. Die Stimmung anderer Menschen ist ansteckend (vor allem, wenn wir nicht achtsam sind). Das bedeutet, dass auch unsere Achtsamkeit ansteckend ist.

Im passenden Moment ist auch Zeit für ein paar Erklärungen. Die Information, die Sie Ihren Kindern vermitteln, kann für sie ein wertvolles Werkzeug sein. Übertreiben Sie es jedoch nicht, damit Ihre Kinder Ihren Rat nicht als »langweiliges Erwachsenengequatsche« wahrnehmen. Als meine Tochter ungefähr drei Jahre alt war, brüllte sie einmal in unkontrollierbarem Trotz. Ich schlug vor, dass sie es mit Atmen versuchen solle, um sich zu verankern und zu beruhigen. Sie schien mich nicht zu beachten und schrie weiter. Ein Jahr später hatten wir ein Gespräch über das Weinen und sie sagte beiläufig: »Wenn ich nicht weinen möchte, atme ich stattdessen.« Ich war baff. Offenbar hatte sie meinen Rat angenommen und einen Nutzen dafür gefunden.

Auch durch geschicktes Zuhören können wir die Achtsamkeit fördern. In Kapitel 5 (S. 53) habe ich erklärt, wie wir unser Mitgefühl mit unserem leidenden Kind durch aufmerksames Zuhören kultivieren und ausdrücken können – ohne das Problem unbedingt lösen zu müssen. Bei dieser Gelegenheit können Kinder zusammen mit dem Mitgefühl auch Achtsamkeit entwickeln. Indem wir ihre Gedanken nicht durch Hilfsmittel und Lösungen verdrängen, geben wir ihnen die Zeit und den Raum, selbst wahrzunehmen, was in Körper und Geist vorgeht. Manchmal kann man ihre Aufmerksamkeit nach innen lenken – Wie hat sich das angefühlt? Was denkst du darüber? So verstehen sie besser, warum es sich lohnt, auf die Vorgänge von Körper und Geist zu achten, und sie erhalten auch die Begriffe und den Bezugsrahmen dafür, über diese Themen zu sprechen und nachzudenken.

Manchmal ergibt sich während eines Gesprächs eine Gelegenheit, etwas zu erklären. Meine Tochter sagte kürzlich, sie müsse immer alle Wörter lesen, die sie sehe – etwa auf Etiketten oder Verpackungen. Ich war versucht, mein tolles Wissen anzubringen und etwas zu sagen wie: *Oh, das liegt daran, dass das Gehirn stimuliert werden möchte –*

oder etwas ähnlich Langweiliges. Doch ich sah ein, dass es besser war, ihre Neugier auf ihr Gehirn zu wecken: »Warum glaubst du, dass das so ist? Wie ist das, wenn du immer wieder dasselbe Wort liest?«

### Meditationsübung: Stille Momente

Um Gelegenheiten für Achtsamkeit zu schaffen, können wir ruhige Momente in unseren Tag einbauen. Rituale wie das Anzünden einer Kerze vor dem Abendessen lassen uns kurz innehalten und den Moment wahrnehmen. Das muss keine große Sache sein. Idealerweise verhalten wir uns authentisch (»*Ich habe das mit der Kerze in einem Buch gelesen und fand es schön, so das Essen einzuleiten. Möchtest du das Streichholz halten?*«). Ihr Kind wird Sie durchschauen, wenn Sie nur eine Rolle spielen.

Gemeinsam zu singen oder sich zusammen Gesänge anzuhören ist eine einfache Form der Meditation. Sie wird in Asien sehr geschätzt, kam in der weltlichen Achtsamkeitsbewegung aber nicht so gut an wie die Sitzmeditation. Wenn Ihnen die unbekannten Gesänge zu schwierig sind, können Sie auch einfach bekannte Lieder zusammen singen.

Kinder verstehen den Wert der Meditation besser, wenn sie auf ihre eigene Weise einen spielerischen Zugang finden. So lernen Erwachsene schließlich auch am besten. Unsere eigenen Vorstellungen von Meditation – etwa wie man sie praktiziert und wie »Erfolg« aussieht – stehen vielleicht auch unserer eigenen Praxis im Weg. Wenn wir vorhaben, Meditation zu »lehren«, sollten wir darauf achten, diese Vorstellungen nicht an unsere Kinder weiterzugeben.

## Wenn Kinder eigenständig lernen möchten

Wenn Kinder etwas älter werden und die Vorteile verstehen, möchten sie die Meditation nun vielleicht auch richtig praktizieren. Es könnte sein, dass Sie dennoch nicht der beste Lehrer für sie sind. Manche Eltern umgehen das, indem sie sich gemeinsam mit ihren Kindern Audio-Meditationen anhören oder sie zum eigenständigen Hören animieren. So kommt die Lehrstimme von einer fremden Person. Im Internet gibt es unzählige Meditationen zum Anhören (S. 244).

Mittlerweile haben auch viele Schulen den Nutzen von Achtsamkeit erkannt und führen Pilotprojekte durch. Vielleicht wird Ihr Kind die formelle Meditation also in der Schule lernen. Ich bin schon gespannt, wie sich die Projekte entwickeln. Auch hier ist es wichtig, dass geeignete Lehrer mit der richtigen Motivation die Meditationskurse unterrichten. Vielleicht bittet man Sie, Ihr Kind zu Hause zum Üben des Programms zu ermuntern – dann sollten Sie herausfinden, ob die Meditation auch geschickt unterrichtet wird und wie Sie Ihr Kind dabei unterstützen.

Mein Mann und ich meditieren in einer Tradition, die Familien-Retreats anbietet. Ich hoffe, dass meine Kinder auch einmal mit den Lehrern im Zentrum meditieren oder in Zukunft ihren eigenen Retreat für junge Leute besuchen.

## Einen Mittelweg finden

Ich sprach mit einem meiner Lehrer darüber, wie man Kindern das Meditieren beibringt. Er ist Vater von drei Söhnen und erzählte mir eine Geschichte. Er besuchte einen buddhistischen Tempel und sprach dort mit einem Mönch, den er kannte. Der Mönch fragte ihn, ob er seinen Kindern das Meditieren beibringe. Mein Lehrer verneinte und sagte, dass sie aber wüssten, wo sie ihn finden könnten, wenn sie lernen wollten. Der Mönch ermahnte ihn freundlich: »Das ist aber nicht der Mittelweg.«

Mein Lehrer fand es interessant, dass die in seinen Augen tolerante und faire Methode, seinen Kindern die Entscheidung zu überlassen, für den Mönch eine extreme Art der Kindererziehung war. Für meinen Lehrer war der Mittelweg, zur Meditation zu ermutigen, ohne strikte Regeln aufzustellen.

Ich glaube, der Mittelweg bedeutet, Achtsamkeit zu lehren, wann immer es hilfreich ist. Dazu müssen wir erkennen, wann die direkte Methode nicht hilfreich ist, und kreativ über andere Möglichkeiten nachdenken. Durch die Vorbildwirkung und wohlüberlegte Vorschläge zur rechten Zeit kann man Kindern viel beibringen. Älteren Kindern kann man die Meditation direkter ans Herz legen. Aber wenn sie einen Nutzen daraus ziehen wollen, müssen sie auch tatsächlich meditieren. Das können Sie nicht erzwingen.

## Zusammenfassung

- Kleine Kinder leben in der Gegenwart, sind aber genau genommen nicht sehr achtsam.
- Auch wenn es der richtige Weg zu sein scheint, ist es (vor allem) für Eltern schwer, ihren Kinder das Meditieren beizubringen, da die Kinder sich oft dagegen sträuben.
- Wir müssen zuerst selbst regelmäßig praktizieren, bevor wir unseren Kindern das Meditieren beibringen.
- Indem Sie die formelle und die formlose Praxis vorleben, können Sie das Interesse Ihrer Kinder wecken. Achtsamkeit ist ansteckend.
- Wenn sich ein passender Moment ergibt, können wir unsere Kinder dazu animieren, ihre Aufmerksamkeit auf ihr Inneres zu richten.
- Wenn Kinder das Meditieren lernen möchten, ist es vielleicht Ihre Aufgabe, einen geeigneten Lehrer für sie zu finden, statt sie selber zu unterrichten.

# 13 Formelle Meditation

*Im letzten Kapitel sprach ich davon, wie wichtig es doch sei, eine eigene Meditationspraxis zu entwickeln, um unseren Kindern gute Lehrer zu sein. Man kann formlose Meditation im Alltag praktizieren, wann immer man daran denkt – wie in Kapitel 3 (S. 24) beschrieben. Aber die formelle Meditation zu bestimmten Zeiten hat ihre eigenen Vorteile.*

Wenn wir immer nur formlos meditieren, haben wir nichts, das uns in stressigen Zeiten an die Meditation bindet, und wir vergessen, achtsam zu sein. Regelmäßige formelle Meditation verankert die Praxis in unserem Leben. Wenn wir uns zu einer formellen Meditation hinsetzen, verpflichten wir uns, in dieser Zeit achtsam zu sein. Ich nenne es »Meditieren unter Laborbedingungen«. Wenn wir eine bestimmte Zeit für die Meditation festlegen, können wir sie so einteilen, dass möglichst wenige äußere Einflüsse uns ablenken. So kann man sich theoretisch besser konzentrieren. Ein ruhiger Ort hilft uns, bei der Sache zu bleiben, und die Stille erinnert uns daran, achtsam zu sein. (In Wirklichkeit können Ihre Gedanken Sie aber genauso oder noch mehr ablenken als äußere Faktoren.)

Eine spezifische Meditationszeit motiviert Sie außerdem dazu, diese Zeit wirklich zum Meditieren zu nutzen. Sie praktizieren dadurch auch länger, was Ihr Gehirn bei der Neubildung von Nervenzellen unterstützt. (Wissenschaftler haben herausgefunden, dass das Gehirn während einer Meditation tatsächlich wächst.[26]) Sie können sich außerdem besser in die Meditation vertiefen und ganz neue Sphären des Friedens und der Wahrnehmung entdecken. Ihre Achtsamkeit wird sozusagen wieder aufgetankt, sodass Sie bis zur nächsten Sitzung wieder neue Energie haben.

Der Zusammenhang zwischen formeller Meditation und der Geisteshaltung im Alltag ist faszinierend. Beide nähren und beeinflussen sich gegenseitig. Wenn Sie erst einmal regelmäßig praktizieren, werden

Sie bald merken, wie diese konzentrierten Phasen der Achtsamkeit Ihren ganzen Tag durchdringen, sodass Sie ruhig und präsent bleiben. Umgekehrt beeinflusst unser Verhalten im Alltag die Meditation. Wenn wir zum Beispiel wütend waren oder uns gerade Sorgen machen, bleiben diese Spannungen in uns und manifestieren sich während der Meditation.

## Wie oft soll man meditieren?

Jede formelle Meditation hat eine positive Wirkung auf Ihren Geist. Selbst wenn Sie sich nur einmal die Woche oder einmal im Monat zum Meditieren hinsetzen, wird Sie das mit einer tieferen Ebene Ihres Bewusstseins verbinden. Häufigeres Meditieren entfaltet jedoch eine gewisse Eigendynamik, die durch sporadisches Praktizieren nicht wirklich erzielt werden kann.

Unterschiedliche Traditionen und Richtungen empfehlen unterschiedlich häufiges formelles Meditieren. Die Tradition, die ich praktiziere, empfiehlt eine tägliche Meditation mit einer Dauer von rund 30–40 Minuten. Andere empfehlen, zweimal täglich kürzer zu meditieren. Die Häufigkeit und Dauer hängt von der Art der Meditation ab. Eine einzelne längere Meditation führt eher zu einem ruhigen, konzentrierten Geist. Häufigere kürzere Meditationen fördern Achtsamkeit mit einem flexibleren Geist.

*Wenn etwas dazwischenkommt und ich nicht so lange meditieren kann wie sonst, versuche ich dennoch, mir zumindest fünf oder zehn Minuten Zeit dafür zu nehmen. Fünf Minuten kann man immer irgendwie abzwacken, und genau diese fünf Minuten formelle Meditation könnten den Verlauf des restlichen Tages verändern.*

*Guin, MBCP-Meditationslehrerin und Mutter von drei Kindern*

Man scheint sich aber einig zu sein, dass das tägliche (oder fast tägliche) Meditieren ideal für das Entwickeln der Eigendynamik ist. Die täglichen Sitzungen knüpfen aneinander an und sind mehr als nur gelegentliche Perioden der bewussten Stille. Gerade für Eltern mag das wie eine große Verpflichtung klingen. Vielleicht glauben Sie, dass Sie gar nicht die Zeit dafür haben – was manchmal auch der Fall sein wird. Wenn Sie jedoch wirklich vorhaben, regelmäßig zu meditieren, werden Sie es auch irgendwie schaffen, sich etwas Zeit dafür freizumachen. Auch wenn Sie dafür einiges neu organisieren und priorisieren müssen. In Kapitel 14 (S. 198) gehe ich noch näher auf die praktischen Aspekte ein.

Sie werden vielleicht merken, dass Ihnen das tägliche Meditieren viel leichter fällt, als nur ein- oder zweimal in der Woche zu praktizieren. Da es zur Gewohnheit wird, müssen Sie nicht mehr extra daran denken – ähnlich wie beim Duschen oder Zähneputzen.

*Zwingen Sie sich nicht zur formellen Meditationsübung. Das Elternsein an sich ist schließlich schon Übung genug. Wenn Sie wirklich keine Zeit freimachen können, ohne jemand anderem damit zur Last zu fallen, praktizieren Sie als tägliche Übung einfach Achtsamkeit im Alltag. Wenn Sie aber irgendwie die Zeit finden können – umso besser.*

*Deborah, Meditationslehrerin und*
*Mutter von Jesse (20) und Rowan (17)*

## Was genau ist eine formelle Meditation?

Gleich vorab: Ich glaube nicht, dass man Meditation am besten aus einem Buch lernt. (Oder im Internet, über eine App oder mit einem Audio-Player.) Am besten lernt man das Meditieren von einem Lehrer in einem richtigen Kurs. Ein guter Lehrer wird Sie durch die verschiedenen Stufen der Meditation führen – und jede Stufe zur für Sie passenden Zeit beginnen – und all Ihre Fragen beantworten. Die Lehrer (und die anderen Meditierenden) werden ihre eigene Praxis vorzeigen und Ihrer Praxis Struktur, Unterstützung und Ermutigung bieten. In Kapitel 15 (S. 211) werde ich noch näher auf die Rolle von Lehrern und Kursen eingehen.

Vor allem, wenn die Achtsamkeitspraxis neu für Sie ist, hilft es, eine klare Vorstellung von formeller Meditation zu haben. Darum beschreibe ich hier die Anleitungen für zwei Meditationspraktiken, eine aus einer buddhistischen und die andere aus einer säkularen Tradition.

Nicht jeder hat die Möglichkeit, einen Meditationskurs zu besuchen (auch dazu mehr in Kapitel 15 (S. 211)), und nicht jeder ist bereit für diese Verpflichtung. Falls das auf Sie zutrifft, können Sie die folgenden Übungen verwenden. Das geht auch. Zwar kann ein Buch nie ein Ersatz für einen echten Lehrer sein, aber es ist ein Anfang.

## Die passende Meditation wählen

Viele verschiedene Organisationen bieten Kurse für Meditation und Achtsamkeit an. Im Anhang des Buchs finden Sie eine Liste mit einigen davon. Ich empfehle keine bestimmte Methode. Alle Meditationsarten helfen Ihnen, positive Eigenschaften zu kultivieren. Bei der Wahl der passenden Meditation spielen eher andere Faktoren eine Rolle, etwa die Erfahrung und Integrität des Lehrers, verfügbare Kursplätze und die theoretische Grundlage der Meditation – zum Beispiel ob sie einen spirituellen oder psychologischen Hintergrund hat.

## Die Achtsamkeit des Atmens

Wir bemerken es zwar nicht, aber unsere Gedanken sind in jedem Moment mit einem einzelnen Objekt (z. B. einem Gefühl, einem Gedanken oder einer Sinneswahrnehmung) beschäftigt und oft wechseln wir blitzschnell zwischen zwei oder mehreren Objekten hin und her. Es gibt keinen Moment ohne Objekt. Selbst während der Meditation ist das so. Manche glauben, beim Meditieren gehe es darum, den »Geist frei zu machen« oder »an nichts zu denken«. Das sind jedoch keine sehr hilfreichen Tipps.

Es gibt viele unterschiedliche Arten, zu meditieren, aber am meisten verbreitet ist wohl die Achtsamkeit des Atmens. Dabei wird der Atem zum Objekt der Gedanken. Der Atem ist ein besonders gutes Objekt für die Meditation, weil er immer präsent ist – und dennoch ist jeder Atemzug einzigartig. Gerade für Anfänger ist die Atemmeditation der perfekte Einstieg, denn sie ist einfach und für jeden geeignet. Sie ist aber nicht nur für Anfänger gedacht: Die höchsten Ebenen der Meditation werden durch die Atemmeditation erreicht.

Es gibt unterschiedliche Möglichkeiten, den Atem als Objekt der Meditation zu nutzen. In den meisten Praktiken wird (zumindest am Anfang) die Aufmerksamkeit auf eine bestimmte Weise auf den Atem gerichtet. Indem man sich auf ein zuvor bestimmtes Objekt konzentriert, verankert man die Gedanken und lässt den Geist zur Ruhe kommen.

## Die richtige Haltung

Die formelle Meditation kann im Sitzen, Stehen, Liegen oder Gehen durchgeführt werden, aber die Sitzhaltung ist für den Einstieg die einfachste und beste. In den buddhistischen Traditionen wird viel Wert auf die richtige Haltung gelegt, in den weltlichen Achtsamkeitsschulen nicht ganz so viel.

In meiner Tradition ist die Haltung sehr wichtig. Wie in den meisten buddhistischen Traditionen sollen die Meditierenden einen festen Kontakt mit dem Boden haben und aufrecht, mit geradem Rücken sitzen. Der Schneidersitz ist sehr stabil und wird gern genommen. Man kann auch auf einem festen Kissen sitzen, während die Knie den Boden berühren. Die Füße können sich in vollem oder halbem Lotossitz befinden (mit beiden Füßen oder nur einem Fuß auf dem gegenüberliegenden Oberschenkel) oder voreinander auf dem Boden stehen. (Die Beine wirklich zu überkreuzen, wie es Kinder gerne tun, kann den Blutfluss behindern.) Diese Haltung bietet eine solide Basis.

Alternativ können Sie auch auf einem speziellen Meditationsstuhl sitzen. Er hebt das Becken an, sodass Sie am Boden knien können. Wenn es Ihnen schwerfällt, die Knie zu beugen, können Sie auch aufrecht auf einem normalen Stuhl sitzen, die Füße flach am Boden. Am besten ist es jedoch, wenn der Rücken nicht durch eine Lehne gestützt wird.

Die richtige Haltung ist vor allem aus zwei Gründen wichtig. Erstens ist eine geerdete, ausbalancierte Haltung sehr bequem. So können Sie auch längere sitzen, ohne sich bewegen zu müssen (und dadurch Ablenkung zu erzeugen). Die meisten Anfänger finden das Sitzen meist dennoch etwas unbequem, das lässt jedoch mit der Zeit nach, wenn sich der Körper an die Haltung gewöhnt. Zweitens ist das Einnehmen und Halten einer wachsamen Position eng mit einer wachsamen Geisteshaltung verknüpft. Beides ergänzt und verstärkt sich gegenseitig.

♡ **Meditationsübung: Atmen zur Beruhigung von Körper und Geist und um Freude zu erfahren**

Thích Nhất Hạnh gehört zu den bekanntesten Achtsamkeitslehrern in der westlichen Welt. Er ist ein buddhistischer Mönch und stammt ursprünglich aus Vietnam. Vor 50 Jahren gründete er den Intersein-Orden und mehrere Meditationszentren auf der ganzen Welt, unter anderem Plum Village in Südfrankreich. Er ist einer meiner Lieblingsautoren und ich hatte das Glück, vor einigen Jahren einen seiner Vorträge in London besuchen zu können.

Die folgende Meditation stammt aus Thích Nhất Hạnhs Buch *Das Wunder der Achtsamkeit* (Theseus in Kamphausen Media GmbH, 2016):

»Setzen Sie sich im vollen oder halben Lotossitz nieder. Üben Sie Ihr Halblächeln. Folgen Sie Ihrem Atem. Wenn Ihr Körper und Geist ruhig sind, fahren Sie fort, ganz leicht ein- und auszuatmen, und seien Sie sich dessen bewusst: ›Ich atme ein und lasse den Atem leicht und friedvoll werden.‹ Tun Sie dies drei Atemzüge lang und erwecken Sie dann achtsam den Gedanken: ›Ich atme ein, und mein ganzer Körper wird leicht, friedvoll und froh.‹ Tun Sie dies drei Atemzüge lang und lassen Sie dann achtsam den Gedanken entstehen: ›Ich atme ein, und Körper und Geist sind ruhig und froh. Ich atme aus, und Körper und Geist sind ruhig und froh.‹

Bleiben Sie voller Achtsamkeit bei diesem Gedanken; tun Sie dies bitte entsprechend Ihren momentanen Möglichkeiten und Ihrem Bedürfnis. Es können fünf bis dreißig Minuten sein, vielleicht sogar eine volle Stunde. Zu Beginn und am Ende der Übung sollten Sie sich sanft und entspannt fühlen. Wenn Sie die Übung beenden wollen, können Sie Augen und Gesicht sanft massieren, danach die Beine, bevor Sie wieder aufstehen und eine normale Sitzhaltung einnehmen. Nehmen Sie sich noch einen Moment Zeit, bevor Sie aufstehen.«

**Meditationsübung: Achtsamkeit auf den Atem – sitzend**

Eine detailliertere Übung beschreiben Mark Williams, John Teasdale, Zindel Segal und Jon Kabat-Zinn in ihrem Buch *Der achtsame Weg durch die Depression* (Arbor Verlag Freiburg, 2013):

*Hinsetzen:*

Setzen Sie sich bequem hin. Schließen Sie sanft Ihre Augen, wenn das für Sie angenehm ist. Wenn nicht, richten Sie Ihren Blick unfokussiert auf den Boden, etwa anderthalb Meter vor Ihrem Platz.

*Das Bewusstsein auf den Körper richten:*

Konzentrieren Sie sich auf die Empfindungen in Ihrem Körper, an den Stellen, die den Boden und den Gegenstand, auf dem Sie sitzen, berühren. Das lenkt Ihr Bewusstsein in Ihren Körper. Spüren Sie diese Empfindungen bewusst ein oder zwei Minuten lang.

*Spüren Sie das Gefühl des Atmens:*

Richten Sie Ihre Aufmerksamkeit nun auf die Bewegungen in Ihrem Bauch, die beim Ein- und Ausatmen entstehen. Achten Sie bewusst auf die sanfte Dehnung des Bauchs, der sich bei jedem Einatmen nach außen wölbt, und auf das sanfte Nachgeben der Bauchdecke beim Ausatmen. Versuchen Sie, so gut es geht, diese Veränderungen während des gesamten Ein- und Ausatmens bewusst zu spüren. Vielleicht bemerken Sie die kurzen Pausen zwischen dem Einatmen und dem nächsten Ausatmen und zwischen dem Ausatmen und dem nächsten Einatmen. Sie können sich auch auf einen Bereich im Körper konzentrieren, in dem Sie die Atembewegungen besonders gut spüren.

Sie brauchen Ihren Atem nicht zu kontrollieren – lassen Sie Ihren Körper einfach atmen. Versuchen Sie dieses Gefühl des Sein-Lassens auf Ihr restliches Erleben zu übertragen – es gibt nichts zu beheben und keinen bestimmten Zustand, der erreicht werden muss. Versuchen Sie, sich einfach der Erfahrung, wie sie ist, hinzugeben, ohne etwas anderes davon zu erwarten.

***Wie Sie mit abschweifenden Gedanken umgehen:***

Früher oder später (in der Regel früher), werden Ihre Gedanken von den Atembewegungen in Ihrem Bauch abschweifen und sich in Gedanken, Plänen oder Tagträumen verlieren oder einfach ziellos dahinfließen. Was das auch sein mag, das die Gedanken anzieht, es darf geschehen. Es liegt in der Natur der Gedanken, abzuschweifen und sich mit etwas zu beschäftigen. Das ist weder Fehler noch Misserfolg. Wenn Sie merken, dass Ihre Aufmerksamkeit nicht mehr auf den Atem gerichtet ist, sollten Sie sich loben, denn Sie wurden bewusst genug, es zu merken. Sie nehmen Ihr Erlebnis wieder bewusst wahr. Sie können kurz zur Kenntnis nehmen, was die Gedanken taten (und dazu vielleicht im Geiste vermerken: ›denken, denken‹ oder ›planen, planen‹). Richten Sie Ihre Aufmerksamkeit dann wieder sanft auf das Gefühl des Atems in Ihrem Bauch und spüren Sie bewusst dieses Einatmen oder dieses Ausatmen, das gerade an der Reihe ist.

Wie oft Sie auch bemerken, dass Ihre Gedanken abschweifen (und es wird immer wieder geschehen), nehmen Sie jedes Mal zur Kenntnis, wo die Gedanken waren, und richten Sie dann Ihre Aufmerksamkeit wieder sanft auf den Atem und achten Sie wieder auf die Veränderungen im Körper, die bei jedem Einatmen und bei jedem Ausatmen entstehen.

Versuchen Sie, Ihr Bewusstsein mit Freundlichkeit zu erfüllen. Betrachten Sie das wiederholte Abschweifen der Gedanken als Chance, mehr Geduld und Akzeptanz in sich selbst und etwas Mitgefühl für Ihr Erleben zu kultivieren.

Machen Sie die Übung zehn Minuten oder länger weiter und erinnern Sie sich vielleicht von Zeit zu Zeit daran, dass Sie einfach nur jeden Moment bewusst wahrnehmen sollen, so gut es geht. Verankern Sie sich über den Atem mit dem gegenwärtigen Moment – jedes Mal, wenn Sie merken, dass Ihre Gedanken abschweifen und in diesem Moment nicht mehr bei Ihrem Bauch und Ihrem Atem sind.

## Zusammenfassung

- Eine regelmäßige formelle Meditation ist eine perfekte Möglichkeit, Ihre Achtsamkeit zu entwickeln. Wenn Sie sich dauerhaft dazu verpflichten, können Sie den ganzen Tag aus dieser positiven Energie schöpfen.

- Jede formelle Meditation hat eine positive Wirkung, aber eine tägliche oder fast tägliche Meditationsroutine entwickelt mit der Zeit eine Eigendynamik. Eine tägliche Praxis wird leichter zur Gewohnheit als eine gelegentliche Meditation.

- Meditation lernt man am besten von einem Lehrer in einem Meditationskurs.

- Es gibt viele verschiedene Arten von Meditation. Am häufigsten wird die Achtsamkeit auf den Atem praktiziert. Sie eignet sich für jeden Menschen und jede Erfahrungsstufe.

- Eine aufrechte, ausbalancierte Haltung ermöglicht es Ihnen, länger bequem zu sitzen, und sorgt dafür, dass der Geist wachsam bleibt.

# 14 Zeit für formelle Meditation

*Nun haben Sie also die formelle Meditation ausprobiert und möchten eine regelmäßige Praxis einhalten. Vielleicht haben Sie schon meditiert, bevor Sie Kinder hatten. Überlegen Sie sich also, wie Sie die Meditation in Ihren Tagesablauf integrieren können.*

## Tägliche Meditation im Familienalltag

**So sähe meine ideale Meditation aus:** Ich wache noch vor dem Weckerklingeln auf. Ich stehe auf und ziehe mich an. Ich begebe mich in meinen Meditationsraum: ein kleines, aufgeräumtes Zimmer. Mein Kissen ist ordentlich an seinem Platz verstaut. Ich nehme es heraus und lege es dorthin, wo ich immer sitze. Rund um mich herum habe ich Platz. Ich zünde eine Kerze an und nehme dann meine Sitzhaltung ein. Ich atme und stimme mich innerlich auf die Meditation ein. Es ist fast ganz still. Ich höre nur das Ticken einer Uhr und das leise Summen des Kühlschranks aus der Küche. Ich schließe meine Augen. Ich weiß, dass mich in der nächsten halben Stunde niemand stören wird. Mein Handy ist ausgeschaltet und niemand wird hereinkommen. Im ganzen Haus herrscht Ruhe. Ich beginne meine Meditation.

**So meditiere ich in meiner Familie:** Ich wache früh auf, im Bett eingezwängt zwischen meinem Mann und meinem Sohn, der nachts in unser Bett gekrochen kam. Ich versuche, aus dem Bett zu schlüpfen, ohne die Decke zu bewegen, aber sie streift sein Gesicht und seine Augen öffnen sich. »Mama, stehen wir jetzt auf?«, fragt er.

Wir gehen nach unten und ich fange an, das Frühstück zu machen. Ich werde gleich mit Fragen bombardiert:

»Kann ich einen Lolli zum Frühstück haben?«

»Kann ich ein Video gucken?«

»Kannst du mir das da vorlesen?«

»Mama!« Meine Tochter ist aufgewacht und ruft aus ihrem Schlafzimmer: »Komm mal hoch!«

Mein Mann hat endlich fertig geduscht und kommt in die Küche.

Als alle essen, frage ich: »Ist es okay, wenn ich jetzt meditieren gehe?«

Oben gehe ich wieder ins Schlafzimmer. Auf dem Boden liegen Klamotten und Bücher und ein halb ausgepackter Koffer vom letzten Wochenende. Der einzige Platz am Boden ist direkt vor der Tür. Ich suche mein Meditationskissen. Es ist nicht hier. Ich finde es schließlich draußen im Baumhaus. Es ist ein wenig feucht und ich muss eine Assel herunterschütteln. Zurück im Schlafzimmer werfe ich ein paar Kleidungsstücke auf das Bett, um Platz zu schaffen, damit ich den Schneidersitz einnehmen kann. Ich würde gern eine Kerze anzünden, finde das Feuerzeug aber nicht. Ich schließe meine Augen. Ich höre eines meiner Kinder ein Lied singen, und ich höre die Titelmusik der Oktonauten im Hintergrund. Ich achte auf meinen Atem. Hinter mir öffnet sich die Tür.

»Mama?«, flüstert mein Sohn. Ich lasse meine Augen geschlossen. »Mama?« Ich spüre seine Lippen an meinem Ohr. Er stellt sich vor mich hin und zieht meine Augenlider hoch. Als er sich sicher ist, dass ich ihn auch sehe, sagt er: »Kann ich einen Lolli haben?«

»Frag doch bitte den Papa. Ich meditiere gerade.«

Ich schließe meine Augen wieder und versuche, auf meinen Atem zu achten. Mein Sohn kriecht unter meinen Arm und setzt sich auf mein Knie.

## Meditieren unter »Extrembedingungen«

Ich nenne das obige Beispiel »Meditieren unter Extrembedingungen«. Für viele wäre es unmöglich, unter solchen Umständen zu meditieren. Manchmal kommt es mir auch so vor. Es ist nicht einfach, eine tägliche Praxis einzuhalten, wenn im Haus das reinste Chaos herrscht und die

Kinder ständig etwas von einem wollen. Selbst wenn sie nicht ins Zimmer kommen, hört man ihren Lärm. Wenn Sie die Geräusche Ihrer Kinder oder die ständigen Unterbrechungen ablenken, kann es Ihnen so vorkommen, als würden Sie nicht »ordentlich« meditieren. Vielleicht fühlen Sie sich frustriert und wütend – wo Sie doch eigentlich genau das Gegenteil erreichen wollen.

Selbst wenn wir versuchen, die besten Voraussetzungen zum Meditieren zu schaffen, müssen wir uns letzten Endes mit den tatsächlichen Umständen zufriedengeben. Und zu diesen Umständen gehört vielleicht auch, dass Ihnen Ihr Sohn die Augenlider hochzieht.

Auf den folgenden Seiten finden Sie einige praktische Tipps, wie Sie sich ein besseres Meditationsumfeld schaffen können. Ich hinterfrage auch unseren Umgang mit dem Meditieren unter »Extrembedingungen« und versuche, Lösungen zu finden.

## Die beste Zeit finden

Es kann jedem schwerfallen, Zeit für eine formelle Meditation zu finden. Aber wenn man ein oder mehrere Kinder hat, erscheint es manchmal unmöglich. Darum hilft es, schon im Voraus zu planen und sich die Zeit einzuteilen.

## Meditieren am Morgen

Viele Meditationslehrer empfehlen, direkt nach dem Aufstehen zu meditieren. Dafür gibt es gute Gründe. Einerseits ist es praktisch, einfach den Wecker eine halbe Stunde früher zu stellen und schon vor dem Tagesgeschäft zu meditieren, statt die Praxis zwischen zwei andere Aktivitäten zu quetschen. Außerdem ist es am frühen Morgen meist noch ruhiger – kein Telefon klingelt, der Verkehr ist noch leiser, der Partner schläft noch usw. Man sagt auch, dass der Kopf nach dem Aufwachen noch freier ist und noch nicht voller Gedanken an den bevorstehenden Tag. So habe ich das gehört. Ich selbst habe es nur selten geschafft, gleich nach dem Aufstehen zu meditieren, und kann daher nicht aus Erfahrung sprechen. Nur auf Retreats habe ich früh morgens meditiert – mehr dazu in Kapitel 16 (S. 224).

Wenn Ihre Kinder bis zu einer bestimmten Zeit in ihren eigenen Betten schlafen, kann das morgendliche Meditieren gut klappen. Bei mir klappt es nicht. Meine Kinder müssen immer sofort nach dem Aufwachen nach mir sehen.

Mit etwas Geschick könnte ich unseren morgendlichen Ablauf bestimmt so umstrukturieren, dass mein Mann sich morgens um die Kinder kümmert. Aber es ist nicht nötig. Man muss nicht unbedingt gleich nach dem Aufstehen meditieren. Für uns passt es besser zu einer anderen, weniger hektischen Tageszeit.

## Während des Mittagschlafs

Als ich nur meine Tochter hatte und sie noch immer Mittagsschlaf machte, meditierte ich zu dieser Zeit. Auch wenn es mitten am Tag war, tat es mir gut. Die Regelmäßigkeit half mir, dranzubleiben. Und ich war auf den natürlichen Rhythmus meiner Tochter eingestimmt: Wir beide nutzten die Zeit, um Energie für den Nachmittag zu tanken. Ihr Schlafrhythmus war wie bei den meisten Kindern, sodass sie entweder 45 Minuten oder anderthalb Stunden schlief. Die erste Schlafphase ließ mir genügend Zeit zum Meditieren und wenn sie dann eine zweite Runde schlief, machte ich noch ein paar Hausarbeiten.

## Während die Kinder einschlafen

Bevor ich einen Meditationskurs besuchte und eine bestimmte Praktik lernte, meditierte ich immer intuitiv, wenn ich meine Tochter schlafen legte. Als Baby konnte sie nur schwer einschlafen (es dauerte oft ein bis zwei Stunden) und es half ihr, wenn ich mich neben sie legte, meinen Atem immer ruhiger und meinen Körper entspannt werden ließ. Wenn ich das tat, konzentrierte ich mich auf meine langen, entspannten Atemzüge. Ich bin überzeugt, dass mir das sehr gutgetan hat. Ich empfand es als sehr schön, auf diese Weise bei meiner Tochter zu sein – meinen und ihren Atem wahrzunehmen machte diese Zeit für mich angenehm und nicht frustrierend. Als ich dann auch formell meditierte, wollte ich ebenfalls zu dieser Zeit praktizieren. Ich konnte mich im Liegen jedoch nur schwer konzentrieren und war zu sehr von meiner Tochter abgelenkt, um meine Aufmerksamkeit länger auf etwas anderes zu richten.

Wenn Ihr Kind sich wohler fühlt, wenn Sie im Zimmer bleiben, es aber keinen körperlichen Kontakt braucht, wäre das vielleicht eine gute Zeit für Sie. Die Einschlafzeit Ihres Kindes ist jedoch keine ideale Zeit für die formelle Meditation. Der Übergang vom Wachzustand in den Schlaf ist wie eine Reise – vom Wachsein über das Herumzappeln bis zur Müdigkeit und schließlich in den Schlaf. Es ist eine schöne und wertvolle Erfahrung, Ihre Kinder dabei zu begleiten und zu unterstützen – vielleicht eine der kostbarsten Erinnerungen für Eltern und die perfekte Zeit für Achtsamkeit. Mehr dazu finden Sie in Kapitel 6 (S. 73). Aber auch Ihre formelle Meditation ist eine Reise, und wenn Sie sie zu eng mit der Einschlafzeit Ihres Kindes verknüpfen, kann Ihr Geist nicht allein auf seinen eigenen Weg gehen.

## Während die Kinder nicht zu Hause sind

Wenn es in der Woche eine Zeit gibt, in der jemand anders Ihr Kind (oder Ihre Kinder) betreut, ist das eine gute Gelegenheit, zu meditieren. Viele Eltern haben ein schlechtes Gewissen, in dieser Zeit zu meditieren, weil sie meinen, sie müssten etwas »Produktives« wie Hausarbeiten oder bezahlte Arbeit machen. Fühlen Sie sich nicht schlecht, wenn Sie stattdessen meditieren. Ihre eigenen Bedürfnisse zu vernachlässigen, bringt Ihnen langfristig nichts. Wenn Sie gelassen und erholt sind, können Sie Ihre Zeit effizienter nutzen. Auch Ihrer Familie bringt es mehr, wenn Sie entspannt statt abgespannt sind, auch wenn die Wäsche dafür noch etwas warten muss. Zwar ist es unwahrscheinlich, dass sich diese Gelegenheit jeden Tag bietet, aber Sie sollten sie ergreifen, wann immer sie auftaucht.

*Wenn ich alleine meditieren möchte, muss ich die Zeit besser planen. Ich meditiere immer, wenn mein Sohn bei seinem Vater oder der Tagesmutter ist.*

*Kate, Mutter von Zach (2½)*

## Wenn Ihr Partner auf die Kinder aufpasst

Wenn mein Mann nicht gerade unterwegs ist oder unter Termindruck steht, passen wir abwechselnd auf die Kinder auf, sodass jeder Zeit zum Meditieren hat. Oft müssen wir den Frühstücksablauf etwas verändern, um auf alle Rücksicht nehmen zu können. Mein Mann hat vergangenes Jahr auch damit angefangen, täglich zu meditieren, darum haben wir ausgemacht, dass er zuerst meditiert, während ich für die Kinder und mich das Frühstück mache, und danach meditiere ich. Es fühlt sich vielleicht komisch an, die Meditation so wichtig zu nehmen, vor allem, wenn nur ein Partner meditiert. Es ist ein Unterschied, ob Sie in Ihrem eigenen Tagesplan Zeit zum Meditieren schaffen oder ob Sie von anderen verlangen, ihren Zeitplan anzupassen, sodass Sie meditieren können.

Dennoch sollten Sie das in Betracht ziehen. Auch wenn Sie sich vielleicht egoistisch fühlen, so viel Zeit für sich zu verlangen, zeigen Sie anderen dadurch auch Ihre Selbstachtung. Der Nutzen für Ihre Familie ist spürbar. Und der Umstand, dass andere Opfer bringen, damit Sie meditieren können, motiviert Sie vielleicht noch mehr, das Meditieren ernsthaft zu betreiben – aber das ist nicht für jeden gleich.

*Jetzt, da meine Kinder älter sind, habe ich genug Zeit.*
*Aber als sie noch klein waren, bat ich meinen Mann,*
*auf sie aufzupassen, damit ich meditieren konnte.*

Deborah, Meditationslehrerin und
Mutter von Jesse (20) und Rowan (17)

## Während die Kinder schlafen

Die Zeit, in der die Kinder schlafen, ist diese einmalige, fast magische Phase, auf die wir uns tagsüber oft freuen. Ich überlege mir meist schon vorher, was ich alles erledigen möchte, sobald die Kinder im Bett sind. Dann ist Zeit, um mit dem Partner allein zu sein, in Ruhe zu essen, Verwandte anzurufen, fernzusehen oder E-Mails zu schreiben. Oft bin ich dann aber so erschöpft, dass ich schon zusammen mit meinem Sohn einschlafe und um ein Uhr nachts aufwache, noch angezogen und ohne meine Zähne geputzt zu haben. Abends zu meditieren fällt mir schwer. Ich bin entweder zu müde oder die Zeit ist knapp und ich muss etwas anderes erledigen. Im Handumdrehen ist es dann auch schon halb elf und ich muss ins Bett. Für viele ist der Abend jedoch die beste Zeit, um zu meditieren.

*Es ist nicht einfach! Aber ich habe mir vorgenommen,*
*abends zu meditieren, wenn die Kinder im Bett sind.*

Jan, Mutter von Josia (8) und Hannah (5)

## Beständigkeit oder Flexibilität

Wenn Sie jeden Tag eine feste Zeit einplanen können, entsteht leichter eine regelmäßige Meditationspraxis. Sie wird zur Gewohnheit, die wir automatisch einhalten. Wir müssen auch nicht mehr jeden Tag überlegen, wie wir eine Meditation unterbringen. Falls wir aber einmal doch flexibler sein müssen, ist das kein Problem. Achten Sie auf Beständigkeit, wann immer es geht. Sie könnten zum Beispiel an Ihren Arbeitstagen in der Mittagspause meditieren und an anderen Tagen, wenn die Kinder im Bett sind.

 **Tipp: Rituale nutzen**

Vielen hilft ein Ritual vor dem Beginn der Meditation, sich geistig einzustimmen. Ein Ritual kann alles sein, was Sie regelmäßig machen, bevor Sie meditieren. Typische Beispiele wären etwa, eine Kerze oder ein Räucherstäbchen anzuzünden oder sich einfach nur auf ein bestimmtes Kissen zu setzen. In buddhistischen Kulturen singt man auch oder verbeugt sich vor einem Abbild des Buddhas. Als ich mit dem Meditieren anfing, hielt ich solche Rituale für unsinnig und verzichtete darauf. Später fand ich heraus, dass Rituale sehr hilfreich sind. Gedankliche Assoziationen sind mächtig, und wenn wir jedes Mal vor der Meditation eine bestimmte Handlung durchführen, wird diese Handlung das Gehirn mit der Zeit in Bereitschaft versetzen. Das Ritual muss auch nicht »fernöstlich« oder »esoterisch« sein, wenn Sie das nicht möchten. Eines meiner Rituale ist etwa, dass ich meine Uhr aufziehe, bevor ich meditiere.

Rituale sind besonders nützlich, wenn andere Aspekte Ihrer Meditationspraxis weniger beständig sind. Wenn Sie sich nur gelegentlich die Zeit zum Meditieren nehmen oder nicht immer am selben Ort meditieren können, sorgt ein Ritual für etwas Beständigkeit.

In stressigen Phasen hilft ein Ersatzplan dabei, beständig zu bleiben. Wenn Ihnen normalerweise Ihr Partner die Meditation zur Frühstückszeit ermöglicht, aber Ihnen etwas anderes dazwischenkommt, können Sie auf Ihren Plan B zurückgreifen – meditieren, während Ihr Kind Mittagsschlaf hält.

## Einen passenden Ort finden

Wie schon erwähnt, ist der ideale Ort zum Meditieren ruhig, aufgeräumt und immer derselbe. Überlegen Sie sich, welcher Bereich Ihres Zuhauses am besten geeignet ist. Das hängt auch davon ab, wer sonst noch zu Hause ist, wenn Sie meditieren. Ich träume davon, ein eigenes Meditationshäuschen im Garten zu errichten. Bis es so weit ist, muss ich jedoch mit dem Schlafzimmer vorliebnehmen. Rechnen Sie immer damit, dass Sie bei Bedarf Ihren Ort wechseln müssen. Wenn wir gerade keinen Untermieter haben, meditiere ich gern in unserem Gästezimmer im Dachgeschoss, da es dort aufgeräumt und ruhig ist. Als mein Sohn noch klein war, fiel es ihm schwer, mich beim Meditieren nicht zu unterbrechen. In meiner Not fragte ich in der Nachbarschaft herum und eine Nachbarin ließ mich an Werktagen in ihrem leerstehenden Haus meditieren.

## Die Kinder ausblenden

Wenn die Kinder zu Hause sind, während ich meditiere, finde ich es oft extrem schwer, mich nicht von ihrem Lärm ablenken zu lassen. Eltern sind sehr hellhörig, was die Geräusche ihrer Kinder angeht, vor allem wenn sie nach Gefahr klingen. Kein Wunder, dass man da schnell abgelenkt ist. Machen Sie sich kein schlechtes Gewissen, wenn es Ihnen schwerfällt, bei der Sache zu bleiben. Mein Rat an Sie: Finden Sie einen geeigneten Meditationsplatz, an dem Sie Ihre Kinder nicht hören können (am besten in einem anderen Gebäude), oder verwenden Sie Ohrenstöpsel.

*Als die Zwillinge noch klein waren, ließ ich sie bei ihrem Vater und meditierte für eine halbe Stunde. Es fiel mir so schwer, sitzen zu bleiben, besonders, wenn ich sie weinen hörte. Aber ich musste zulassen, dass sie sich auch bei ihrem Vater sicher fühlen konnten (was sie auch taten). Es waren nur meine Angst und meine Anhänglichkeit, die mich zu ihnen treiben wollten. Hätte ich meinem Mann die Kinder nicht anvertrauen können, wäre es wohl zu so manchem Streit gekommen.*

*Anne, Mutter von Stephen (24), Clare (24), Helen (23) und Sarah (20)*

Fragen Sie sich außerdem, ob Sie in Wirklichkeit versuchen, zwei Dinge gleichzeitig zu tun (sprich, auf Ihre Kinder zu achten, während Sie meditieren). Sollte das der Fall sein, sprechen Sie die genaue Betreuung der Kinder am besten mit Ihrem Partner oder einer anderen Betreuungsperson ab. Vielleicht klären Sie lieber vorab, in welchen Situationen der andere Erwachsene Sie unterbrechen soll – zum Beispiel, wenn das Baby hungrig ist oder sich ein Kleinkind nicht beruhigen lässt. Danach fällt es Ihnen möglicherweise leichter, die Geräusche zu ignorieren, weil Sie wissen, dass man Ihnen im Notfall Bescheid gibt.

Ist Ihr Baby noch sehr klein oder kein anderer Erwachsener im Haus, wenn die Kinder fernsehen oder schlafen, müssen Sie wahrscheinlich immer ein Ohr offen haben und das akzeptieren. Unter diesen Umständen fällt das Meditieren schwer, aber es wird Ihnen dennoch etwas bringen.

## Mit Störungen umgehen

Manchmal werden Ihre Kinder Sie beim Meditieren unterbrechen. Es kann auch sein, dass das Telefon oder die Türglocke klingelt. Wenn das passiert, möchte man die Meditation vielleicht abbrechen, aber es ist wichtig, dass man bei Bedarf den Meditationszustand verlassen, ihn aber auch wieder aufsuchen kann. Diese Flexibilität des Geistes streben wir an. Mein Meditationslehrer brachte mir bei, meine Meditation wenn nötig so zu unterbrechen, dass ich nach der Störung wieder weitermachen kann. Es kann etwa helfen, kurz innezuhalten, bevor man die Meditation unterbricht, und die Gedanken zu beobachten. Fühlen Sie sich gereizt? Wenn ja, nehmen Sie wahr, wie das Gefühl aufsteigt und wieder verebbt. Verlassen Sie die Meditation bewusst. Wenn Ihre Meditation aus verschiedenen Stadien besteht, können Sie kurz in ein vorheriges Stadium zurückkehren, um leichter pausieren zu können.

*Meistens wacht er auf, bevor ich fertig bin, und ich muss die Meditation beenden.*

*Gareth, Vater von Andrew (6)*

## Pragmatisch sein

Vergessen Sie nicht, dass es für Eltern äußerst schwer ist, eine tägliche Meditationspraxis dauerhaft einzuhalten. Haben Sie kein schlechtes Gewissen, wenn Sie nicht »ordentlich« meditieren. Je schwieriger es Ihnen fällt und je stressiger Ihr Alltag ist, desto vorteilhafter sind kurze, ruhige Momente in Ihrem Tag. Es ist eine außerordentliche Leistung, sich jeden Tag auch etwas Zeit für die eigenen Bedürfnisse zu nehmen – was wiederum Ihrer Familie zugutekommt.

Hin und wieder sollten Sie neu überlegen, ob Sie wirklich die bestmöglichen Bedingungen für Ihre Meditationspraxis schaffen. Manchmal steckt man in einer alten Routine fest, obwohl einige Änderungen mehr Vorteile bringen würden. Machen Sie sich jedoch keine Vorwürfe, wenn es einfach nicht möglich ist, Ihr Umfeld zu optimieren. Dann müssen Sie die Situation hinnehmen und das Beste daraus machen. Wenn es Ihnen gelingt, unter solchen Umständen eine Meditationspraxis zu entwickeln, schaffen Sie sich ein solides Fundament. Und wenn Sie irgendwann einmal unter besseren Voraussetzungen meditieren können – entweder auf einem Retreat oder wenn die Kinder älter sind –, werden Sie aus Ihrer ganzen Erfahrung etwas sehr Kraftvolles erzeugen. Bis dahin können Sie zumindest schon von mehr Ruhe und Einfallsreichtum profitieren.

*Normalerweise stehe ich um sechs Uhr morgens auf und meditiere, aber selbst zu dieser Zeit bin ich nicht immer ungestört. Einen großen Teil meiner formellen Meditation habe ich mit meinem jüngsten Kind auf dem Schoß oder beim Stillen verbracht.*

*Guin, MBCP-Meditationslehrerin und Mutter von drei Kindern*

## Zusammenfassung

- Meditationen unter »Idealbedingungen« oder unter »Extrembedingungen« scheinen sich stark zu unterscheiden, aber Sie üben in beiden dieselben Fähigkeiten.

- Am besten ist es, jeden Tag zur gleichen Zeit und am selben Ort zu meditieren. Falls das nicht möglich ist – keine Sorge. Auch Rituale sorgen für eine gewisse Beständigkeit.

- Erlauben Sie sich, der Meditation den Vorrang zu geben. Das wird Ihnen leichter fallen, je mehr Sie den Nutzen erkennen, den die formelle Meditation Ihnen und Ihrer Familie bringt.

- Seien Sie ehrlich: Können Sie sich ein besseres Umfeld zum Meditieren schaffen? Selbst wenn es schwierig erscheint, oft genügen schon kleine Veränderungen, um das Praktizieren zu erleichtern.

- Wenn Sie Ihre Umstände nicht verbessern können, machen Sie das Beste aus Ihrer gegenwärtigen Situation.

# 15 Gemeinschaft ist wichtig

*Achtsamkeit zu entwickeln ist ein wichtiger Teil auf dem Weg zu geistigem Wachstum. Sie hilft uns, unsere Selbstwahrnehmung und Offenheit zu verstärken und diese Eigenschaften so zu nutzen, dass sie unserem Umfeld zugutekommen. Wenn Sie vorhaben, Achtsamkeit zu praktizieren, entscheiden Sie sich im Grunde dafür, ein »besserer Mensch« zu werden. Was genau das bedeutet, wird für jeden von uns anders sein. Vielleicht wollen Sie Ihr Leben mehr genießen, mitfühlender sein, weniger gestresst sein, bewusster leben, effektiver arbeiten, mit anderen Menschen besser auskommen – oder all das und noch mehr.*

In der Vergangenheit war es die Religion, die den Menschen ein System und eine Gemeinschaft zur Selbstverbesserung bot. Heute spielt Religion in der westlichen Kultur keine so große Rolle mehr. Viele gehen nicht mehr regelmäßig in die Kirche oder fühlen sich der Religion, mit der sie aufgewachsen sind, nicht mehr verbunden. Darum haben viele von uns zwar den Wunsch, sich selbst besser kennenzulernen und zu verbessern, aber nicht den richtigen Rahmen, um das zu praktizieren.

## Warum brauchen wir eine Gemeinschaft?

Es liegt auf der Hand, dass wir unsere Ziele eher erreichen, wenn wir uns gegenseitig unterstützen. Das sieht man überall. Egal, ob wir mit Freunden zusammen joggen, auf Facebook einer Strickgruppe beitreten oder uns bei den Weight Watchers anmelden – die Liste ist endlos. Gleichgesinnte Freunde unterstützen und ermutigen uns. Mit ihnen macht unser Lebensweg mehr Spaß.

Bei der Achtsamkeit ist das nicht anders. Jeder, der sich für Meditation interessiert, kann von einer Gemeinschaft aus Gleichgesinnten profitieren. Aber vor allem Eltern brauchen mitunter Unterstützung und Ermutigung.

## Einen Kurs besuchen: Arten von Kursen

Wie in Kapitel 13 (S. 188) bereits erwähnt, gibt es viele verschiedene Arten, die formelle Meditation zu praktizieren. Das sieht man auch an den unterschiedlichen Kursen, die angeboten werden. Neben den Unterschieden in den Meditationen selbst, fallen auch Kurse und Gruppen in verschiedene Kategorien, die unterschiedliche Bedürfnisse erfüllen.

Es gibt drei wesentliche Arten von Organisationen, die Meditations-kurse anbieten:

## 1. Religiöse oder spirituelle Gruppen

Bis vor rund zehn Jahren gab es nur eine Möglichkeit, Meditation zu lernen, und zwar durch das Angebot von religiösen und spirituellen Gemeinschaften. Buddhistische Tempel unter der Leitung von Mön-chen, die sich im Westen niedergelassen haben, sind normalerweise mit einem Tempel oder einem Kloster in Asien (zum Beispiel in Thailand, Tibet oder Sri Lanka) verbunden. Ihre Gemeinde besteht (beispielsweise) oft aus Bürgern thailändischer oder sri-lankischer Herkunft, aber auch westliche Bürger sind willkommen. Die Tempel bieten oft offene Meditations- oder Chanting-Abende für Interessierte an.

Es gibt auch einige Meditationsgruppen der buddhistischen Tradition, die im Westen gegründet wurden und vielleicht besser zu den Bedürf-nissen westlicher Bürger passen. Eine der bekanntesten ist die Buddhistische Gemeinschaft Triratna. (Im Anhang finden Sie eine Liste solcher Organisationen) Diese Gruppen bieten meist regelmäßige Kur-se für Anfänger sowie Meditationsgruppen für Fortgeschrittene an. Es gibt oft Kurse von unterschiedlicher Dauer oder Einzelkurse. Meistens gibt es auch Retreats mit Unterkunft, entweder im eigenen Zentrum oder in angemieteten Räumlichkeiten.

Der Buddhismus ist keine glaubensbasierte Religion. Das heißt, Buddhisten müssen an nichts glauben, was ihrer Erfahrung oder ihrem Denken widerspricht. Sie können sich also auch einer buddhistischen Gruppe anschließen, ohne Ihren bestehenden Glauben aufgeben zu müssen. Der Buddhismus ist keine missionarische Religion – niemand soll bekehrt werden. An Meditationskursen darf auch jeder teilnehmen, der sich nicht als Buddhist betrachtet.

Die Lehren dieser Gruppen können sehr gut sein und die Lehrer haben oft eine jahrzehntelange Meditations- und Unterrichtserfahrung. Solche Gruppen legen oft großen Wert auf Lehrlinien, in denen jeder Lehrer wiederum einen eigenen Lehrer oder Guru hat.

Tempel und Meditationsgruppen werden meist als gemeinnützige Einrichtungen geführt und die Kurse sind oft kostenlos oder auf Spendenbasis. Großzügigkeit ist in diesen Gruppen normalerweise ein wesentlicher Aspekt der Praxis und die Meditierenden zeigen mit der Zeit oft ihr Engagement und ihre Dankbarkeit, indem sie einen organisatorischen Beitrag leisten.

## 2. Gesundheitseinrichtungen

Seit etwa zehn Jahren bieten immer mehr Gesundheitsdienstleister im Rahmen ihrer Programme für seelische Gesundheit auch säkulares Achtsamkeitstraining an. Das MBSR-Programm, das von Jon Kabat-Zinn an der medizinischen Fakultät der Universität von Massachusetts entwickelt wurde, wird mittlerweile in über 200 medizinischen Zentren, Krankenhäusern und Kliniken auf der ganzen Welt angeboten. In Deutschland werden solche Kurse vom MBSR-MBCT-Verband (S. 243) angeboten und sind unter anderem für Privatpersonen, Erzieher und Unternehmen buchbar. Für manche Kurse ist eine Förderung im Rahmen der gesetzlichen Krankenkassen möglich.

Die Kurse sind sehr beliebt. Die Kosten sind ungefähr vergleichbar mit denen einiger Psychotherapiesitzungen oder Massagen. Den Reiz dieser Kurse macht unter anderem aus, dass sie frei von jeglichen religiösen und kulturellen Aspekten sind. Sie sind relativ anonym, was viele mögen. Von den Meditierenden wird zwar erwartet, ernsthaft zu praktizieren, aber nicht, dass sie beispielsweise die Stühle aufstellen oder Kekse oder Blumen mitbringen. Es gibt auch kein Verbeugen und keine Gesänge. Die Kurse gehen über mehrere Wochen und die Teilnehmer sollten immer anwesend sein. Oft gibt es am Ende des Kurses keinen Rahmen für weiteren Unterricht. Die Teilnehmer bezahlen für eine Dienstleistung und entwickeln vielleicht nicht das gleiche Engagement für den Kurs und die Praxis, wie es in spirituellen Gemeinschaften oft gepflegt wird.

Die Lehrer dieser Kurse sind meist in genau dieser Art von säkularisierter Achtsamkeit ausgebildet. Am besten informiert man sich vorab über die Qualifikationen des Lehrers, was der Kursanbieter aber hoffentlich getan hat. Manche dieser Lehrer bieten auch private Kurse (S. 243) an.

Es gibt auch Gruppen, die eine Mischung aus diesen Kursarten anbieten. An der Universtität Oxford haben etwa Studenten eine Meditationsgruppe gebildet und bieten Einzelkurse an, die von qualifizierten säkularen Achtsamkeitslehrern geleitet werden. Die Kurse sind für alle offen. Pro Kurs wird nur ein geringer Unkostenbeitrag verlangt. Die Gruppe hat die anhaltende Förderung der Gemeinschaft zum Ziel. Ich kann mir vorstellen, dass diese Art von Gruppe vorwiegend an Universitäten und vielleicht in größeren Unternehmen zu finden ist.

## 3. Privatlehrer

In den letzten Jahren stieg auch die Zahl der Privatlehrer, die Achtsamkeitstraining anbieten, entweder als Einzelunterricht oder in Gruppen, manchmal auch Trainingstage in Unternehmen. Diese Lehrer betrachten das Unterrichten als Beruf und verlangen auch Geld dafür. (Im Gegensatz zu Meditationslehrern, die zu einer größeren Gemeinschaft oder Schule gehören und die kostenlos oder auf Spendenbasis unterrichten.) Sie bieten eine große Bandbreite von Fähigkeiten und Erfahrung. Manche Lehrer haben langjährige Meditations- und Unterrichtserfahrung. Sie haben vielleicht bei fernöstlichen Lehrern studiert und praktiziert oder eine lange, intensive Ausbildung absolviert (zum Beispiel in einem Institut des MBSR-MBCT-Verbands in Deutschland oder im Center for Mindfulness an der medizinischen Fakultät der Universität von Massachusetts). Umgekehrt gibt es auch Lehrer, die nur ein eintägiges Training besucht haben. Darum ist es unmöglich, einen Überblick über diese Kurse zu geben, da das Spektrum so breit ist.

## Achtsamkeit für die Geburt

Die kalifornische Hebamme Nancy Bardacke hat ein revolutionäres Achtsamkeitsprogramm begründet, das werdende Eltern bei den Anforderungen von Schwangerschaft, Geburt und Kindererziehung unterstützen soll. Sie adaptierte den bekannten MBSR-Kurs von Jon Kabat-Zinn und entwickelte das neunwöchige MBCP-Programm (Mindfulness-based Childbirth and Parenting, zu Deutsch meist: Geburtsvorbereitung mit Achtsamkeit). Bardacke sagt, dass das Lernen von Achtsamkeit während der Schwangerschaft eine gesunde Schwangerschaft und Geburt fördern könne. Außerdem lege es den Grundstein zu der lebenslangen Fähigkeit, die nächste Generation achtsam zu erziehen. Bardacke hat das MBCP-Programm in Zusammenarbeit mit dem Oxford Mindfulness Centre nach Großbritannien gebracht und bildet auf der ganzen Welt Kursleiter für MBCP aus.

Ich finde es toll, dass so ein solides Programm speziell für werdende Eltern entwickelt wurde. In Deutschland übernehmen auch die gesetzlichen Krankenkassen die Kosten. In Zukunft wird es ein noch größeres Kursangebot geben, da immer mehr MBCP-Lehrer ausgebildet werden. Ich hoffe, es werden noch weitere Achtsamkeitsprogramme für Eltern folgen.

*Zu Beginn des Kurses gab ein werdender Vater zu, dass er diesem neuen Programm skeptisch gegenüberstehe und er einige Bedenken habe. Er hat den Kurs jedoch durchgezogen und sagte am Ende, dass er nur seiner Partnerin zuliebe teilgenommen habe, aber er die Achtsamkeit auf sein ungeborenes Baby angewandte habe und er nun auch vor der Arbeit übe, um mit seinem stressigen Job besser umgehen zu können. Solche Geschichten finde ich sehr inspirierend, da sie zeigen, wie der Kurs Menschen verändern kann. Die Teilnehmer suchen Unterstützung für die Geburt und gewinnen eine Fähigkeit, die sie in vielen Bereichen ihres Lebens anwenden können. Man sieht auch, wie alltagstauglich die Achtsamkeit sein kann. Sie hat ein enormes Potenzial und ich fühle mich geehrt, dass ich meinen Teil dazu beitragen kann.*

*Maret Dymond, Lehrerin/Trainerin des MBCP-Programms im Oxford Mindfulness Centre*

## Buddhistische oder weltliche Achtsamkeit

In der buddhistischen Welt besteht ein gewisser Zweifel daran, dass weltliche Lehrer die volle Bedeutung der Achtsamkeit vermitteln können, wenn ihr der spirituelle Rahmen fehlt. Aber auch einige weltliche Achtsamkeitslehrer sind skeptisch gegenüber den undurchsichtigen Qualifikationen von Lehrern einer Religionsgemeinschaft. Die weltlichen Achtsamkeitslehrer und Ausbildungsinstitute legen Wert auf wissenschaftliche, evidenzbasierte Methoden. Spirituelle Meditationszentren hingegen legen Wert auf die Lehrlinien – die Wissensübertragung von Lehrer zu Lehrer. Spirituelle Lehrer betrachten die Achtsamkeit als Werkzeug, das man sich auf dem Weg zum Erwachen zunutze machen muss. Für weltliche Lehrer ist die Achtsamkeit jedoch oft das Ziel selbst.

Die steigende Beliebtheit spiritueller und weltlicher Achtsamkeit in den letzten Jahren deutet an, dass es eine Nachfrage nach beiden Arten gibt. Bei der Auswahl eines Achtsamkeitskurses spielt unser kultureller und sozialer Hintergrund eine wichtige Rolle. Manche würden nur dann an einem Kurs teilnehmen, wenn er nichts mit Religion oder Spiritualität zu tun hätte. Für andere wäre ein solcher Kurs wertlos. Das Interessante an der Achtsamkeit ist, dass sie uns die Augen dafür öffnet, die Welt so zu sehen, wie sie wirklich ist, ganz ohne Vorurteile. Egal, welcher Kurs Sie zu Beginn also am meisten anspricht, Ihre Bedürfnisse können sich mit zunehmender Meditationserfahrung durchaus ändern.

Wahrscheinlich sucht sich die überwiegende Mehrheit der Meditationseinsteiger ihren Kurs ohnehin unter praktischen Gesichtspunkten aus: nach dem Ort, dem Termin oder weil Freunde den Kurs empfohlen haben.

## Prüfen Sie die Qualifikationen

Ich möchte nicht paranoid klingen. Ich finde es zum Beispiel absolut okay, eine Achtsamkeits-Schnupperstunde bei einem unbekannten Lehrer auf einer Veranstaltung zu nehmen.

Wenn Sie vorhaben, sich für einen längeren Kurs oder einem bestimmten Lehrer zu verpflichten (ob finanziell, zeitlich oder emotional), sollten Sie genau wissen, welche Erfahrung und/oder Qualifikationen der Lehrer mitbringt. Lehrer sollten Ihnen sagen, wie lange sie praktizieren, von wem sie das Meditieren gelernt haben und ob sie durch Mentoring, Weiterbildung oder Supervision unterstützt werden.

Falls Sie sich zum Kurs einer spirituellen Gruppe anmelden, sollten Sie sich irgendwann auch ein wenig mit der Philosophie der Organisation beschäftigen. Wann wurde die Gemeinschaft gegründet und von wem? Gehört sie zu einer größeren religiösen Tradition? Wie ist die Gemeinschaft strukturiert? Sind die Lehrschriften frei verfügbar? Hat die Gemeinschaft Verbindungen zu anderen Gemeinschaften (etwa zu Mönchen oder Tempeln)? Vertritt die Gemeinschaft Ansichten, die Ihnen unangenehm sind? Kurzum: Prüfen Sie, ob Sie es nicht mit einer Sekte zu tun haben.

## Die Vorteile eines Kurses

Denken Sie nun aber nicht, dass Meditationskurse gefährliche Gehirnwäschen durchführen und von Ihnen verlangen, Ihr Testament umzuschreiben. Oder dass sie von Scharlatanen geleitet werden, deren »Lehren« aus einer Illustrierten stammen. Ein guter Kurs ist ein wertvolles Hilfsmittel auf dem Weg zu Ihrer regelmäßigen Meditationspraxis. Ich halte es sogar für extrem schwer, die Praxis ohne die Unterstützung durch eine Gruppe oder Gemeinschaft aufrechtzuerhalten. Ein Kurs hat viele Vorteile – hier sind die vier wichtigsten:

- ein Lehrer
- Gleichgesinnte
- Motivation
- Verpflichtung

## Ein Lehrer

Ein Lehrer kann Ihnen die Theorie der angebotenen Meditation erklären und Sie beim Entwickeln Ihrer individuellen Praxis führen. Lehrer können durch ihr Sprechen und Handeln auch ein gutes Beispiel für achtsames Leben sein. Wenn der Lehrer oder die Lehrerin zu einer Lehrlinie oder Schule gehört, bietet sie die Grundlage Ihrer Meditation und verbindet Sie über den Kurs hinaus mit einer weitreichenderen Gemeinschaft von Meditierenden.

## Gleichgesinnte

Mit Freunden ein gemeinsames Ziel zu verfolgen, motiviert enorm. Wenn wir uns mit Gleichgesinnten umgeben, fühlen wir uns akzeptiert. Im gemeinsamen Gespräch über die Meditation kann man viel voneinander lernen und Wissen und Erfahrungen austauschen.

## Motivation

Die regelmäßigen Kurstermine können Ihnen helfen, auch zwischendurch zu praktizieren. Im Kurs können Sie dann bereits aus Ihrer persönlichen Meditationserfahrung schöpfen. In manchen Schulen gibt es auch Einzelgespräche mit den Lehrern, in denen Sie Tipps für Ihre individuelle Meditationspraxis erhalten. Auch das motiviert, dranzubleiben, da Sie bestimmt nicht zu jenen gehören wollen, die ihre »Hausaufgaben« nicht machen!

## Verpflichtung

Einen Kurs zu besuchen signalisiert nach außen, dass Sie eine Verpflichtung eingehen. Sie zeigen anderen, aber vor allem sich selbst, dass Ihnen Ihre Meditationspraxis wichtig genug ist, um einmal die Woche oder alle zwei Wochen (oder wann auch immer) etwas dafür zu tun, um sie aufrechtzuerhalten. Das erzeugt eine positive Resonanz. Je häufiger Sie hingehen, desto stärker wird Ihre Verpflichtung.

Sie profitieren auch vom Engagement anderer – auch die anderen Teilnehmer haben sich verpflichtet, hier zu sein, der Lehrer vielleicht sogar unentgeltlich. Das animiert uns, eine ähnliche Verpflichtung zum Kurs und zu unserer persönlichen Praxis einzugehen.

## Die praktischen Aspekte eines Kurses

Nun haben wir über die vielen Vorteile eines Kurses gesprochen. Aber wie kommen Sie überhaupt in einen Kurs? Es könnte sein, dass in Ihrer Nähe gar keiner angeboten wird. Außerdem können die meisten Eltern abends nicht einfach weg. Besonders für Mütter mit Babys ist das schwierig. Nicht in allen Familien, aber sehr oft, sind Mütter gerade abends besonders eingespannt.

Bevor mein Sohn auf die Welt kam, hatte ich ein paar Jahre lang an einem Kurs teilgenommen und wollte so bald wie möglich wieder damit weitermachen. Da ich meinen Sohn stillte, glaubte ich nicht, dass ich in den ersten sechs Monaten abends ohne ihn weggehen könne. Noch dazu gab es meinen alten Kurs nicht mehr und ich musste in einen anderen Kurs in derselben Schule wechseln. Als mein Sohn sieben Monate alt war und nicht mehr so oft gefüttert werden musste, stillte ich ihn und ließ ihn dann schlafen oder ließ ihn bei seinem Vater, der auch unsere drei Jahre alte Tochter zu Bett bringen musste.

Bald wurde klar, dass meine Familie einen zu hohen Preis für meine Kursteilnahme zahlen musste. Oft verließ ich das Haus, während meine Kinder schrien und mein armer Mann total gestresst war. Manchmal kam ich nach 22 Uhr nach Hause und mein Sohn war noch immer wach und schrie. Ich hatte gehofft, dass sich mein Mann und mein Sohn mit der Zeit an ein Zubettgehen ohne mich gewöhnen würden, aber das war nicht der Fall. Ich gab also nach und sagte meinem neuen Lehrer, dass ich in den nächsten Monaten nicht am Kurs teilnehmen würde.

Das war eine frustrierende Zeit für mich und ich fühlte mich sehr allein in meiner Meditationspraxis. Es fiel mir richtig schwer, ohne die Unterstützung durch einen Lehrer und den Kurs täglich zu meditieren. Erst als mein Sohn 18 Monate alt war, konnte ich den Kurs wieder besuchen.

Wenn Sie abends nicht können, heißt das nicht, dass Sie auf einen Kurs verzichten müssen. Es gibt auch andere Möglichkeiten, eine Gemeinschaft zu finden.

## Tageskurse

Suchen Sie nach einem Kurs, dessen Zeiten in Ihren Familienalltag passen. Einige Zentren bieten Tageskurse an – vor allem an den Wochenenden. Vielleicht kann Ihr Partner, jemand aus der Verwandtschaft oder aus Ihrem Freundeskreis in dieser Zeit auf Ihr Kind aufpassen.

## Tempel

In den meisten buddhistischen Tempeln sind Kinder willkommen. Ein Mönch sagte mir einmal, dass viele Leute in Sri Lanka die Tempel gerade wegen ihrer Kinder besuchen – weil die Kinder dort etwas lernen sollen. Im Westen haben manche Tempel spezielle Kindertage oder Sie können einfach so zum Meditieren kommen und Ihre Kinder mitbringen.

## Familiengruppen mit ähnlichen Zielen

In Städten gibt es oft Gruppen für Mütter mit Babys, zum Beispiel Familienyoga oder Babymassage. Auch wenn das nicht genau das ist, wonach Sie suchen, bieten solche Gruppen oft auch meditationsähnliche Aktivitäten. Außerdem könnten Sie dort Gleichgesinnte finden – was uns zur nächsten Idee bringt:

 **Tipp: Gründen Sie Ihre eigene Gruppe**
Gründen Sie mit zwei oder drei Freunden, die auch gerne regelmäßig und zu einer für Sie passenden Zeit meditieren möchten, eine eigene Gruppe. Sie könnten Ihre Babys entweder mitnehmen oder eine Zeit vereinbaren, in der Sie Ihr Baby zu Hause lassen können.

## Teilen Sie Lehrern/Schulen Ihre Bedürfnisse mit

Wenn Sie bereits zu einer Gruppe oder einem Kurs gehören, aber wegen Ihres neuen Kindes nicht mehr so leicht teilnehmen können, sollten Sie das sagen. Wenn Ihre Lehrerin Verständnis für Ihre Situation hat, wird sie vielleicht eine Alternative anbieten – etwa, dass Sie per WhatsApp, E-Mail oder Telefon in Kontakt bleiben, oder einen anderen Kurs vorschlagen, oder sogar eine Gruppe für Eltern mit Babys zusammenstellen.

## Meditationsgruppen für Eltern

Davon gibt es leider nicht viele. Ich habe in meiner Stadt bei der Organisation einer achtsamen Elterngruppe mitgewirkt; die Lehrerin wurde im Oxford Mindfulness Centre ausgebildet. In der Gruppe machen wir eine formelle Meditation und sprechen danach über einen Aspekt des Elternseins im Zusammenhang mit Achtsamkeit. Kinder sind in der Gruppe willkommen und wir akzeptieren, dass es dadurch ein gewisses Maß an Störungen gibt. Aber die Kinder während unserer Meditation so sein zu lassen, wie sie sind, ist ein wesentlicher Teil dieser Praxis. Natürlich kann die Gruppe nicht die Bedürfnisse aller Teilnehmer vollends erfüllen, aber sie gibt ihr Bestes. Es gibt sehr wenige solcher Gruppen, aber ich hoffe, dass sich das in Zukunft ändert.

*Die Gruppe erinnert mich daran, auch die restliche Woche über so achtsam wie möglich zu sein. Als Mutter hat man so viel um die Ohren, da muss ich regelmäßig erinnert werden, um mich wieder auf mich selbst zu besinnen. Wenn ich die Gruppe nicht hätte, würde ich wohl eher selten meditieren, obwohl ich weiß, wie sehr ich davon profitiere – und Alba auch.*

*Gemma, Mutter von Alba (8 Monate)*

## Online-Gruppen

Heutzutage findet man im Internet viel Material zum Thema Meditation. Es gibt sogar Online-Kurse mit richtigen Lehrern und virtuellen Klassenzimmern. Wie auch außerhalb des Internets sollten Sie auch online darauf achten, dass es sich um einen seriösen Kurs handelt. Lassen Sie sich nicht vom Webdesign blenden: Einladende Websites sagen nichts über die Erfahrung und Kenntnisse der Lehrer aus.

Es gibt auch Plattformen, auf denen sich Gleichgesinnte austauschen können, etwa in Facebook-Gruppen oder im Rahmen von Blogs. Vielleicht finden Sie dort eine Gruppe für achtsame Erziehung.

## Zusammenfassung

- Als Mitglied einer Gemeinschaft wird es Ihnen viel leichter fallen, Ihre Achtsamkeitspraxis zu entwickeln und aufrechtzuerhalten.
- Es gibt zwei wesentliche Arten von Achtsamkeitskursen: säkulare und buddhistische. Auch wenn der theoretische Hintergrund ein anderer sein mag, das Meditationstraining ist meist sehr ähnlich.
- Prüfen Sie immer die Qualifikationen der Lehrer und das vermittelte Gedankengut, bevor Sie sich zu einem Kurs anmelden.
- Ein Kurs bietet Ihnen die Unterstützung eines Lehrers, die Gemeinschaft von Gleichgesinnten und dadurch mehr Motivation und Engagement.
- Wenn Sie kleine Kinder haben, können Sie vielleicht nicht an Abendkursen teilnehmen. Finden Sie eine kreative Lösung, um dennoch Lehrer und Gleichgesinnte zu treffen.

# 16 Teilnahme an einem Retreat

*Eine tägliche formelle Meditation kann Ihre Praxis festigen und vertiefen. Das gilt auch für einen Retreat. Wenn Sie jedoch kaum Zeit für eine tägliche Meditation finden, werden Sie einen mehrtägigen Retreat nur schwer in Ihrem Leben unterbringen. Dabei können Retreats eine ausschlaggebende Rolle bei der Entwicklung Ihrer Praxis spielen. Es lohnt sich also, zu überlegen, wie (und wann) man den Retreat in den Familienalltag integrieren kann.*

## Was ist ein Retreat?

Das englische Wort »Retreat« (Rückzug) wird mittlerweile für viele spirituelle Zusammenkünfte verwendet – Yoga-Retreat, Kloster-Retreat, Stille-Retreat – und wir haben vielleicht eine Vorstellung davon, was das bedeuten mag. Ein Meditations-Retreat ist ein festgelegter Zeitraum, in dem sich Meditierende treffen, um sich auf ihre Meditationspraxis zu konzentrieren, meist in Meditationszentren mit Übernachtungsmöglichkeit. Das Programm wird von einem oder mehreren Lehrern geführt und kann Diskussionen, Achtsamkeitsarbeit, Spaziergänge und ausgiebige Gruppen- und Einzelarbeit beinhalten. Es gibt thematische Retreats, die sich mit einem bestimmten Aspekt der Praxis oder Lehre beschäftigen.

Wie der Name schon sagt, ist ein Retreat ein Rückzug aus dem Alltag. Arbeit, Familie, Freunde, gesellschaftliche Verpflichtungen, Hobbys, Kurse, Aktivitäten, Pflichten und Aufgaben: Während des Retreats wird alles auf Eis gelegt. Dafür übernehmen Sie in dieser Zeit andere Pflichten und Aufgaben – vielleicht bittet man Sie darum, achtsame Arbeit zu leisten (etwa zu kochen oder im Garten zu helfen), und Sie müssen natürlich meditieren. Außerdem wird man Sie bitten, Ihr Verhalten und Ihre Sprache (oft wird auch geschwiegen) so anzupassen, dass Sie die Arbeit der anderen Teilnehmer fördert.

## Vorteile des Retreats

Ich finde, Retreats haben zwei wesentliche Vorteile: Einerseits bieten sie uns die Gelegenheit, viel zu meditieren, andererseits auch die Möglichkeit, alles andere so lange zu vergessen. Zum Beispiel wird man Sie wahrscheinlich bitten, in der Zeit des Retreats nicht zu lesen. Wenn Sie so sind wie ich, werden Sie Ihre Bücher brav wegpacken – aber sich dann dabei ertappen, wie Sie jedes Wort in Ihrem Umkreis lesen: von Joghurtbechern und Cornflakes-Packungen bis hin zum Fluchtplan an der Wand und den Einstellungen an der Mikrowelle. Das ist das Tolle an Retreats – wir bemerken auf einmal die Ticks unseres Gehirns – womit wir uns beschäftigen, wenn es nichts anderes zu tun gibt. Und wir können uns fragen, warum das so ist. Diese Introspektion kann uns viel über uns selbst lehren.

---

*Vor einigen Jahren besuchte ich [das Retreatzentrum] Plum Village. Es war für mich eine herausfordernde Erfahrung, die mein Leben verändert hat. An diesem Ort, an dem es keine Ablenkung gab, lernte ich, achtsam zu sein und mit schmerzhaften Gefühlen umzugehen.*

*Kate, Mutter von Zach (2½)*

---

Dann gibt es natürlich noch die Meditation. Wenn wir tatsächlich mehrere Stunden am Tag der Achtsamkeit widmen und das auch noch ohne Ablenkungen tun können, nehmen wir einige sehr mächtige Gewohnheiten an. Wenn wir unsere Aufmerksamkeit immer wieder und wieder auf den Atem richten, ähnelt das ein wenig einem Muskeltraining. Das Gehirn gewöhnt sich so sehr daran, dass wir uns immer leichter auf den Atem konzentrieren können – es wird fast eine Form des Seins. Die Achtsamkeit wird unser neuer Normalzustand – den wir in unseren Alltag mitnehmen können, zumindest für eine Zeit lang.

## Wo werden Retreats angeboten?

Zurzeit werden die meisten Retreats von etablierten Meditationszen-tren angeboten, meist als Teil einer spirituellen Tradition. Auch viele buddhistische Klöster bieten öffentliche Retreats im Rahmen ihres jährlichen Angebots an. Da die säkulare Achtsamkeit noch in den Kin-derschuhen steckt, gibt es in diesem Bereich weniger Retreats. Man-che säkulare Organisationen haben Verbindungen zu bestehenden spirituellen Zentren, die ein ähnliches Meditationsprogramm anbie-ten. Das Oxford Mindfulness Centre arbeitet etwa schon lange mit dem buddhistischen Retreatzentrum Gaia House in Devon zusammen. Und Lehrer des Center for Mindfulness besuchen oft Retreats der In-sight Meditation Society in den USA. Eine Liste mit Retreatzentren im deutschsprachigen Raum finden Sie im Anhang (S. 243).

Wenn Sie vorhaben, einen Retreat zu machen, sollten Sie sich einen mit einem erfahrenen, kompetenten Lehrer suchen. Die Leitung eines Retreats ist anspruchsvolle Arbeit. Sie sollten Ihrem Lehrer vertrauen können. Im Idealfall gehört Ihr Retreatzentrum zur selben Gemein-schaft, in der Sie auch meditieren, oder bietet zumindest dieselbe Art von Meditation an. Gehört Ihre Meditationsgruppe keiner größeren Organisation mit eigenem Meditationszentrum an, kann Ihnen viel-leicht Ihr Kursleiter ein passendes Zentrum oder einen geeigneten Re-treat empfehlen. Die meisten Retreatleiter legen genau fest, an welche Zielgruppe sich ihr Retreat richtet. Manchmal wird auch mehrjährige Erfahrung vorausgesetzt oder dass Sie schon zuvor eine bestimmte Anzahl von Retreats besucht haben. Darum hilft es, wenn Sie sich vor-her von Ihrem eigenen Lehrer zum Thema beraten lassen.

## Wann sollten Sie einen Retreat machen?

Wenn Sie nur wenig Zeit haben, stehen Retreats wahrscheinlich nicht ganz oben auf Ihrer Prioritätenliste. Selbst wenn die Oma mal ein Wo-chenende auf die Kinder aufpasst, möchten Sie diese Auszeit vielleicht lieber für ein paar romantische Tage mit Ihrem Partner nutzen, ein Wellness-Wochenende machen oder ein Festival besuchen. Ich glaube, das Verlangen, sich intensiver mit der Meditation zu beschäftigen, wächst mit der Zeit. Wenn Sie erst einmal regelmäßig meditieren und den Nutzen spüren, verändern sich Ihre Prioritäten vielleicht, und der Wunsch nach einem Retreat rückt in den Vordergrund.

Ich kannte allerdings auch Leute, die keine feste Meditationspraxis hatten, sich aber plötzlich zu einem einwöchigen Stille-Retreat entschlossen. Das halte ich für bedenklich. Die Entwicklung einer Praxis erfordert Zeit, Hingabe und Geduld. Eine solide, nachhaltige Grundlage muss langsam geschaffen werden. Ein einwöchiger Intensiv-Retreat für Anfänger erinnert an ein Trainingslager: Selbstfindung in nur sieben Tagen! Allerdings gibt es auch Menschen, die direkt ins kalte Wasser springen müssen, um sich für etwas zu motivieren. Der intensive Einstieg gibt ihnen den nötigen Antrieb, weiterzumachen.

Ich bevorzuge aber die sanftere Methode, bei der man zuerst täglich zu Hause meditiert und nebenbei einen Kurs besucht. Wenn Sie nach etwa einem Jahr das Gefühl haben, dass die Meditation ein fester Bestandteil Ihres Lebens ist, sollten Sie über einen Retreat nachdenken. Aber das ist oft leichter gesagt als getan: Ich fing mit dem Meditieren an, als meine Tochter 18 Monate alt war, und auch in den folgenden 18 Monaten war es nicht möglich, sie über Nacht allein zu lassen – geschweige denn eine ganze Woche lang. Wer weiß, was ich gemacht hätte, wenn ich kinderlos und ungebunden gewesen wäre.

Als ich mit meinem Lehrer darüber sprach (im Zusammenhang mit einwöchigen Retreats), erklärte er mir, dass so ein Retreat eine bestehende Meditationspraxis festigte. Es gebe ein optimales Zeitfenster – zu früh, und der Meditierende hätte noch nicht genug Erfahrung, um daraus zu schöpfen; zu spät, und man würde seine Praxis nicht mehr weiterentwickeln. Dieses ideale Zeitfenster könne relativ groß sein – vielleicht ein bis sechs Jahre, nachdem man mit dem Meditieren angefangen habe.

## Aber was mache ich mit meinen Kindern?

Die Frage, ob und wann Sie Ihre Kinder verlassen, kann beängstigend sein – vor allem, da Sie auf einem Retreat nicht einfach einen Anruf und eine kurze Heimfahrt entfernt sind, falls zu Hause etwas passieren sollte. (Und wenn es doch so ist, haben wir in dieser Zeit unser Handy wahrscheinlich ausgeschaltet.) Ich glaube, Müttern fallen solche Entscheidungen noch schwerer, besonders wenn sie auch stillen. Die folgenden Zeilen richten sich daher vor allem an Mütter (und an Väter, die Hauptbetreuer ihrer Kinder sind).

Eine enge Bindung an Ihr Kind ist wesentlich dafür, geborgene, selbstsichere Kinder zu erziehen, aus denen gesunde, ausgeglichene Erwachsene werden. Für sie »da zu sein« ist daher die Grundlage für diese Bindung – und damit meine ich »da sein« im Sinne von »die meiste Zeit des Tages anwesend sein«, und zwar jeden Tag, aber auch »da sein«, indem Sie Ihren Kindern Aufmerksamkeit schenken, wenn sie Sie strahlend anlächeln oder wenn sie Schmerzen haben oder frustriert sind. Der Besuch eines Retreats erzeugt eine paradoxe Situation: Er hält uns davon ab, ein paar Tage lang zu Hause körperlich anwesend zu sein, aber er hilft uns dabei, auf lange Sicht bewusster und achtsamer mit unseren Kindern umzugehen.

Wir müssen also einen Mittelweg zwischen diesen beiden Faktoren finden. Die ständige körperliche Anwesenheit verliert mit zunehmendem Alter des Kindes immer mehr an Bedeutung. Dennoch sollten Sie nicht unterschätzen, wie wichtig Sie sind.

## Die Vorbereitungen auf meinen ersten Retreat

Nachdem ich ein Jahr lang regelmäßig meditiert hatte, empfahl mir mein Lehrer, für ein Wochenende oder ein paar Tage einen Retreat zu besuchen. Obwohl ich Lust darauf hatte, dachte ich, dass ich meine Tochter nicht verlassen könne. Sie war zweieinhalb und ich war noch nie eine Nacht von ihr weg gewesen. Mein Widerstand hatte zweifellos auch damit zu tun, dass ich sie abends und morgens immer noch stillte. Nachts gab ich ihr zwar nicht mehr die Brust, aber sie wurde dennoch wach und brauchte meine Nähe, um wieder einschlafen zu können. Obwohl sie eine enge Beziehung zu ihrem Vater hatte, ging es nachts nicht ohne mich. Ich wollte mir gar nicht vorstellen, wie sie nachts weinte und ich nicht da war. So würde ich mich auf dem Retreat nicht entspannen können. Ich habe mir wochenlang den Kopf darüber zermartert. Ich sprach mit meinen Lehrern über eine Möglichkeit, wie mein Mann und meine Tochter in der Nähe bleiben könnten und ich abends zu ihnen stieße. Letztendlich entschied ich mich jedoch, noch zu warten, bis die Umstände günstiger waren.

Als meine Tochter zwei Jahre und acht Monate alt war, hatte ich das Gefühl, dass es nun so weit war. Ein paar Wochen vor dem Retreat verbrachte ich probeweise einmal eine Nacht außer Haus. Mein Mann und meine Tochter kamen gut klar, also war ich bereit für meinen Wochenendretreat.

## Allein ohne Kinder: Die richtige Zeit finden

Vor vielen Jahren sprach ich darüber, wie schwierig es als Mutter eines Babys sei, zum Friseur zu gehen. Eine Freundin beschrieb die Beziehung zu ihrem Baby mit Philip Pullmans Buch *Der goldene Kompass*.[27] Die Menschen in diesem Fantasyroman sind im Prinzip wie wir, aber ein Teil ihrer Persönlichkeit oder Seele befindet sich in einem Tier, das ihnen nie von der Seite weicht. Diese Tiere, Dæmonen genannt, sind durch ein unsichtbares Band mit ihrem Menschen verbunden und können sich nur wenige Meter weit von ihnen entfernen. Reißt man Mensch und Dæmon auseinander, führt das zu unbeschreiblichem Schmerz und Leid. Der verletzte Mensch bleibt als hilflose Hülle zurück.

Dieser Vergleich der Mutter-Kind-Beziehung mit den Menschen und Dæmonen in Pullmans Roman erschien mir sehr passend. Als mein Baby noch sehr klein war und ich nur wenige Stunden von ihm getrennt war, spürte ich diese Trennung als körperlichen Schmerz in meiner Brust. Im Gegensatz dazu war es in der Gegenwart meines

Babys (also die ganze restliche Zeit), als wären wir durch warmes, sanftes Licht zwischen uns verbunden – zumindest, wenn ich achtsam war und es bemerkte. Ich erinnere mich, als ich einmal mit dem Fahrrad unterwegs war und mein neun Monate alter Sohn im Kindersitz hinter mir saß. Allein seine Gegenwart zu spüren, machte mich glücklich, und ich fühlte mich vollkommen.

Ich bin überzeugt, dass die Bindung zwischen Mutter oder Vater und Kind von beiden wahrgenommen wird. Die meisten Mütter fänden es wohl sehr hart, länger von ihren neugeborenen Babys getrennt zu sein. Dieser Wunsch nach Nähe beschützt das wehrlose Baby. Ich bin mir sicher, dass es ein Mechanismus der Natur ist, der für das Wohl des Babys sorgt, indem Eltern und Baby (vor allem Mutter und Baby) so aufeinander eingestimmt sind und die unbewussten Ängste des Babys in den Gefühlen der Eltern widergespiegelt werden. Ich glaube, auch Väter können diese Bindung spüren, sie finden es oft jedoch leichter, sich vom Baby zu trennen. Sie wissen schließlich, dass das Kind bei seiner Mutter in Sicherheit ist. In Fällen, in denen sich Mütter nicht um ihr Baby kümmern können, empfinden auch Väter starke Angstgefühle. Dieser Mechanismus verschwindet nicht, wenn Kinder älter werden, aber er wird immer schwächer und es wird schwerer, ihn zu bemerken.

Aufgrund dieses inneren Indikators für die Bedürfnisse ihres Kindes können Eltern am besten beurteilen, ab wann ihre Kinder auch einmal ohne sie auskommen. Wir müssen dabei auch berücksichtigen, wie wichtig unsere Abwesenheit für unser eigenes Wohlbefinden ist und welche Konsequenzen sie für die Familie hätte. Zum Beispiel könnten wir wohl akzeptieren, unser einjähriges Baby für eine Nacht zu verlassen, weil wir ins Krankenhaus müssen. Aber auf einen Junggesellinnenabschied würden wir wahrscheinlich verzichten. Natürlich wissen Sie nicht genau, wie sehr Sie von einem Retreat profitieren würden, schon gar nicht, wenn es Ihr erster wäre.

*Nach einer Woche intensiver Meditation kam ich nach Hause und saß im Garten in der Sonne, mit Helen auf meinen Knien, und freute mich einfach völlig über sie. Nichts anderes war wichtig, nur ihr Lachen, ihre Freude beim Spielen mit mir, unsere Verbundenheit, unsere Liebe und das Gefühl der Sorglosigkeit.*

*Anne, Mutter von Stephen (24), Clare (24), Helen (23) und Sarah (20)*

Das Stillen ist oft einer der Gründe, aus denen man sein Kind nicht verlassen möchte. Ich finde, damit sollten wir uns näher befassen und überlegen, warum das wohl so ist. Gesundheitsexperten, die sich für das Stillen einsetzen, betonen, dass eine Mutter ihre Milch auch abpumpen kann, falls sie eine Zeit lang vom Baby getrennt ist. Außerdem kann man Milchnahrung für Babys kaufen, auch wenn das nicht die beste Wahl ist. Älteren Babys kann man schon feste Nahrung geben. Kurzum, man kann ein Baby durchaus auch ein paar Tage lang ernähren, ohne dass die Mutter anwesend ist.

Viele stillende Mütter merken jedoch, dass ihre Abwesenheit für das Baby stressig ist und es das Fläschchen ablehnt. Man kann eben nicht annehmen, dass eine Milchflasche ein angemessener Ersatz für die beruhigende Präsenz einer Mutter ist. Das Stillen erzeugt eine besondere Bindung zwischen Mutter und Kind, aber auch Flaschenkinder vermissen ihre Mutter schmerzlich, wenn sie nicht da ist. Alle Babys brauchen eine feste Bezugsperson.

Als ich meinen ersten Retreat besuchte (mit zwei Übernachtungen), stillte ich meine Tochter noch. Ich fragte mich zwar, ob ihr das Stillen fehlen würde, aber noch mehr fragte ich mich, ob ich ihr fehlen würde. Ich wollte möglichst sichergehen, dass sie damit umgehen konnte, wenngleich sie auch traurig sein würde. Ich wusste, ihr Vater würde ihr dabei helfen. Ich hoffte auch, ihr schon vermittelt zu haben, dass jeder Schmerz angenommen und in Wachstum umgewandelt werden konnte, statt nur Schaden anzurichten. Das Stillen spielte bei meiner Entscheidung eine Rolle, aber es war kein Grund, zu Hause zu bleiben.

Statt eine Checkliste zu machen (wie alt ist sie, wird sie gestillt usw.), musste ich mir genau vorstellen, wie das Wochenende für sie verlaufen würde und ob sie damit umgehen könnte. Dazu musste ich tief in mich hineinfühlen. Wäre sie zehn Wochen alt gewesen, hätte ich sofort Nein gesagt. Wäre sie sieben Jahre alt gewesen, hätte ich kaum darüber nachgedacht: Sie hätte mich vielleicht gerne um sich, wäre aber alt genug, um auch ohne mich klarzukommen. Wir Eltern wissen oder haben zumindest ein verlässliches Gefühl, ob die Zeit reif ist. Man hat auch einen gewissen Spielraum, da Kinder sehr anpassungsfähig sind.

Wir müssen auch die Dauer des Retreats berücksichtigen. Ich hatte kein Problem damit, meinen fast dreijährigen Sohn für zwei Nächte zu verlassen, aber ich war unsicher, ob ich auch länger fernbleiben konnte. Ich erkannte, dass ich sehr gerne einen ganzwöchigen Retreat machen wollte, um meine Meditationspraxis zu entwickeln, und ich war nicht sicher, ob dieser Wunsch mein Urteilsvermögen beeinflusste. Ich meldete mich sogar für eine Woche an und sagte dann doch wieder ab, als mir bewusst wurde, dass es doch eine lange Zeit war. Als es dann schließlich dazu kam, war mein Sohn vier Jahre alt und schon lange abgestillt. Die Trennung von ihm machte mir kaum Bedenken und ich hatte das Gefühl, der Nutzen für die Familie sei sie wert. Als ich wieder nach Hause kam, sagte mir mein Mann, dass die Woche ohne mich problemlos verlaufen sei und beide Kinder gut mit meiner Abwesenheit klargekommen seien. In den folgenden Tagen war mein Sohn jedoch ungewöhnlich zornig und aggressiv.

Ich fragte ihn, wie er sich gefühlt habe, als ich weg war. Er sagte: »Jeden Tag waren es 130 Stunden bis zum Schlafengehen und du bist trotzdem nicht gekommen.« Weil er mir das mitteilen konnte, sah ich die Sache plötzlich aus seiner Perspektive: das Warten, Tag für Tag, während jeder Tag so unendlich lang zu dauern schien und mein Sohn nicht wusste, wann ich endlich auftauchen würde, ob am Nachmittag oder am nächsten Tag, und jedes Mal enttäuscht wurde. Er hatte noch kein Gefühl dafür, wie lang eine Woche dauert. Er konnte nicht absehen, wie viel Zeit schon vergangen war. Wir kuschelten uns aneinander und ließen den Schmerz zwischen uns zu. Ich hoffte, dass er sich verstanden fühlte, und ihm das half, den Schmerz loszulassen.

Hätte ich es ein zweites Mal gemacht? Meine Abwesenheit war für ihn schwer zu ertragen und ich gestand uns das ein. Ich akzeptierte, dass er in der folgenden Woche anhänglicher und empfindlicher war. Schon bald war er so fröhlich wie immer, vielleicht sogar etwas selbstbewusster als zuvor. Der Nutzen für mich und meine ganze Familie war enorm. Also ja, ich würde es nochmal machen. In einem Jahr möchte ich wieder einen Retreat besuchen, und mein Sohn versteht jetzt besser, wie lang eine Woche dauert. Außerdem ist er dann ein Jahr älter.

## Chancen für Veränderung wahrnehmen

Als Eltern strukturieren wir unseren Alltag meist mit Gewohnheiten. Sie sind wichtig, damit sich unsere Kinder zuversichtlich und sicher fühlen können. Zum Beispiel: Am Abend kümmert sich der Vater oder die Mutter um das Baden des Kindes, liest eine Geschichte vor, legt sich zum Kind oder deckt es zu. Diese vorhersehbaren Rituale sind beruhigend und sparen unsere mentalen Energien für andere, weniger vorhersehbare Ereignisse. Wir können Rituale jedoch auch so verinnerlichen und gar nicht merken, wenn es unsere Kinder nicht mehr brauchen, dass wir uns auf eine bestimmte Art und Weise verhalten. Wir halten sie vielleicht unbewusst davon ab, sich weiterzuentwickeln. Darum lohnt es sich, gelegentlich Rücksprache mit unseren Kindern zu halten und herauszufinden, ob unsere Gewohnheiten noch zu ihnen passen.

Schon oft habe ich erlebt, dass zufällige Ereignisse zu Auslösern für Veränderungen wurden. Zum Beispiel kann eine kaputte Waschmaschine zum Töpfchentraining führen. Ein Lehrer, der einen Retreat empfiehlt, bietet Ihnen die Chance, eine Auszeit von den Kindern zu nehmen. Selbst ein dreitägiger Retreat war für mich eine Gelegenheit, meinen Sohn sanft abzustillen. Zu Hause wäre es mir (und ihm) nicht so leicht gefallen, auf das Stillen zu verzichten, obwohl ich wusste, dass er bereit war.

Das heißt nicht, dass Sie sich von allen Ereignissen mitreißen lassen sollen, ohne Ihre Erziehungsentscheidungen gut zu überdenken. Auch unsere Kinder sollten immer spüren, dass wir alles unter Kontrolle haben. Manchmal jedoch machen uns Zufallsereignisse auf etwas aufmerksam und drängen uns zum Handeln. Wenn Sie aufgrund eines Ereignisses daran denken, sich mit Töpfchentraining, dem Abstillen oder dem Verändern der Abendroutine auseinanderzusetzen, ist die Zeit dafür vielleicht gekommen.

## Achtsame Entscheidungen treffen

Die unterschiedlichen Bedürfnisse Ihrer Kinder und der ganzen Familie sind der wichtigste Faktor bei Ihrer Entscheidung, ob und wann Sie einen Retreat machen sollen. Versuchen Sie wirklich, die Situation aus der Perspektive Ihres Kindes zu betrachten, um herauszufinden, ob es dafür bereit ist. Ganz sicher sein können Sie sich natürlich nie. Ihre Abwesenheit wird immer auch ein Kompromiss sein. Es ist durchaus möglich, dass die Zeit ohne Sie für Ihr Kind schmerzhaft sein wird. Das zu erkennen und zuzulassen ist ein wichtiger Teil Ihrer Entscheidung und um diesen Schmerz zu heilen, wenn Sie wieder zu Hause sind.

Vielleicht fühlen Sie sich bereit, Ihr Kind für ein paar Tage zu verlassen, wenn es zwei Jahre alt ist. Vielleicht erst mit drei Jahren oder vier. Sie kennen Ihr Kind am besten.

## Wenn Sie Ihr Kind nicht verlassen können

Zwar ist ein längerer Retreat die beste Gelegenheit, aber mit etwas Einfallsreichtum finden Sie vielleicht andere Möglichkeiten, Ihre Meditationspraxis zu vertiefen. Wenn ich mit anderen Meditierenden darüber spreche, heißt es oft, ich müsse einfach Geduld haben – es seien doch nur ein paar Jahre. Damit gebe ich mich aber nicht zufrieden. Die Erfahrungen mit zwei Kindern haben mir gezeigt, dass ich nach etwa drei Jahren einmal ein Wochenende weg sein kann und nach vier Jahren eine ganze Woche. Da muss man ganz schön geduldig sein. Noch dazu gelten einwöchige Retreats in meiner Tradition als besonders wichtig.

Darum war es mir sehr wichtig, mich auf andere Weise auf meine Praxis zu konzentrieren, ohne die Bedürfnisse meiner Kinder zu vernachlässigen.

## Tagesretreat

Ein eintägiger Retreat ist eine tolle Möglichkeit, an Ihrer Meditation zu arbeiten und dennoch zur Schlafenszeit der Kinder wieder zu Hause zu sein. Manchen fällt es schwer, sich in so kurzer Zeit schon richtig »fallenzulassen«, aber für mich waren die Tagesretreats immer sehr hilfreich. Oft haben Sie dort die Möglichkeit, verschiedene Meditationsarten kennenzulernen – zum Beispiel Meditation im Gehen und Stehen – und mehrere Stunden mit anderen Meditierenden zu verbringen. Sie werden etwa vier oder fünf formelle Meditationen machen, die Ihnen dabei helfen, Ihre tägliche Praxis zu festigen.

♡ **Tipp: Investieren Sie mehr in Ihre eigene Meditationspraxis**
Wenn Tagesretreats für Sie nicht möglich sind, können Sie auch einfach etwas Zeit in eine intensivere Meditationspraxis stecken. Das könnte bedeuten, dass Sie eine Zeit lang häufiger meditieren – zum Beispiel zweimal statt nur einmal am Tag. Oder Sie nehmen sich einen halben oder ganzen Tag Zeit, um mehrmals hintereinander zu meditieren. Wenn Ihnen der Gedanke gefällt, arbeiten Sie am besten zusammen mit Ihrem Lehrer einen Plan aus, damit Sie auch etwas Unterstützung haben. Vielleicht kennen Sie auch andere Meditierende, die sich Ihnen anschließen möchten. So hätten Sie auch eine Verbindung zu Gleichgesinnten.

## Retreats ohne Übernachtungen

Manche Zentren bieten Retreats ohne Übernachtung an. Im buddhistischen Tempel in meiner Stadt gibt es jeden Monat Retreats, die vier oder fünf Tage lang dauern. Es gibt zwar auch einige Zimmer, aber die Einheimischen fahren meist jeden Abend nach Hause. Diese Art von Retreat bietet Ihnen ein intensiveres Meditationserlebnis. Es ist zwar nicht ganz dasselbe wie ein kompletter Rückzug aus dem Alltag, aber viel besser, als gar nichts zu machen.

## Familienretreats

Als mein Sohn noch klein war und ich noch nicht lange meditierte, war ich frustriert, dass ich keinen Retreat machen konnte. Rein zufällig organisierte mein Retreatzentrum in Wales eine Veranstaltung, als meine Kinder vier Jahre und ein Jahr alt waren. Familien waren willkommen, also fuhren wir hin und blieben ein paar Tage lang. Während meines Aufenthalts sprach ich mit anderen Eltern über die Schwierigkeit, als Mutter kleiner Kinder einen Retreat zu besuchen. Offenbar hatte ich einige Eltern inspiriert, denn innerhalb weniger Monate entstand in meiner Meditationsgemeinschaft ein Pilotprojekt für Familienretreats.

Erfahrene Meditierende aus unserer Gruppe wurden zusammen mit ihren Partnern und Kindern zu einem dreitägigen Retreat eingeladen. Ich half bei der Organisation, was ich seitdem immer tue. Der Retreat bietet Einsteigern und Fortgeschrittenen die Möglichkeit, gemeinsam zu meditieren, während die Kinder mit ruhigen Aktivitäten beschäftigt sind. Einige Aktivitäten haben einen Bezug zu Meditation und Buddhismus, ansonsten wird gebastelt oder draußen gespielt. Die Familien lernen sich kennen und haben gleichzeitig die Möglichkeit, zu meditieren – frei von Alltagsstress und Hausarbeiten.

Auf einem dieser Retreats begann auch mein Mann mit der Meditation und praktiziert sie seitdem regelmäßig. Meine Kinder waren bereits vier Mal im Retreatzentrum und lieben es. Außerdem fällt es ihnen nun leichter, mich auf einen Retreat gehen zu lassen, da sie nun genau wissen, wo ich bin und was ich dort mache. Nur manchmal bedauern sie, dass sie nicht mitkommen können.

*Es ist schwierig, den Retreat so gut zu nutzen wie die Eltern, die ohne Kinder da sind. Manchmal war das belastend, da meine Frau und ich an den ganzen Aktivitäten des Retreats intensiver teilhaben wollten. Aber in den letzten beiden Jahren konnten wir diesen Wunsch loslassen und wir machen nun eben das, was möglich ist. Das hilft sehr. Das Wichtigste daran ist ohnehin, dass wir mit anderen Eltern und Familien zusammen sind, die den gleichen Weg gehen. Sie zu treffen und sich mit ihnen zu unterhalten ist das Beste daran.*

*Ben, Vater von Leo (6)*

## Zusammenfassung

- Retreats bieten Ihnen eine wunderbare Gelegenheit, Ihre Meditationspraxis zu entwickeln. Dort haben Sie die Zeit und den Platz, ohne die Ablenkungen des Alltags zu meditieren.
- Die meisten Retreats werden von etablierten Meditationszentren angeboten. Am besten wäre es, wenn Sie einen Retreat Ihrer üblichen Meditationstradition besuchten.
- Für Eltern mit kleinen Kindern – besonders für Mütter – kann es sehr schwierig sein, einen Retreat zu machen.
- Bei der Frage, wann wir einen Retreat besuchen, müssen wir die Bedürfnisse unserer Kinder berücksichtigen. Dank unserer engen Verbindung zu unseren Kindern spüren wir, wann sie alt genug sind, ein paar Tage ohne uns auszukommen.
- Wenn Sie noch nicht über Nacht wegbleiben können, besteht die Möglichkeit, Tagesretreats und längere Retreats ohne Übernachtung zu besuchen. Manche Retreatzentren bieten auch Familienretreats an.

# 17 Abschließende Worte

*Letztes Jahr beklagte ich mich darüber, dass ich nicht an einem ein-*
*wöchigen Retreat teilnehmen konnte. Jemand sagte mir, dass Mütter in*
*buddhistisch geprägten Ländern gar keine Retreats machten. Wenn man*
*bedenkt, dass die Meditation aus Asien zu uns gelangte, hilft vielleicht ein*
*Blick darauf, wie verschiedene Aspekte der Meditation in buddhistischen*
*Ländern traditionell gehandhabt werden und aus welchen Gründen.*

Ich war überrascht zu erfahren, dass in buddhistischen Ländern wie
Thailand und Sri Lanka die meisten Laien (Männer wie Frauen) gar
nicht regelmäßig meditieren, geschweige denn Retreats machen.
Stattdessen besteht ein großer Teil ihrer Praxis darin, die Klöster zu
unterstützen. Sie besuchen Tempel und bezeugen ihren Respekt – das
ist ein wichtiger Teil der Ausübung ihrer Religion. Die Meditation
selbst ist den Mönchen vorbehalten.

Und was machen die Nonnen? Es gibt keine! Nun, das stimmt nicht
ganz. Aber es gibt nur ganz wenige. Ursprünglich begründete Buddha
Gemeinschaften für Mönche und Nonnen, aber im südlichen Therava-
da-Buddhismus gibt es seit dem 13. Jahrhundert keine Nonnen mehr.
Da Buddha sagte, Nonnen dürften nur von Nonnen ordiniert werden,
konnte die Tradition nicht wiederaufleben. Viele buddhistische Ober-
häupter, wie etwa der 14. Dalai Lama, sprechen sich für die Wieder-
einführung der Frauen-Sangha aus, stoßen jedoch auf Widerstand. In
Thailand etwa haben die nur rund 30 Nonnen keinen rechtlichen Sta-
tus. China war lange Zeit das einzige Land, in dem es die Vollordina-
tion für Frauen gab.[28]

Man muss allerdings berücksichtigen, dass die Lehre des Buddha zwar
geschlechtsneutral ist, aber im Laufe von 2500 Jahren in patriarchalischen Gesellschaften weiterentwickelt wurde. Daher lag der Schwerpunkt auf Männern, denen es oft leichter fällt, weltlichen Sorgen und
familiären Bindungen zu entsagen.

Was hat das alles nun mit achtsamer Erziehung zu tun? Da der Buddhismus schon immer in patriarchalischen Gesellschaften gelehrt und praktiziert wurde, befasst er sich weniger mit den Bedürfnissen und dem Wirken von Frauen. Der Wert von Eltern (vor allem von Müttern) wurde zwar immer anerkannt und in der Lehre wird die Beziehung zwischen Mutter und Kind oft positiv erwähnt, aber das Muttersein wird eher als fester Archetyp ohne Potenzial für Wachstum dargestellt. Kein Wunder, da sich die Männer, die diese Tradition entwickelten, durch ihr Zölibat vom Familienleben abwandten. Daher sind die Bedürfnisse von Eltern, die ein spirituelles Leben führen wollen, im Buddhismus unterrepräsentiert. Ebenso wie die ganz besonderen Möglichkeiten, die das Elterndasein bietet.

In der buddhistischen Praxis wird oft großer Wert auf den Einzelretreat gelegt – und es besteht kein Zweifel, dass Retreats die Praxis vertiefen. Weniger anerkannt wird jedoch, wie wichtig auch eine unauffälligere, weniger intensive Praxis sein kann, die mit der gleichen Hingabe ausgeführt wird: Das ständige Zusammensein der Eltern mit ihren Kindern. Und mit Eltern meine ich Mütter und Väter, da zumindest im Westen beide Elternteile an der Kindererziehung beteiligt sind.

Achtsame Erziehung verlangt Hingabe und Ausdauer, bringt aber auch enorme Vorteile. Und sie bietet eine natürliche, aber einzigartige Gelegenheit, die vier unermesslichen Geisteshaltungen – Liebe, Mitgefühl, Mitfreude und Gelassenheit – zu kultivieren. Diese beiden unterschiedlichen Ansätze (Einzelretreat oder Familienleben) beeinflussen die Meditationspraxis zwar auf unterschiedliche Weise, aber ich halte beide für legitime Möglichkeiten der Entwicklung.

Obwohl ich also im letzten Kapitel ausgiebig über die Vorteile und Möglichkeiten von Retreats geschwärmt habe, möchte ich den Wert einer hingebungsvollen Achtsamkeitspraxis im Kreis der Familie nicht unterschätzen. Die intensiven Bedingungen eines Retreats bringen Sie in Ihrer Praxis definitiv weiter – aber genauso entwickelt sie sich, wenn Sie Tag für Tag, Jahr für Jahr, bewusst für Ihre Kinder da sind. Das Elternsein ist nicht nur intensiv, wir müssen uns dafür auch langfristig – lebenslang – verpflichten. Es gibt (zum Glück) auch Zeiten, in denen unsere Kinder uns weniger brauchen und wir mehr Raum für uns haben, aber die Hingabe, die Vätern und Müttern abverlangt wird, ist mit nichts anderem zu vergleichen. Wenn wir diese Aufgabe annehmen und unser Herz stets für unsere Kinder öffnen, kultivieren wir eine tiefgehende, intensive Meditationspraxis.

Der Buddhismus ist überall ein wenig anders und verändert sich mit den Menschen, die ihn praktizieren. So bleibt die Philosophie relevant und praxistauglich. Ein Ausdruck dieser Veränderung ist die säkulare Achtsamkeitsbewegung, die sich momentan im Westen großer Beliebtheit erfreut. Wir im Westen, die Religion und Spiritualität auf vielfache Weise zugunsten von Wissenschaft und Konsumgesellschaft abgelehnt haben, verstehen trotzdem den Wert der buddhistischen Meditation und haben sie an unsere moderne Welt angepasst. Manche Praktizierende betrachten sie immer noch als einen spirituellen Weg zum Erwachen. Andere finden den Zugang nur über evidenzbasierte wissenschaftliche Erkenntnisse. Solange wir der Praxis aber mit Offenheit und Neugier begegnen, spielt es keine Rolle, wie wir uns ihr nähern.

Ich glaube, auch die Verbreitung des Buddhismus in Kulturen, in denen Männer und Frauen nahezu gleichberechtigt sind, wirkt sich darauf aus, wie Meditation gelehrt und praktiziert wird. Wo Frauen wertgeschätzt werden, wird auch die traditionelle Aufgabe der Frau wertgeschätzt – die der Kindererziehung. Aber die Kindererziehung ist nicht nur Frauensache: Für beide Eltern kann sie eine große Gelegenheit für Wachstum bieten. Und wir erkennen immer deutlicher, dass die Meditation nicht nur hinter verschlossenen Türen praktiziert werden muss, abseits von Verantwortung und anderen Menschen. Nein, sie kann und muss genau hier praktiziert werden, mitten im Wirbel unseres Alltags.

Und wenn wir uns dazu verpflichten, Achtsamkeit direkt in unser Familienleben zu integrieren, haben wir die Chance, die besten Eltern und die besten Menschen zu werden, die wir nur sein können.

# 18 Service

## Weiterführende Literatur

### Meditation und Achtsamkeit für die Familie

Bardacke, Nancy, Der achtsame Weg durch Schwangerschaft und Geburt (Freiburg: Arbor, 2013)

Thích Nhất Hạnh, Entdecke den Schatz in deinem Herzen: Geschichten und Übungen zur Achtsamkeit für Kinder (München: Kösel, 2011)

Thích Nhất Hạnh und Plum Village Community, Achtsamkeit mit Kindern (München: Herbig, 2012)

Kabat-Zinn, Jon und Myla, Mit Kindern wachsen: Die Praxis der Achtsamkeit in der Familie (Freiburg: Arbor, 2015)

Napthali, Sarah, Der kleine buddhistische Erziehungsratgeber: Entspannt durch die ersten Lebensjahre (München: Knaur MensSana, 2013)

Snel, Eline, Stillsitzen wie ein Frosch (München: Goldmann, 2013)

### Allgemeine Eltern-/Lebensratgeber

Bingel, Bela und Langlotz, Christel, Kinder lieben Rituale: Kinder im Alltag mit Ritualen unterstützen und begleiten (Aachen: Ökotopia, 2010)

Bryson, Dr. Tina Payne und Siegel, Dr. Daniel, Achtsame Kommunikation mit Kindern: 12 revolutionäre Strategien aus der Hirnforschung für die gesunde Entwicklung Ihres Kindes (Freiburg: Arbor, 2013)

Faber, Adele und Mazlish, Elaine, So sag ich's meinem Kind – Wie Kinder Regeln fürs Leben lernen, überarbeitete deutsche Neuausgabe, 3. Auflage (München: Oberstebrink, 2013)

González, Carlos, Mein Kind will nicht essen: Ein Löffelchen für Mama (Mechernich: La Leche Liga Deutschland e. V., 2012)

Jachmann, Lina, Einfach leben: Der Guide für einen minimalistischen Lebensstil (München: Knesebeck, 2017)

Jackson, Deborah, Das respektierte Kind: Erziehen ohne Stress (Berlin: Quadriga, 1996)

Juul, Jesper, Elterncoaching: Gelassen erziehen (Weinheim: Beltz, 2017)

Rapley, Gill und Murkett, Tracy, Baby-led Weaning – Das Grundlagenbuch: Der stressfreie Beikostweg (München: Kösel, 2013)

### Allgemeine Achtsamkeits- und Meditationsbücher

Allmen, Fred von, Mit Buddhas Augen sehen: Buddhistische Meditation und Praxis (Berlin: Edition Steinrich, 2010)

Goldstein, Joseph und Kornfield, Jack, Einsicht durch Meditation: Die Achtsamkeit des Herzens (Freiamt: Arbor, 2006)

Thích Nhất Hạnh, Das Wunder der Achtsamkeit (Bielefeld: Theseus, 2016)

Thích Nhất Hạnh, Das Wunder des bewussten Atmens: Der Weg zu mehr Gelassenheit und innerem Frieden (Bielefeld: Theseus, 2000)

Thích Nhất Hạnh, Ich pflanze ein Lächeln (München: Arkana, 2007)

Levine, Stephen, Schritte zum Erwachen: Meditation der Achtsamkeit (Bielefeld: J. Kamphausen, 1994)

Salzberg, Sharon, Metta Meditation – Buddhas revolutionärer Weg zum Glück (Freiamt: Arbor, 2003)

Silverton, Sarah und Kabat-Zinn, Jon, Das Praxisbuch der Achtsamkeit: Wirksame Selbsthilfe bei Stress (München: Kösel, 2012)

Sweet, Corinne und Mihotich, Marcia, Einatmen. Ausatmen. Da sein. Das Achtsamkeitsbuch für überall (München: O. W. Barth, 2016)

Williams, Mark, Teasdale, John, Segal, Zindel und Kabat-Zinn, Jon, Der achtsame Weg durch die Depression (Freiburg: Arbor, 2013)

Williams, Prof. Mark und Penman, Danny, Achtsamkeitstraining – 20 Minuten täglich, die Ihr Leben verändern (München: Goldmann, 2015)

## Nützliche Websites

### Meditationskurse und Retreats

www.achtsamkeit-und-familie.de – Zentrum für Achtsamkeit und Familie; achtsamkeitsbasierte Familienbegleitung, u. a. MBCP-Geburtsvorbereitung

www.arbor-seminare.de – Aus- und Weiterbildung, Seminare, Workshops, Retreats

www.dfme-achtsamkeit.de – Deutsches Fachzentrum für Achtsamkeit

www.institut-fuer-achtsamkeit.de – Weiterbildungsinstitut für achtsamkeitsbasierte Verfahren

www.mbsr-verband.de – MBSR-MBCT-Verband: Stress, Stressreduktion, Achtsamkeit, Meditation

www.plumvillage.org – Retreatzentrum in Frankreich, Wohnort von Thích Nhất Hạnh (Seite auf Englisch)

www.triratna-buddhismus.de – Buddhistische Gemeinschaft

www.wegezumsein.com – Achtsamkeitskurse und Seminare

## Websites mit Audio-Meditationen

www.aryatara.de/medienfernstudium/publikationen/audio-meditationen.html – Buddhistische Meditationen

www.buddha-haus-shop.de/info/Geleitete-Meditationen-von-Ayya-Khema-und-Bhante-Nyanabodhi.html – Buddhistische Meditationen: liebende Güte und Kontemplation

www.dfme-achtsamkeit.de/gratis-downloads – Achtsamkeitsmeditationen nach Jon Kabat-Zinn, Bodyscan, Geh-Meditation u. a.

www.jetzt-atmen.de/audio-meditationen_ueber-den-atem – Kurze Meditationen zum Entspannen

www.zentrum-fuer-achtsamkeit.koeln/gratis-downloads-gefuehrte-meditationen – Geführte MBSR- und andere Achtsamkeitsmeditationen

## Websites für Gemeinschaft und Hilfe

www.fahrgemeinschaft.de – Mitfahrgelegenheiten finden

www.freiwilligenarbeit.de – Weltweit freiwillig engagieren

www.tauschen-ohne-geld-de – Liste von Tauschbörsen in ganz Deutschland

www.wirgemeinsam.net – Zeit- und Talentetausch ohne Geld, regionale Netzwerke für Nachbarschaftshilfe

# Dank

Danke an meine Agentin Jane von Graham Maw Christie, die mich zu diesem Projekt ermutigt hat. Danke an Jo Lal, Sandy Draper und alle bei Watkins Publishing – auch diesmal war es mir ein Vergnügen, mit euch zusammenzuarbeiten.

Dieses Buch entstand aus meiner eigenen Meditationserfahrung, die ich nicht ohne die Güte und Weisheit meiner Lehrer bei Samatha erlangt hätte. Besonderer Dank gebührt meinem Gruppenlehrer Terry sowie Charles King, der mir durch seine Geduld und sein Verständnis so viel beigebracht hat.

Dank schulde ich auch meinen vielen Freunden, von Samatha und von außerhalb, die diesen Weg mit mir gegangen sind, mich unterstützt und ihre Erfahrungen mit mir geteilt haben. Danke an alle, die Anekdoten, Gedanken und Erfahrungen zu diesem Buch beigesteuert haben. Besonders hervorheben möchte ich Rebekah Curtis, Ben Curtis und Namaste Wiles – vielen Dank! Danke auch an Gwil, Gareth, Jan, Bethan, Anne, Deborah, Joe und Gemma.

Guin Webster kannte ich bereits aus den ersten Tagen des Elterndaseins und von unseren Wegen in die Achtsamkeit. Ich habe so viel durch ihr sanftes, bedachtes Vorbild gelernt. Die Zusammenarbeit mit Guin, um eine Meditationsgruppe für Eltern zu gründen, war die Grundlage für dieses Buch. Ich bin dankbar für ihre ungebrochene Begeisterung und Unterstützung. Vielen Dank an all die wunderbaren Frauen, die ich durch diese Gruppe kennenlernen durfte. Ihre Aufrichtigkeit als Eltern und Meditierende ist eine Inspiration. Ich bin dankbar für die Hilfe von Nancy Bardacke und Maret Dymond, die sich die Zeit nahmen und ihre Erfahrungen mit mir geteilt haben.

Vielen Dank an meine Eltern für ihre Liebe und Unterstützung und ganz besonderen Dank an meinen Mann Alex. Und natürlich gäbe es all das nicht ohne meine Kinder Morrigan und Dougal – meine wichtigsten Lehrer.

# Endnoten

1 Williams, M., Teasdale, J., Segal, Z., und Kabat-Zinn, J. Der achtsame Weg durch die Depression (Freiburg: Arbor, 2013)

2 Williams, M. und Penman, D. Achtsamkeitstraining – 20 Minuten täglich, die Ihr Leben verändern (München: Goldmann, 2015)

3 Claxton, G. What's the Point of School? Rediscovering the Heart of Education, Neuauflage (Richmond: Oneworld Publications, 2008)

4 Gethin, R. »Über einige Definitionen von Achtsamkeit«, in: Achtsamkeit – Ihre Wurzeln, ihre Früchte, hrsg. von Williams, M., Kabat-Zinn, J. et al. (Freiburg: Arbor, 2013), S. 447–474, https://www.arbor-verlag.de/files/9 7838 67810883.pdf

5 Thích Nhất Hạnh, Ich pflanze ein Lächeln (München: Arkana, 2007)

6 Kafka, F. Betrachtungen über Sünde, Leid, Hoffnung und den wahren Weg, Aphorismus Nr. 103

7 http://www.sharonsalzberg.com/wishing-well/, abgerufen am 24. Mai 2016

8 Thích Nhất Hạnh, »Love Without Frontiers«, 25. November 2004 (Mindfulness Bell, Ausgabe Nr. 70, Herbst 2015)

9 Flom, R., Lee, K., und Muir, D. Hrsg., Gaze-Following: Its Development and Significance, Erstausgabe (Mahwah, New Jersey: Psychology Press, 2006)

10 Cohen, L. Playful Parenting, Neuauflage (New York: Ballantine Books, 2012)

11 González, C. Mein Kind will nicht essen: Ein Löffelchen für Mama (La Leche Liga Deutschland e. V., 2012)

12 Rapley, G. und Murkett, T. Baby-led Weaning – Das Grundlagenbuch: Der stressfreie Beikostweg (München: Kösel, 2013)

13 Chandra, S. Banish Clutter Forever: How the Toothbrush Principle Will Change Your Life (London: Vermilion, 2010)

14 Payne, K. Simplicity Parenting: Using the Extraordinary Power of Less to Raise Calmer, Happier, and More Secure Kids (New York: Ballantine Books Inc., 2010)

15 Payne, K. Simplicity Parenting: Using the Extraordinary Power of Less to Raise Calmer, Happier, and More Secure Kids (New York: Ballantine Books Inc., 2010), S. 32

16 Takeuchi, H. et al. »The impact of television viewing on brain structures: Cross-sectional and longitudinal analyses«, Cerebral Cortex, 25 (Mai 2015), S. 1188–1197

17 Rideout, V., Hamel, E., und Kaiser Family Foundation, 2006, www.kff.org/entmedia/upload/7 500.pdf – mehr dazu unter: http://families.naeyc.org/learning-and-development/music-math-more/how-true-are-our-assumptions-about-screen-time#sthash.lb25lOB8.dpuf

18  Porter, J., Olsen, A., Gurnsey, K., Dugan, B., Jedema, H., und Bradberry, C. »Chronic Cocaine Self-Administration in Rhesus Monkeys: Impact on Associative Learning, Cognitive Control, and Working Memory«, The Journal of Neuroscience, 31 (2011), S. 4 926–4 934, http://dx.doi.org/10.1523/JNEUROSCI.5 426–10.2011

19  http://www.mirror.co.uk/news/technology-science/technology/over-three-quarters-british-mums-6 455379, abgerufen am 9. Juni 2016

20  Faber, A. und Mazlish, E. So sag ich's meinem Kind – Wie Kinder Regeln fürs Leben lernen, überarbeitete deutsche Neuausgabe, 3. Auflage (Düsseldorf: Oberstebrink, 2013)

21  http://www.youtube.com/watch?v = MUO-pWJ0riQ, abgerufen am 18. Februar 2016

22  Jackson, D. Letting Go as Children Grow: From Early Intimacy to Full Independence – a Parent's Guide, Neuauflage (London: Bloomsbury Publishing, 2003)

23  *Global Ethics for our Future*, 11. August 2010, Hammersmith Apollo, London

24  Salzberg, S. Metta Meditation – Buddhas revolutionärer Weg zum Glück (Freiamt: Arbor, 2003)

25  Gold, E. »Mindfulness with Children«, in: Mindfulness Breakthrough: The Revolutionary Approach to Dealing with Stress, Anxiety and Depression, hrsg. von Silverton, S. (London: Watkins Publishing, 2012)

26  Davidson, R. und Lutz, A. »Buddha's Brain: Neuroplasticity and Meditation«, IEEE Signal Processing Magazine, 25 (2008), S. 174–176

27  Pullman, P. His Dark Materials 1: Der goldene Kompass (Hamburg: Carlsen, 2002)

28  Kabilsingh, C. Thai Women in Buddhism, Erstauflage (Berkeley: Parallax Press, 1993)